DOROTHEA NEUMAYR

Zeit für Achtsamkeit

Herzensgeschenke
fürs ganze Jahr

Für meine Mutter, die mir die Liebe zur Natur geschenkt hat und den Blick für das Wesentliche. Sie ist mit ihren heute 97 Jahren eine unglaubliche Inspiration, wie man jeden Tag mit Neugier und Lebensfreude, in Achtsamkeit und Dankbarkeit genießen kann.

Inhalt

EINLEITUNG 5

JANUAR
Zeit für Neubeginn
und Klarheit 11

FEBRUAR
Zeit für Originalität 23

MÄRZ
Zeit des Erwachens 35

APRIL
Zeit des Aufbruchs 47

MAI
Zeit für sinnlichen
Genuss 57

JUNI
Zeit für Pusteblumen 69

JULI
Zeit zum Tagträumen 81

AUGUST
Zeit der Fülle 93

SEPTEMBER
Zeit für Dankbarkeit 105

OKTOBER
Zeit des Innehaltens 117

NOVEMBER
Zeit der Transformation 131

DEZEMBER
Zeit für Stille 145

»Um eine Welt in
einem Sandkorn zu sehen
und einen Himmel in einer Wiesenblume,
halte die Unendlichkeit in
deiner flachen Hand
und die Ewigkeit in einer Stunde.«

WILLIAM BLAKE

Achtsamkeit heißt Wahrnehmen ...

Wahrnehmen was ist – in mir und um mich herum. Achtsam, ganz nah mit mir verbunden wahrnehmen, wie ich fühle, was ich denke, wach sein.

Ganz offen und neugierig die leisen Töne wahrnehmen und die ganz leisen – und die unendliche Vielfalt aller Farben. Still werden und den Zauber wahrnehmen, der jedem kleinsten Augenblick innewohnt, ihn im Herzen bewahren – einfach nur staunen und mich immer weiter öffnen.

Ganz sanft nur hinschauen, im Augenblick ruhen, verstehen und weise lächeln. Den Reichtum wahrnehmen, in dem ich lebe, und zutiefst dankbar sein für all das, was ich wahrnehmen kann, Hand auf meinem Herzen.

Achtsamkeit und liebendes Bewusstsein lassen uns in den Augenblick kommen und lehren uns, klar zu sehen, ohne zu werten. In ihr fallen Tun und Sein zusammen. Es ist eine Art des Seins und keine Technik und dennoch lässt sich mit ihr das Leben im Jetzt üben, sodass wir unser Herz für die Fülle des Menschseins öffnen können. Wenn wir ganz im Jetzt sind, spüren wir, dass wir in der Mitte eines heiligen Kreises sind. Dafür müssen wir nicht ins Kloster gehen, keine dicken Bücher wälzen oder ewig auf Meditationskissen sitzen, ein bisschen Offenheit und Neugier genügen oft schon, um die Welt ein wenig anders zu sehen oder Gewohnheiten zu hinterfragen.

Wie schön, dass dieses Buch den Weg zu dir gefunden hat, es kann dir ein treuer Begleiter durch das Jahr und darüber hinaus werden. Es möchte dich an die Hand nehmen und dir Herzensmomente im Jahreskreis schenken, deine Gedanken und Empfindungen werden es lebendig, bunt und einzigartig zu *deinem* Herzensbuch machen.

Dieses Buch mit dem beigefügten Tagebüchlein führt dich durch die Jahreszeiten als immerwährender Kalender. So ist es gleichgültig, in welchem Monat du beginnst, es ist immer der richtige Zeitpunkt. Zur Einstimmung in die Zeitqualität jedes Monats habe ich das Geschehen in der Natur beschrieben, denn Achtsamkeit und Natur sind eine Einheit. Meditation ist wie Gartenarbeit, wir wandeln uns und wachsen in dem Maß, wie wir Zeit mit den Pflanzen verbringen, eine Blüte in ihrer Schönheit auf uns wirken lassen, in der Zeitlosigkeit der Natur Ruhe finden. Pflanzen sind Brückenbauer zwischen Himmel und Erde, mit unserem geheimnisvollen sechsten Sinn erkennen wir das verborgene Wesen von Mutter Natur. Der Schlüssel dazu ist Achtsamkeit und Liebe zu allem Lebendigen. Im Wechsel der Jahreszeiten schenkt sich dem, der sie bewusst und achtsam erlebt, ein Raum für Gedanken und Gefühle, für achtsame Wahrnehmung. So offenbart sich der Lichtfunke, der in jedem Kraut, in jedem Wassertropfen, in jedem Duft, in jeder Wurzel, in allem verborgen ist. Jeder Monat wird zum Symbol, das Geschehen in der Natur wird zu Bildern der Seele. Eine wundervolle Möglichkeit jede Phase des Jahres achtsam zu erleben ist es auch, sich einen Baum als »Freund« auszusuchen und zu beobachten, wie er sich von Monat zu Monat wandelt.

Zusammen mit der Natur geben die Urprinzipien oder Archetypen des jeweiligen Monats die Zeitqualität beziehungsweise die Richtung vor.
Das Wort Archetypus stammt aus dem Griechischen und bedeutet »Urbild«. In der Psychologie ist damit eine unbewusste Energie gemeint, die in symbolischen Bildern wie in Träumen und Meditationen erfahrbar ist.
Dieses Konzept geht auf den Schweizer Psychiater und Tiefenpsychologen Carl Gustav Jung zurück. Es handelt sich bei diesen Prinzipien um Symbole, um archaische Energien, die rhythmisch in Erscheinung treten und die uns, wenn wir offen sind für die Sprache der Analogien, eine erweiterte Sichtweise des Lebens schenken. Wenn wir erkennen, dass wir hier auf der Erde in ein größeres Leben eingewoben sind, dessen Rhythmen und Zyklen auf uns wirken, werden wir in Verbundenheit untereinander und mit der Natur leben.
Jeder Monat in diesem Buch ist in der Farbe, die dem Archetyp entspricht, gestaltet und beginnt mit einem Zitat, zu dem du meditieren kannst. Dann blättert sich vor dir ein bunter Bogen auf aus Meditationen, Atemübungen, Reflexion, Anregungen zum Schreiben und Malen, Anleitungen für innere und äußere Bilder, die immer der jeweiligen Zeitqualität entsprechen.
Idealerweise baust du die kleinen Achtsamkeitsübungen in deinen Alltag ein, denn es gibt keine schönere Zeit als das Jetzt. Ein paar Minuten täglich reichen schon, um das Gehirn in eine neue Spur zu bringen, also warte nicht auf den richtigen Zeitpunkt, denn es ist immer der rechte Moment für einen achtsamen Augenblick, ein Innehalten, Stillwerden. Es geht nicht so sehr um die Quantität, als um die Regel-

mäßigkeit. Setz dir kleine Anker, leg einen Stein auf deinen Schreibtisch, klebe einen Zettel an den Spiegel, die dich erinnern, mehrmals am Tag kleine bewusste Inseln des Innehaltens zu finden, einige Male tief durchzuatmen oder die Hand aufs Herz zu legen. Erledige eines nach dem anderen und widme dich ganz dieser einen Tätigkeit.

Dieses Buch möchte dich auch dazu anregen, deine ganz persönlichen Gedanken und Veränderungen zu verschiedenen Themen festzuhalten. Um die Anregungen und Übungen noch intensiver werden zu lassen, liegt ein kleines feines Achtsamkeitstagebuch bei, in das du deine Gedanken und Erkenntnisse, einen Brief oder die ein oder andere Liste schreiben kannst. In dem Platz für Bilder und Zeichnungen ist, für ein treffendes Zitat oder für den Traum, den du am Morgen noch klar vor Augen hast. Am besten trägst du dein Büchlein immer bei dir und gewöhnst dir an, einen Wunsch, eine Beobachtung rasch zu notieren und festzuhalten, bevor sie verschwunden sind. So kann dein Achtsamkeitstagebuch zu einem treuen Begleiter durchs Jahr werden.

Achtsamkeit im Alltag ist für mich inzwischen eine Lebensweise geworden, mit der ich trotz der Anforderungen des Tages, trotz Zeitdrucks und Terminen offen in meinen Sinneswahrnehmungen und vor allem bei mir selbst bleibe. Das erfordert Bewusstheit, ist aber nicht anstrengend. Im Gegenteil, es ist etwas ganz Wundervolles, denn Achtsamkeit beschenkt mich, egal ob in der Küche oder am Schreibtisch, mit tiefen, bunten und vielfältigen Gefühlen, mit so vielem, über das ich staunen kann, mit Dankbarkeit und dem Gefühl, unendlich reich zu sein.

Er hat die Qualität des weisen, alten Mannes, lässt uns nach innen schauen, das Wesentliche erkennen und Ordnung schaffen. Der strenge Winter und dieser Archetyp geben uns die Gelegenheit, unsere Kräfte in der Stille zu sammeln und zu erneuern, unsere Grenzen neu zu bestimmen und bewusst Klarheit in unser Leben zu bringen, uns auf das Wesentliche zu reduzieren.

Wer erkannt hat, dass nicht das Hetzen auf ein Ziel hin wichtig ist, sondern die Erfahrung des Weges, der weiß, dass es darum geht, zu tun, was gerade getan werden muss, und es so gut wie möglich zu tun. Konzentration auf das, was im Augenblick wirklich wichtig ist – wenn du gehst, dann gehe, wenn du horchst, dann horche, sonst nichts.

Das Alter ist die Zeit des Saturn und Weisheit sein Ziel, sein Element ist die Erde. In dieser Zeit steht die Sonne in dem Abschnitt des Tierkreises, den wir »Steinbock« nennen.

Auf der körperlichen Ebene ist die Wirbelsäule als Weltachse angesprochen und das Knochengerüst, die Haut als Grenze, aber auch das Knie mit seiner doppelten Bedeutung – einerseits zum Ersteigen und Erklimmen von Höhen, andererseits zum Niederknien. Darin drückt sich Demut aus und die Bereitschaft, ohne zu klagen die eigene Aufgabe zu erfüllen.

Das Ende des Alten ist immer der Beginn des Neuen. Noch bevor zu Silvester um Mitternacht das neue Jahr anbricht, gilt es eine ehrliche Bilanz des alten Jahres zu ziehen und ihm Anerkennung zu schenken, um für Neues Raum zu schaffen.

Das neue Jahr, so unbeschrieben wie ein weißes Blatt, magische Momente liegen in der Luft: Was wird es bringen, das neue Jahr?

Willkommen, neues Jahr!

Um Mitternacht wurden die Geister des alten Jahres mit Krach und Lärm vertrieben und das neue Jahr mit bunten Raketen und dem Knallen von Sektkorken begrüßt. Frisch und jung liegt es vor uns – alles ist möglich! Jeder begrüßt das neue Jahr so, wie er sich fühlt, mit Freude, mit Hoffnung, mit Wünschen und guten Vorsätzen. Wir verteilen Neujahrsglückwünsche und werden von anderen »beglückt«, und jeder gute Wunsch, den wir aus dem Herzen wohlwollend für andere sprechen, kommt auch uns zugute. Im Anfang liegt schon alles – wenn wir uns darin üben, miteinander achtsam, friedvoll und großzügig umzugehen, machen wir uns und der Welt das größte Geschenk.

Ganz gleichgültig, wie das Wetter heute ist, zieh dich warm an und geh hinaus in die Natur. Mach einen langen Spaziergang, begib dich hinein ins neue Jahr und spür seine besondere Qualität. Nimm für deinen Ausflug Nüsse und Kerne mit und ein paar Apfel- und Karottenstücke. Geh zu dem Kraftplatz, den du für die Raunächte gewählt hast, oder such einen anderen stillen Ort abseits der Wege, der für Tiere gut erreichbar ist, und leg dort deine Geschenke aus. Wünsche in Dankbarkeit allen Wesen der Natur Segen für dieses Jahr.

Spür beim Nach-Hause-Gehen die kühle Luft und geh mit deiner Aufmerksamkeit bewusst zu deinem Atem, fühl die Bewegungen, die er auslöst, wie er kommt, einen Moment bleibt und wieder geht.
Was vergangen ist, ist vergangen, was kommen wird, ist noch nicht da. Alles, was ist, ist JETZT. Jeder Moment ist ein Neubeginn, ist wie »Neujahr«.

Mach dir bewusst, dass du jederzeit die Möglichkeit hast, wieder neu anzufangen, wenn du es wirklich *wirklich* willst.

Die zwölfte und letzte Raunacht wird auch »Nacht der Wunder« genannt, denn in ihr kann vieles gewandelt werden. Der Jahreskreis schließt sich und damit werden die Schleier vor der geistigen Welt wieder dichter. Heute kannst du alles wieder gut machen, was in der letzten Zeit nicht so gut gelaufen ist, und dir wünschen, was dir wirklich *wirklich* am Herzen liegt. Wünsche und Rituale sind jetzt besonders kraftvoll, somit ist es ein guter Zeitpunkt, um um Hilfe und Heilung für schwierige Lebenssituationen zu bitten oder auch darum, Neues auf einen guten Weg zu bringen.

Nimm dir Zeit, zünde eine Kerze an und lass die letzten 12 Nächte und Tage an dir vorüberziehen, ganz ähnlich, wie du im Dezember auf das Jahr zurückgeblickt hast. Welche Themen haben dich beschäftigt, welche Träume, Begegnungen und Erkenntnisse waren wichtig? Was nimmst du mit ins neue Jahr, was darf endgültig losgelassen werden?

Wenn du dir Notizen gemacht hast, lies sie jetzt in Ruhe durch und finde deine Essenz.

Wenn du magst, räuchere deine Räume ein letztes Mal mit Myrrhe, und dann, um Mitternacht, öffne alle Fenster und Türen und lass den Wind als Segen für das neue Jahr in dein Zuhause ein. Mit dem Gedanken, dass sich jetzt alles, was nicht mehr dient, lösen darf, damit Heilung geschieht und neue Energien einströmen können.

Begrüße das Jahr mit neugierigen Augen und wachen Sinnen, lass jeden neuen Tag sich in deinem Herzen entfalten, sodass es eine gute Zeit für dich wird. In schwierigen Momenten kann dir die Natur einen Raum schenken, in dem du innehalten und dich sammeln kannst.

Lebe den Moment!

Wir bekommen alle jeden Tag 24 Stunden Zeit geschenkt, doch wir betrachten sie sehr unterschiedlich – sie rast vorbei oder verfliegt, sie arbeitet gegen uns oder wir müssen sie einsparen, manchmal möchten wir sie anhalten, haben keine oder schlagen sie sogar tot. Zeit ist eine Maßeinheit, mit der wir dem Leben zeigen, was uns wirklich wichtig ist. Am Ende des Tages zählen in Wahrheit doch meist die Augenblicke, die wir mit Menschen geteilt haben, die uns am Herzen liegen. Oder aber die Zeit, die wir bewusst mit uns selbst verbracht haben.

Wie kostbar ist ein Tag deines Lebens? Stell dir immer wieder diese Frage, wenn du gehetzt und getrieben nur gut funktionierst oder die Zeit einfach absitzt, in Erwartung besserer Zeiten.
Gelingt es dir, den Großteil deiner Lebensstunden für das zu nutzen, wofür du brennst, bist du in Balance, im Einklang mit dir selbst.
Darum: Lebe den Moment! Wenn du dir über den Wert eines Augenblicks im Klaren bist, willst du ihn umso genauer erspüren, auskosten und stellst alle deine Sinne auf Empfang.

Hier hilft dir der Atem, denn er ist wie der Schlüssel, den du brauchst, um in die Welt einzutauchen, in der du die Zeit anhalten kannst. Er ist wie eine Brücke, über die wir in jeder Situation in unser Inneres gelangen können. Gleichgültig, wie groß Hektik und Stress um dich sind, durch das Atmen werden Augenblicke zu selbst-bewussten Augenblicken.

Hierzu gibt es eine wundervolle Gedankenstütze: Betrachte das Klingeln des Telefons als Gong, der dich an dein bewusstes Atmen erinnert.
Das Telefon klingelt – du atmest ein – du atmest aus – du spürst deine Lebendigkeit – du schenkst dir ein Lächeln – dann nimmst du das Gespräch entgegen.
Du bist ganz bei dir und kannst dem Menschen, der mit dir sprechen will, viel ruhiger und offener begegnen.

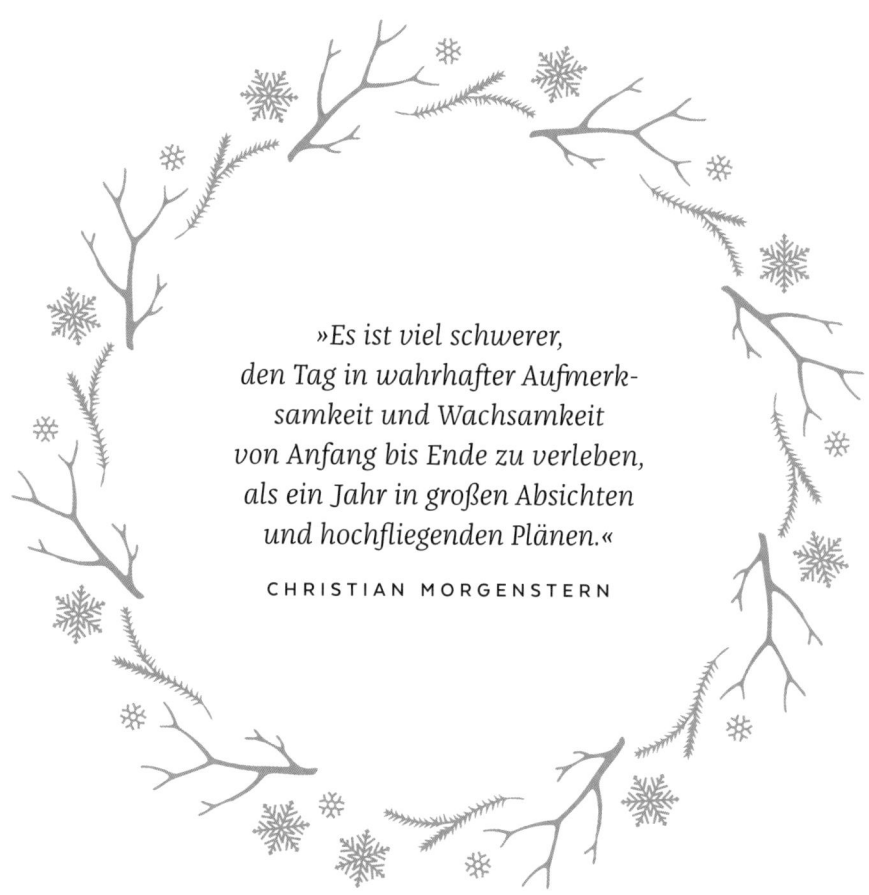

»Es ist viel schwerer,
den Tag in wahrhafter Aufmerksamkeit und Wachsamkeit
von Anfang bis Ende zu verleben,
als ein Jahr in großen Absichten
und hochfliegenden Plänen.«

CHRISTIAN MORGENSTERN

Zeit teilen und verschenken

Vor rund 150 Jahren hatte fast niemand eine Uhr, die Natur bestimmte den Rhythmus des Lebens, wir können die Zeit nicht zurückdrehen, aber wir können lernen, unsere innere Uhr zu hören, zu spüren, wie wir »ticken«. Und wir können uns bewusst Zeiten einrichten, in denen wir großzügig unsere Zeit verschenken – an Familie und Freunde, an Projekte am Arbeitsplatz oder im sozialen Bereich, die uns am Herzen liegen, an unsere Mitmenschen, einfach weil sie uns wichtig sind. Unsere Zeit zu teilen bedeutet, die Zeit mit dem Herzen wahrzunehmen, Wärme, Nähe, Aufmerksamkeit zu geben und gleichzeitig zu empfangen.

Zeit ist das kostbarste Geschenk, das du machen kannst. Schreib spontan auf, mit wem du deine Zeit demnächst teilen möchtest …

- gemeinsam kochen

- ins Kino gehen

- Hand in Hand Eis laufen

- gegenseitig ein Buch vorlesen

- lachen bis die Tränen kommen

- einen Schneemann bauen

*Seiner Seele trauen
sich hineinbegeben
in unbekanntes Neuland
das uns erwartet.*

*Seiner Seele folgen
sich öffnen
hineinwagen
in einen Neuanfang
der hinausführt
aus dunkler Ungewissheit.*

Wer achtsam ist,
kann seine Gedanken deutlicher hören,
auch die ver-rückten!

Februar

**ZEIT FÜR
ORIGINALITÄT**

Jetzt entfaltet der Winter seine stärkste Kraft. Im Gegensatz zum Hochsommer haben wir den Tiefwinter erreicht. Das Leben in der Natur scheint unter Eis und Schnee begraben zu sein, sie zeigt sich in Kälte und Klarheit: eine Landschaft, die den Blick festhält, in der nichts ablenkt, kalt die Farben des Himmels. Eiskristalle leuchten wie Sterne auf der Schneedecke, wenn sie im hellen Licht der Wintersonne blendend weiß erglänzt. Die Nächte sind noch viel länger als die Tage und in den langen klaren Winternächten können wir die Sterne am strahlendsten erleben. Und dennoch steigt nun die Sonne schnell und gewinnt an Kraft, sodass trotz der strengen Winterzeit die Säfte in den Bäumen und Sträuchern wieder zu steigen beginnen. Ähnlich ist es unter der Erde – sie ist gefroren, doch in ihrem Inneren sammeln sich die Lebenskräfte und die erwachende Schöpfung drängt erwartungsvoll einem Wachwerden entgegen. Damit, sobald es möglich ist, die ersten Frühlingsboten durch die noch harte Erde brechen können.

Es ist nun schon deutlich zu spüren, dass die Schwere und das Dunkle der letzten Wochen vorbei sind, das Leben kommt zurück!

Es ist die Zeit des uranischen Lebensprinzips, eine geistige Energie.

Uranus wird auf der physischen Ebene mit Strom, Elektrizität und unserem Nervensystem in Verbindung gebracht. Auf der geistigen Ebene steht er für das Originelle im Menschen, für Ideen, Geistesblitze und Visionen, die aus den noch undefinierten Ebenen kommen, er ist ständig auf der Suche nach Neuem und Ungewöhnlichem. Frei nach dem Motto: Der Raum ist voll von guten Ideen, wir müssen nur zugreifen und sie in uns hineinfallen lassen, einen Ein-Fall haben!

In seinem Denken ist er sehr kreativ, originell und revolutionär, die größte Faszination liegt im scheinbar Unmöglichen. Er ist ein »bunter Vogel«, der immer gut für Überraschungen ist, Witz und Situationskomik liebt und mit Vorliebe gegen den Strom schwimmt.
»Alle sind gleich, nur ich bin anders!«
Soziale Gerechtigkeit, Gleichheit unter Gleichen, wahre Demokratie, Freiheit und Idealismus sind hier die Themen. Kameradschaft und Fairness haben große Bedeutung, denn im Herzen haben alle Sonderlinge einen Platz – einzigartig sind wir alle, auch ohne zum Außenseiter werden zu müssen.
Uranus ist der Geistesblitz aus heiterem Himmel und Veränderung ist sein Lebenselixier, das Luftelement ist sein Zuhause.
In dieser Zeit steht die Sonne in dem Abschnitt des Tierkreises, den wir als »Wassermann« bezeichnen.
Die körperliche Entsprechung sind die Unterschenkel und die Sprunggelenke, die uns erlauben, auf dem Sprung zu sein und den Absprung zu schaffen. Die Muskeln in den Waden verleihen uns die Kraft dazu, damit wir uns im Springen und Tanzen über den Erdboden erheben können.

In diese Zeit fällt der Karneval, die Narrenzeit, in der die Menschen sich verkleiden und es wagen, ihr Innerstes nach außen zu bringen. Endlich darf für kurze Zeit das gelebt werden, was im Alltag unterdrückt wird, was sonst verboten oder sogar ver-rückt wäre.
Die offizielle Erlaubnis, die gewohnte Ordnung umzukehren, gepaart mit dem Mut, sich zu zeigen, bringen so manch närrische Variante zu Tage.

Ich bin einmalig

Wir leben mit so vielen Idealen und Vorstellungen, wie wir zu sein haben, dass die selbstkritische innere Stimme uns immer unzufrieden sein lässt. Wir können all unsere Vorzüge gar nicht richtig wahrnehmen, geschweige denn schätzen und finden tausend Dinge, die bei anderen besser, schöner, liebenswerter sind.

Sich mit anderen zu vergleichen ist ein sicheres Mittel, sich selbst unglücklich zu machen, denn vor unserer inneren Jury schneiden wir immer schlecht ab. Mit sich selbst nähere Bekanntschaft machen, die Person, die man ist, besser kennen- und einschätzen lernen, einen liebevollen Blick entwickeln ..., auch das kann das Ergebnis von mehr Achtsamkeit im Leben sein.

Schreib hier auf, wie du bist – was macht dich aus, was macht dich so einzigartig? Du kannst dafür auch immer wieder dein Achtsamkeitsbüchlein verwenden!

Wie lange sind fünf Minuten?

Wir sind es gewohnt, uns permanent zu beschäftigen oder beschäftigt zu werden. Je mehr wir beschäftigt sind, desto schwerer fällt es, uns selbst bewusst wahrzunehmen. Je lauter die Geräusche und Stimmen von außen, desto leichter überhören wir die eigene innere Stimme. Deshalb kann es richtig guttun, hin und wieder aus diesem Korsett auszubrechen, sich abzuschotten und in sich hineinzuhorchen. Kein Radio, kein Handy – nichts!

Versuch einmal fünf Minuten, nichts zu tun. Setz dich hierzu aufrecht hin, leg die Hände auf deinen Oberschenkeln ab und schließe deine Augen, atme ruhig ein und aus und konzentriere dich auf deinen Atem.

Wenn du so zur Ruhe gekommen bist, nimm dich bewusst wahr.
Nimm dir Zeit, atme ruhig und horche in dein Inneres …

Mag sein, dass dir anfangs fünf Minuten ganz schön lange werden, lass dich davon nicht abbringen, es bringt schon viel, mit ein paar Minuten zu beginnen.

Wenn du mit der Zeit spürst, dass du dich dabei wohlfühlst und dir Meditation guttut, kannst du sie zu einem täglichen Ritual werden lassen und die Zeit sogar immer mehr ausdehnen.

Inspirationen meines Lebens

Hast du Robin Williams in seiner Rolle als Lehrer John Keating im Film »Der Club der toten Dichter« gesehen? Dort ermutigt er seine Schüler, Eigeninitiative zu entwickeln und zu erkunden, was in ihnen steckt. Indem sie selbst Gedichte verfassen und die Poesie der großen Lyriker neu und mit dem Herzen begreifen, entdecken einige von ihnen ihre ureigensten Wünsche und Träume. Die Schüler erfahren, wie beglückend es sein kann, sich selbst ernst zu nehmen, dem zu folgen, woran ihr Herz hängt.

Es gibt so viele inspirierende Filme, Bücher und auch reale Menschen.
Wie viele inspirierende Lese- und Seherlebnisse hast du schon gehabt?
Welche wunderbaren Menschen hast du kennengelernt, die, durchaus mit Ecken und Kanten, wichtig für dich wurden? Ja, auch Lehrer!
Es fühlt sich gut an, an diese Menschen zu denken oder sie wieder zu treffen. Sich an die Filme zu erinnern. Bücher ein zweites, drittes und viertes Mal zu lesen.

Natürlich verändern sich die Gefühle und auch Gedanken zu diesen Erinnerungen. Manch einen Menschen sehen wir heute mit anderen Augen. Bei einigen Filmen stört uns vielleicht das Pathos, welches wir als Jugendliche gar nicht wahrgenommen haben. Und bei dem ein oder anderen Buch fragen wir uns, was wir einmal daran gefunden haben.
Dennoch: Viel Wertvolles bleibt. Und zu ihrer Zeit hatten all diese Erlebnisse und Begegnungen ihren Sinn und waren wichtig.
Wir entdecken dabei einen großen Schatz bewegender Erinnerungen und können sogar Dankbarkeit für all diese wundervollen Menschen, Bücher und Filme spüren.

Vielleicht hast du Lust, dich auf eine kleine Erinnerungsreise zu begeben. Eine Reise zu den Menschen, Filmen, Büchern oder Situationen, die dich inspiriert haben. Du kannst deine Notizen auch in das Achtsamkeitsbüchlein eintragen, wenn du magst.

Suche Antworten auf folgende Fragen:

- Welche Filme waren für dich wichtig?

- Welche Filmfiguren haben dich inspiriert, etwas in deinem Leben zu verändern?

- Bei welchen Filmen hast du gedacht oder denkst du auch heute noch: Das will ich auch erleben.

- Welches Buch hat deine Sichtweise auf dein Leben oder dich selbst verändert?

- Welche Erkenntnis hat dich womöglich so sehr beeindruckt, dass du etwas verändert hast?

- Welche Menschen haben dich berührt? Wer hat dich inspiriert, ermutigt, gestärkt?

- Gibt es Menschen, die deine Entscheidungen wesentlich beeinflusst haben? Ohne die vielleicht alles anders gekommen wäre?

- Was wäre in deinem Leben anders, wenn du nicht einem bestimmten Menschen begegnet wärst? Ein besonderes Buch gelesen hättest? Einen Film angeschaut hättest?

Vielleicht kramst du ja das eine oder andere alte Buch oder einen deiner Lieblingsfilme noch einmal hervor und lässt dich neu davon inspirieren!

»Jeder Tag kann voll Farben sein.
Zeit ist blau, wenn sie mal Pause macht!«

FRIEDRICH NIETZSCHE

Entfalte deine Buntheit

Hin und wieder tut es gut, die Leichtigkeit des Seins zu spüren, etwas unangepasster, spontaner, übermütiger oder sogar ein bisschen ver-rückt zu sein.

Lebe deine spielerische Seite, falle aus deiner Rolle, tu einfach, worauf du gerade Lust hast, ohne auf deine vernünftige innere Stimme zu hören, die dir sagt, du seist zu sprunghaft oder zu frech. Löse dich gelegentlich aus dem engen Korsett deines geordneten, geregelten Lebens mit all den festen Strukturen und Pflichten und lass dir witzige, befreiende Dinge einfallen, sei albern und folge deinen spontanen Einfällen.

Mach dir eine Liste, ohne lange nachzudenken, ob es sinnvoll ist oder nicht, und probier es einfach mal aus!

Hier ein paar Anregungen:

- Ganz spontan verreisen nach Venedig, Passau oder an den nächsten See
- Zum Bahnhof gehen und den nächsten Zug nehmen, egal wohin
- Die Einkaufsliste zeichnen statt sie zu schreiben
- Einen Schneemann bauen oder eine wilde Schneeballschlacht anzetteln
- Im Regen auf der Straße singen oder in die Pfützen springen
- Sandburgen bauen am Strand oder in einer Sandkiste
- Freihändig auf dem Fahrrad fahren

Brief an meinen Engel

Engel umschweben uns, sie sind immer da, wo wir auch gehen. Sie lieben uns bedingungslos, beschützen uns, helfen und unterstützen uns, wir müssen sie nur darum bitten. Kinder beten oft zu ihrem Schutzengel, manche tragen auch ein Kettchen mit einem solchen um den Hals. Mit dem Erwachsenwerden geraten dann die Engel mehr und mehr in Vergessenheit.

Wie sieht dein Engel aus? Trägt er Jeans und Lederjacke oder ein weißes, wallendes Gewand? Hast du ihm einen Namen gegeben?

Ist dein Engel schon einmal in einen Burnout geraten, weil du ihn so gestresst hast?

Wann hast du das letzte Mal mit deinem Engel gesprochen? Worum hast du ihn gebeten?

Setz dich in Ruhe hin und nimm Kontakt mit deinem Engel auf!
Frag ihn, was dir auf dem Herzen liegt, schütte ihm dein Herz aus und dann schreib ihm einen Brief!

»Nur aus dem Herzen kannst du den Himmel berühren.«

RUMI

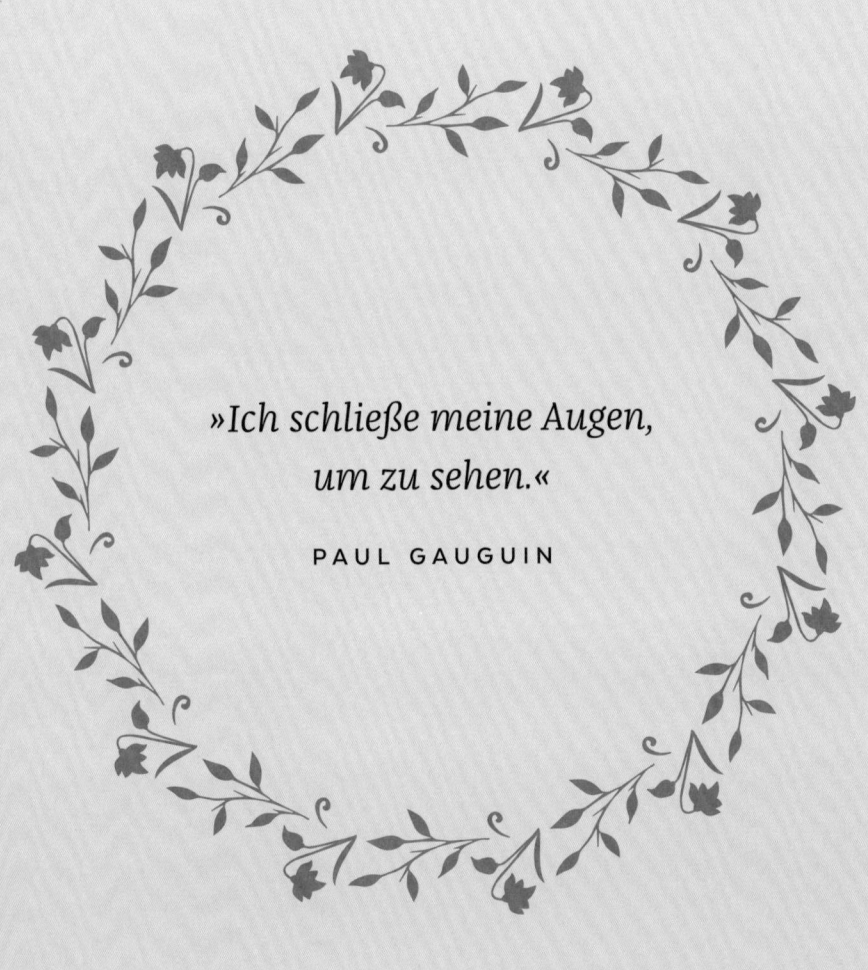

»Ich schließe meine Augen,
um zu sehen.«

PAUL GAUGUIN

März

ZEIT DES ERWACHENS

In der Natur ist deutlich zu spüren, dass ein Zyklus sich vollendet. Es ist die Übergangszeit vom Winter zum Frühling, wo alles Gefrorene, Erstarrte und Verhärtete eingeschmolzen und aufgelöst wird und das Wasser das ganze Erdreich durchdringt, damit das Keimen und Sprossen neu beginnen kann. An manchen Pflanzen zeigen sich schon dicke Knospen, andere halten noch ihren Winterschlaf. Hin und wieder ist ein mutiger Vogel zu hören, der sein fröhliches Lied trällert. Eine Dynamik ist spürbar, die nach Aufbruch drängt, noch liegt Vieles im Verborgenen, Altes löst sich auf, Neues bereitet sich vor, aber es braucht noch seine Zeit, das Ungeformte sichtbar werden zu lassen. Zu diesem Zeitpunkt ist die Verbindung zum Mysterium der Natur besonders stark spürbar, selbst im Augenblick der Vollendung gibt es ein kurzes Innehalten.

Das Bewusstsein, wie wichtig es ist, etwas richtig zu beenden, innezuhalten und den Raum dazwischen zu würdigen, um dann erst neu zu starten, ist das große Geschenk dieser Zeit.

Es ist eine Zeit des Übergangs, als ob wir langsam aus dem Schlaf erwachen und uns noch in einer Zwischenwelt befinden würden.

Der Neubeginn wird schon vorbereitet, unter der Erde und am Himmel, bald ist es soweit, sich mit freudiger Erwartung dem Neuen zu stellen und den beginnenden Sieg des Lichtes in der Frühlings-Tagundnachtgleiche zu feiern.

Nach der närrischen Zeit, die den Winter symbolisch ausgetrieben hat, kommt nun die Fastenzeit, in der wir in Stille und Achtsamkeit Körper und Geist reinigen können, um auf einen neuen Lebenszyklus vorbereitet zu sein.

Urprinzipiell ist es die Zeit von Neptun, der über den weiten Ozean herrscht, in dem Himmel und Erde verschmelzen und eins werden.

Stärken dieses grenzauflösenden Prinzips liegen im Urvertrauen, in seiner Intuition und selbstlosen Hingabefähigkeit, aber auch in der Spiritualität. Medial und feinfühlig lassen sich verborgene Zusammenhänge ebenso erahnen wie die Wirklichkeit hinter der sichtbaren Welt erspüren, es geht um den Glauben und alles, was die Grenzen des Wahrnehmbaren überschreitet, alles Geheime, Unsichtbare, Mystische. Sein großes Geschenk sind Durchlässigkeit und »kosmische Antennen«, die Übersinnliches und Feinstoffliches erspüren lassen. Dieser Archetyp ist beseelt durch die Verbundenheit zu allen fühlenden Wesen, durch allumfassende Liebe und tiefes Mitgefühl jenseits aller Grenzen.

»Nur durch die Liebe finden wir Sinn. Wenn wir in Liebe aufgehen, werden wir Sinn«, sagt der Benediktinermönch und spirituelle Lehrer Bruder David Steindl-Rast.

Im Bewusstsein der Allverbundenheit sind bei Neptun die Grenzen aufgelöst und allumfassende Liebe fließt. Seine Heimat ist das Wasserelement. Es ist die Zeit der »Fische«.

Auf der Körperebene gehören die Füße hierher, unsere »Flossen«, die letzten Gliedmaßen unseres Körpers von oben nach unten betrachtet. Sie verkörpern mit jedem Schritt den Beginn und das Ende eines Zyklus: das Betreten eines Pfades und das Erreichen eines Zieles. Darüber hinaus spiegelt der Fuß als »Landkarte des Körpers« den ganzen Menschen.

Eine kleine Fastenkur

»Jeder kann zaubern, jeder kann seine Ziele erreichen. Wenn er denken kann, wenn er warten kann, wenn er fasten kann«, sagt der deutsche Dichter Hermann Hesse. Es ist geradezu en vogue, in der Fastenzeit auf Genussmittel zu verzichten oder auf Fernsehen und soziale Netzwerke. Genauso wie es befreiend wirkt, den Schreibtisch oder Schrank zu entrümpeln, kann auch Fasten im ursprünglichen Sinn befreiend auf Körper und Seele wirken und eine Chance sein, loszulassen und sich neu zu orientieren.

Essen und Fasten gehören zusammen, wie Wachsein und Schlafen, wie Ein- und Ausatmen, es sind zwei Seiten derselben Medaille in unserem natürlichen Lebensrhythmus. Wir leben einen ständigen Wechsel zwischen Essens- und Fastenperioden, nur die Dauer ist veränderbar. Essen ist heute so selbstverständlich und im Überfluss vorhanden, dass die Fastenperioden immer kürzer werden. Um die Selbstheilungskräfte zu aktivieren, müssen wir dem Körper ein Signal geben. Eine bewusste Essenspause ist ein solches.

Idealerweise nimmt man sich jedes Jahr eine Fastenauszeit zur Regeneration für Körper, Geist und Seele, denn dieser Verzicht schenkt eine Fülle von Dingen, die es zu entdecken gilt. Bewusstes Fasten ist keine Nulldiät, denn es geht in erster Linie nicht ums Abnehmen (obwohl das ein angenehmer Nebeneffekt ist), es ist die Chance auf eine Neuorientierung im Körper-Geist-Seele-System. Eine Woche Fasten stellt unser gesundes Gleichgewicht wieder her, die »Reset«-Taste wird gedrückt und wir fühlen uns wie neu geboren!

Jedem Fasten wohnt ein Zauber inne – der Zauber des Neuanfangs.

Klassisches Fasten läuft so ab:

- Zwei Entlastungstage, an denen man nur wenig Gemüse, Reis oder Kartoffeln isst oder Säfte trinkt.

- Zu Beginn eine Darmentleerung mit einem Einlauf oder Glaubersalz, während der Fastentage zumindest alle zwei Tage einen Einlauf machen.

- Fünf bis zehn Tage Verzicht auf feste Nahrung – nur stilles Wasser, Tee, Gemüsebrühe ohne Salz und eventuell verdünnte Säfte sind erlaubt.

Wichtig ist, viel zu trinken, achtsam mit sich zu sein und alles langsamer anzugehen. Viel Ruhe, Wärme und lange Spaziergänge an der frischen Luft unterstützen den Fastenprozess. Anfangs ist alles etwas gewöhnungsbedürftig, nach drei Tagen fühlt man sich in der Regel sehr gut.

- Klassischerweise wird das Fasten mit einem Apfel gebrochen, der auch geschmort sein kann und besonders achtsam gegessen wird.

- Mindestens zwei bis drei Aufbautage, an denen man nur ganz langsam wieder beginnt, feste Nahrung ohne Salz zu sich zu nehmen. Diese Tage sind für die Achtsamkeit besonders bedeutsam, den durch den Verzicht schmecken die einfachsten Dinge wie ein Apfel oder ein Stück Brot viel intensiver, alle Sinne sind viel sensibler geworden, darüber hinaus ist man schneller satt.

Am besten nimmt man sich aus dem Alltag und gönnt sich diese Tage fern der Arbeit, eventuell sogar in einer Gruppe unter Gleichgesinnten (www.dorothea-neumayr.com).

Es gibt viele verschiedene Möglichkeiten, den Körper mit einer Pause zu entlasten und ihm Kraft für Regeneration und Selbstheilung zu schenken. Im Prinzip ist es gleichgültig, welche Variante man wählt, Hauptsache, man gönnt dem Körper immer wieder einmal eine Essenspause, wichtig ist, dass sie dann sorgfältig und konsequent durchgeführt wird.

Grünes Fasten

Wer sich zu viel vornimmt, besonders beim Verzicht auf Essen, der scheitert oft daran. Es muss ja nicht gleich das klassische Fasten sein, auch längere Pausen zwischen den Mahlzeiten und regelmäßige Trinktage regen die Selbstheilung an, denn sie bringen den Körper wieder zurück in seinen natürlichen Rhythmus und wir bleiben gesund. So kann man ganz einfach mit grünen Smoothies den Körper entlasten und mit wertvollen Pflanzenbestandteilen die Zellen und damit jedes Gewebe stärken und den Darm sanieren.

Wichtig ist der hohe Anteil an grünem Blattgemüse und Wildkräutern, die nur mit wenig Obst abgeschmeckt werden. Das kräftige, wilde Aroma der zarten Frühlingskräuter reinigt unser Innenleben und schärft die Sinne.

Beispiel für einen Smoothie-Tag:
Morgen-Smoothie – bestehend aus Blattgrün mit wenig Apfel, Birne oder Ananas und Wasser oder Kokoswasser
Mittags-Smoothie – er kann etwas gehaltvoller sein, indem man eine halbe Avocado oder ein Stück Banane und ein paar Nüsse zufügt. Wer einen Energiekick braucht, kann etwas Matchapulver zugeben.
Abend-Smoothie – ihm könnte etwas Kokosnussöl zugefügt werden.

Rezept für einen Morgen-Smoothie:
Je 1 Handvoll junger Spinat und Wildkräuter oder Feldsalat, ein Stück Salatgurke und ½ Apfel waschen und schneiden. ½ Zitrone auspressen und alles mit ca. 250 ml Wasser im Standmixer pürieren.

Atemübung für aktives Denken

Diese Übung stammt von dem buddhistischen Lehrer Thich Nhat Hanh und zeigt, wie uns aktives Denken zu tiefem Frieden und Verständnis führen kann. Wenn man sie bewusst und achtsam macht, führt sie schnell in einen tiefen Zustand der Ruhe und Entspannung. Bewusstes Ein- und Ausatmen hilft uns, den gegenwärtigen Augenblick in Klarheit und Stille wahrzunehmen.

Setz dich aufrecht hin und schließ deine Augen. Beobachte nur das Kommen und Gehen deines Atems. Dann sag die Wörter des ersten Verses zu dir selbst, während du ruhig und tief ein- und ausatmest.

Wiederhole den Vers fünf- bis zehnmal, bis du, wie der Mönch sagen würde, »gestoppt hast, still bist und deine wahre Heimat des gegenwärtigen Augenblicks erreicht hast«.
Dann geh zum nächsten Vers und wiederhole diesen so oft, bis du dich so ruhig fühlst, dass du zum nächsten Vers übergehen kannst.

Vers 1: *Atme ein, ich sehe mich als Blume. Atme aus, ich fühle mich frisch – Blume, Frische.*

Vers 2: *Atme ein, ich sehe mich als Berg. Atme aus, ich fühle mich kräftig – Berg, Kraft.*

Vers 3: *Atme ein, ich sehe mich als stilles Wasser. Atme aus, ich reflektiere Dinge so wie sie sind – Wasser, Reflexion.*

Vers 4: *Atme ein, ich sehe mich als Raum. Atme aus, ich fühle mich frei – Raum, Freiheit.*

Merk dir: Der Weg – das, was du im Augenblick tust – ist das Ziel.

Auf dem Weg zur eigenen Mitte – Mandala malen

Das Wort Mandala stammt aus dem Sanskrit und bedeutet Kreis, hat aber noch eine tiefere Bedeutung. Mandalas kommen in allen Kulturen vor, im Buddhismus und bei den Indianern genauso wie in der christlichen Kirche in Form von Kirchenfenstern und Bodenmosaiken, aber auch überall in der Natur in Blüten, Schneesternen und unseren Augen. Es ist im Wesentlichen ein Symbol für den Kosmos, für alles Leben und unseren Lebensweg und es erinnert an die Unendlichkeit.

Zieh dich an einen Ort zurück, an dem du ungestört bist und dich wohlfühlst. Halte einen Augenblick inne, schließ die Augen und atme ein paarmal tief und bewusst.

Dann nimm Bunt- oder Filzstifte, mische die Stifte ohne hinzusehen mit der linken Hand (intuitiv) und nimm dann blind einen Stift, mit dem du das Mandala rechts von innen nach außen oder umgekehrt zu malen beginnst. Bleib dabei mit deiner Aufmerksamkeit beim Malen, bis du ruhig wirst wie bei einer Meditation.

Lass dich durch nichts ablenken – nur achtsam malen, nach dem Motto: »Wenn du gehst, dann gehe, wenn du sitzt, dann sitze. Wenn du arbeitest, dann arbeite – wenn du ein Mandala malst, dann male ein Mandala.«

Es geht nicht darum, dass das Mandala möglichst perfekt und schön wird. Es muss auch nicht fertig werden, denn das Ergebnis ist nicht wichtig. Es geht vielmehr um das Malen an sich, um die achtsame Zeit mit dir selbst.

ZUM AUSMALEN

Vom Zauber des Anfangs

Das erste Lächeln, der erste Schritt, das erste Wort ... Ein kleines Kind schlägt beinahe täglich ein neues Kapitel auf. So vieles gibt es zu entdecken, so vieles zu lernen. Und das bleibt auch in der Jugend so: der erste Kuss, das erste Mal verliebt ...

Im Laufe der Zeit werden die ersten Male weniger, unser Leben verläuft zunehmend in den gleichen Bahnen und irgendwann bemerken wir, dass die Zeit immer schneller zu vergehen scheint. Wir befinden uns im Bereich der »Komfortzone« und es geht uns gut darin, aber wir erleben immer weniger, was unser Gehirn als Anregung und Bereicherung empfindet. Unser Gehirn sehnt sich nach weiteren ersten Malen!

Natürlich können wir die Lebensuhr nicht zurückdrehen, den ersten Kuss niemals wiederholen, aber unsere Welt ist so unglaublich reich an Schönheit, die wir entdecken dürfen, wenn wir offenen Herzens sind. So wie Christian Morgenstern gesagt hat: »Man sieht oft etwas hundertmal, tausendmal, ehe man es zum allerersten Mal wirklich sieht.« Und auf einmal ist sie da – die Möglichkeit, die Welt wieder mit den Augen eines Kindes zu sehen und neu zu entdecken!

Am 20./21. März ist Frühlingsbeginn, dieser Neubeginn ist im ganzen Jahreslauf nie deutlicher zu spüren und zu sehen als jetzt. Es ist die Geburtsstunde der Natur, überall herrscht Aufbruchstimmung, was auch uns Menschen hilft wach zu werden und unsere Aufmerksamkeit auf das Kommende zu richten. Die Tage sind nun länger als die Nächte, zyklisch gesehen befinden wir uns jetzt in einer Phase des Neubeginns auf allen Ebenen. Selbst die Kirche richtet sich mit ihren Festen Ostern, Himmelfahrt und Pfingsten nach diesem kosmischen Rhythmus.

Geh hinaus in die Natur, mach dich auf die Suche nach den ersten Frühlingsboten, nimm wahr, wie sie aufwachen, sprießen, sich dem Licht und der Sonne entgegenrecken. Wie die Knospen an den Bäumen schwellen, die Vögel ihr Lied trällern, die ersten Bienen summen. Horch auf die Sprache deines Körpers, fühl den Gesang deiner Seele und folge der liebevollen Führung deines Herzens. Schau mit staunenden Augen und lass dich überraschen, was es alles zu entdecken gibt.

Bewahre dir einen stillen, geheimen Platz in deinem Herzen, wohin deine Träume gehen können.

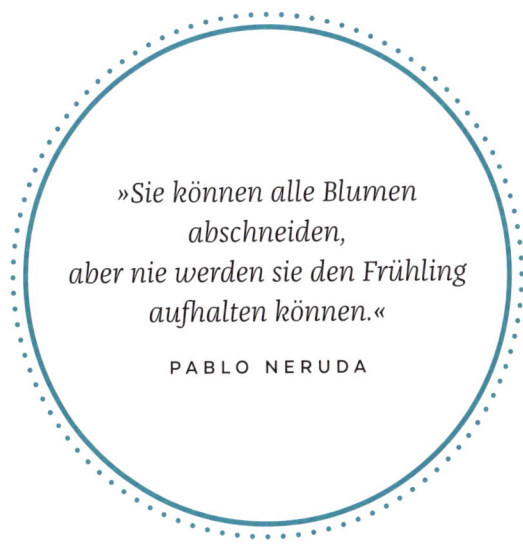

»Sie können alle Blumen abschneiden, aber nie werden sie den Frühling aufhalten können.«

PABLO NERUDA

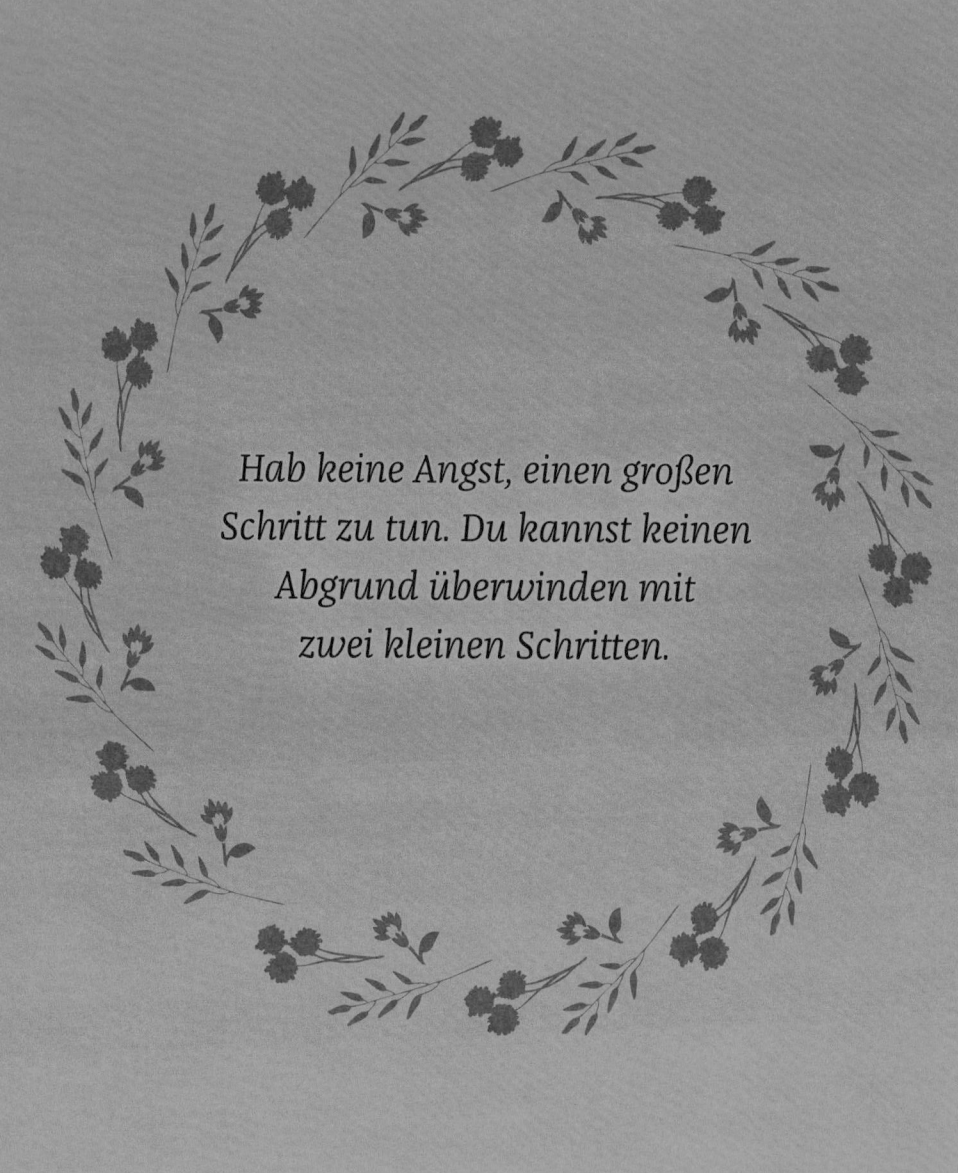

Hab keine Angst, einen großen Schritt zu tun. Du kannst keinen Abgrund überwinden mit zwei kleinen Schritten.

April

ZEIT DES AUFBRUCHS

Mit der Frühlings-Tagundnachtgleiche hat der Siegeszug der lebensweckenden Sonnenkräfte über das Dunkel begonnen, die Tage sind länger als die Nächte, der Winter ist nun besiegt, es herrscht Aufbruchstimmung. April lässt sich auf das lateinische Wort »aperire« zurückführen, das »öffnen« bedeutet. Die Natur entfaltet nun ihr prachtvolles Farbenkleid und wir fangen an, uns wieder nach außen zu öffnen. Eine Stimmung von Aufbruch, Wachsen und Lebendigwerden breitet sich aus, das neue Leben setzt sich unmissverständlich durch.

Die langen unsichtbaren Vorbereitungen unter der Erde entfalten nun eine ungeheure Kraft, mit der die zarten Triebe die gerade noch gefrorene Erde durchbohren und sogar Schneereste durchbrechen, die ihrem Drang nach Licht und Sonne im Wege stehen. Es ist wie ein Wunder, dass dieser Durchbruch so plötzlich und spontan, manchmal über Nacht, geschieht. Es ist die Urkraft des Lebens, die die lebendige Schönheit der Natur nach langem Verzicht wieder sichtbar werden lässt, mit saftigem Grün und kräftigem Gelb.

Überall in der Natur werden jetzt durch die innere treibende Kraft die äußeren Begrenzungen gesprengt, um freien Raum zu schaffen für neues Leben und um von der Erde Besitz zu ergreifen.

Diese starke neue Kraft berührt auch uns. Tief beeindruckt beginnen wir zu hoffen, Freude und Aufbruchstimmung breiten sich aus, sie schenkt uns Lust auf Leben – warme Sonnenstrahlen auf der Haut, Kribbeln im Bauch und das Lächeln in den Gesichtern der Menschen.

Wir werden eingeladen, es wieder neu mit dem Leben aufzunehmen, mutig dem Jahreskreislauf zu folgen und das Vergangene zurückzulassen.
Es geht weiter, es gibt einen Neubeginn und eine Zukunft, der Weg ist frei für eine neue Jahresreise.
Urprinzipiell ist es die Zeit des Mars, er ist ein Held, ein Eroberer und Pionier, der die Freude der ungestümen Kraft und des Mutes in sich trägt. Sein Feuer kann das Feuer der Begeisterung in uns entfachen, wenn er neue, kraftvolle und entscheidende Impulse gibt. Er ist der Lichtbringer, der mutig dunkle Räume ausleuchtet. Alle Herausforderungen sind hier zu Hause und der Mut zur Entscheidung, damit wir das Schwert aus der Scheide ziehen, uns ent-scheiden, um dann entsprechend zu handeln. Wenn wir das Leben in Angriff nehmen, jeder Schwierigkeit die Stirn bieten, das heißt, sie konfrontieren, wenn wir mit lebensbejahender, freudiger Impulskraft Türen öffnen und Dinge in Bewegung setzen, wenn wir mit dem uns innewohnenden starken Willen bereit sind, unsere Ziele zu erreichen, dann sind wir auf den Spuren von Mars unterwegs. Seine Geschenke sind Mut, Willensstärke, Entschlusskraft, Konfliktbereitschaft und Risikofreude.
Die Chance, erste Schritte zu tun und Neuland zu erobern, liegt in dieser Zeitqualität, die dem Feuerelement zuzuordnen ist. In dieser Zeit steht die Sonne in dem Abschnitt des Tierkreises, den wir als »Widder« bezeichnen. Auf der Körperebene gehören alle Muskeln hierher, aber auch die roten Blutkörperchen, die Gallenblase, der Kopf als die Spitze unseres Körpers und all unsere »Waffen« – die Zähne, die zeigen, wie viel »Biss« wir haben, die Finger- und Zehennägel – unsere »Krallen«.

Die Zeit der Leichtigkeit

Das Leben ist zurück auf der Erde, es hat spürbar und sichtbar neu begonnen. Den Winter über war es tief drinnen in der Erde, gut behütet von der großen, weisen Mutter, und jetzt kehrt es verspielt, fröhlich und leicht auf die Erde zurück. Die Vergangenheit ist vergangen. Was vorbei ist, ist vorbei. Jetzt beginnt eine neue Zeit, die Zeit der Neuorientierung.

Also gilt es jetzt Bilanz zu ziehen, uns von allem zu verabschieden, was uns zur Last geworden ist – Altes, Verbrauchtes und Überlebtes loszulassen und dem Neuanfang ein freies Feld zu schaffen.

Zuerst muss der Winter mit all seiner Erstarrung, seiner Schwere und Dunkelheit weichen, müssen wir alte Hüllen ablegen und aus dem Weg räumen, was sich überlebt hat: Kleidung, Einstellungen oder verblasste Träume. Jetzt weht ein anderer Wind. Ein Wind, der uns antreibt, wieder hinauszugehen, lebendig und unbeschwert wie die Kinder. Er beschenkt uns mit der Kraft der Leichtigkeit, der Unbekümmertheit und des neuen Lebens, das sich durch nichts mehr bändigen lässt. Mit ihm dürfen auch die bunten Farben, Düfte und Wünsche in unser Leben zurückkehren.

Gib all den Ballast deines Lebens weg, der weg will. Entscheide ganz bewusst, was du weggeben kannst an Gewohnheiten, Gedanken oder auch materiellen Dingen – weil sie sich ein für alle Mal überlebt haben. Ähnlich wie beim Frühjahrsputz kannst du nun die starke Impulskraft auch zur inneren Reinigung nutzen.

Es ist Zeit, die Karten neu zu mischen und frei heraus ein neues Spiel zu wagen!

Die Grünkraft Gottes

Die Mystikerin Hildegard von Bingen hat gesagt: »Es gibt eine Kraft aus der Ewigkeit und diese Kraft ist grün.« Immer wieder spricht Hildegard von der »viriditas«, der Grünkraft Gottes. Grün ist für sie die heilige Farbe, eine »Herzkraft himmlischer Geheimnisse, die die Herrlichkeit des Irdischen nicht fasst«.

Diese Kraft wirkt in allem Grünen, den Pflanzen und der Natur, aber auch im übertragenen Sinne in allem, was lebt. Grün ist die Keim- und Schöpfungskraft, es ist die Mischung aus Gelb und Blau, aus dem Licht der Sonne und der Farbe des Wassers, zwei für das Leben zentrale und unverzichtbare Dinge.

Jetzt ist endlich die Zeit gekommen, wo sich erstes Grün zeigt, zaghaft zuerst, bald aber schon stark und vor Kraft strotzend. Es ist die Grundkraft, die in der gesamten Natur zu finden ist und auch im gesunden Menschen. Bei Krankheiten wird sie schwächer, durch Nähe zur Natur kann sie gestärkt werden.

Geh hinaus in die Natur, vielleicht hast du eine Lieblingswiese oder du suchst dir eine. Lass dich hineintreiben und deinen Platz finden. Dann leg dich in das saftige, grüne Gras, streck dich aus und schließe deine Augen.

Stell dir nun vor, dass die Säfte und Kräfte aus den Gräsern, Blumen und Kräutern deinen Körper durchströmen, erfrischen und beleben und spür, wie unglaublich gut es dir tut.

Lass für Augenblicke alle Beschwernisse hinter dir, das Wahrnehmen des Kleinen, des Duftes der Gräser, der zarten Blüten in der Wiese genügt.

Alle Farben von GRÜN

»Alles im grünen Bereich?« Die Natur ist eine unerschöpfliche Quelle von Metaphern, selbst wenn wir nicht sonderlich naturverbunden sind, verstehen wir ihre universelle Sprache. Jede Farbe besitzt eine für sie typische Wellenlänge und Energie und hat somit eine andere Wirkung auf unsere Seele und unseren Körper. Grün ist die Farbe der Natur. Sie beruhigt, harmonisiert und steht für Sicherheit, Hoffnung und Heilung. Das erste saftige Grün zwischen Grau und Braun nach einem langen Winter lässt uns einfach nicht an ihm sattsehen!

Nimm dir etwas Zeit, such dir einen ruhigen Ort und schließ die Augen. Dann stell dir vor, der Raum um dich herum wird etwas heller. Licht strahlt von allen Seiten herein – angenehm grünes Licht umgibt dich und erfüllt den ganzen Raum. Du atmest es ein und spürst es auf deiner Haut. Es ist die Farbe einer uralten Kraft. Sie umgibt dich und durchwirkt dich, erfüllt dich ganz tief.

Genieß für einige Atemzüge diesen heilenden Zustand.
Wenn du dann die Augen öffnest, leb dich hier in allen erdenklichen Nuancen von Grün aus und male nach Herzenslust!

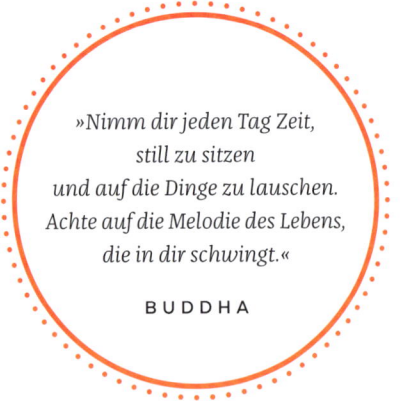

»Nimm dir jeden Tag Zeit,
still zu sitzen
und auf die Dinge zu lauschen.
Achte auf die Melodie des Lebens,
die in dir schwingt.«

BUDDHA

ZUM MALEN
MEIN GRÜN

Heilkraft am Wegesrand

Der April ist der Monat, in dem wir aus dem Winterschlaf erwachen und zur Tat schreiten. Frühe Wildkräuter helfen uns dabei, Schlacken, die sich während der Wintermonate im Körper angehäuft haben, auszuleiten, denn durch ihre Bitterstoffe regen sie den Stoffwechsel an. Hildegard von Bingen hat so schön gesagt: »Die ganze Natur steht dem Menschen zu Diensten und legt ihm freudig ihre Güter ans Herz.«

Also nichts wie hinaus in Gottes Apotheke – die ersten kleinen Brennnesseln und Löwenzahnblätter gibt es schon!
Die Brennnessel weckt unseren Körper auf, kann vieles in uns in Bewegung setzen und gibt Kraft für Neuerungen im Leben. Sie wirkt harntreibend und blutreinigend und unterstützt als Tee die Entschlackung und Ausscheidung von Giften, was gerne bei Frühjahrskuren und beim Heilfasten genutzt wird.
Der Löwenzahn hat viele Bitterstoffe, die der Galle guttun.

Brennnesseltee:
Geh in den Garten oder an einen Platz in der Natur, der fernab vom Straßenverkehr liegt, und pflücke eine Handvoll Brennnesselblätter.
Wasch sie gut ab und übergieße sie mit ¼ Liter kochendem Wasser.
Der Tee sollte nur eine bis eineinhalb Minuten ziehen.
Genieße ihn in kleinen Schlucken in dem Bewusstsein, dass er den Nieren, der Galle und der Leber guttut.

Reinigungstee:
Sammle zu den Brennnesseln noch eine Handvoll junge Löwenzahnblätter.
Wasch die Blätter gut und überbrühe 2 Teelöffel davon mit ¼ Liter heißem Wasser.
Lass diesen Tee fünf Minuten ziehen und trinke ihn dreimal täglich in kleinen, achtsamen Schlucken.

*Beherzt leben
ankommen im Augenblick
bewegt in sich ruhen.*

*Aufbrechen zu neuen Horizonten,
die Vertrauen schenken zum Aufblühen
liebend unterwegs sein
kämpferisch-gelassen.*

*Beherzt leben
von innen heraus
achtsam seinen Weg gehen
angekommen bei sich selbst.*

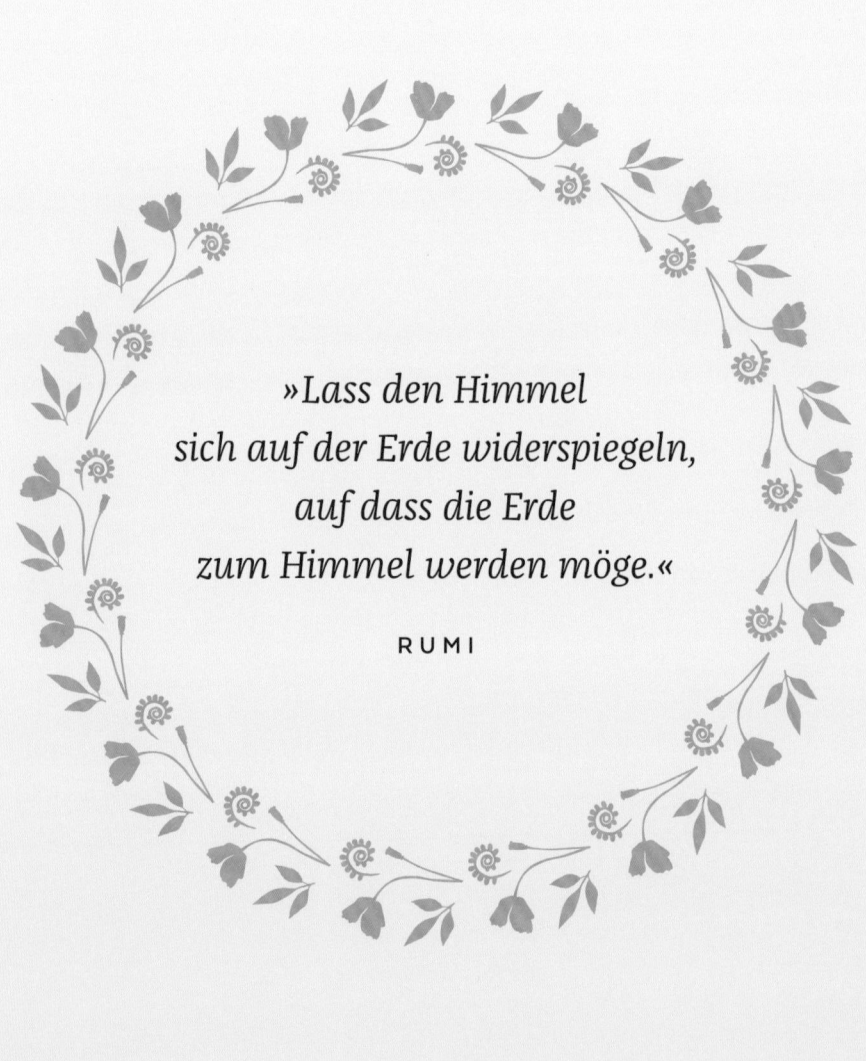

»Lass den Himmel
sich auf der Erde widerspiegeln,
auf dass die Erde
zum Himmel werden möge.«

RUMI

Mai

ZEIT FÜR SINNLICHEN GENUSS

Zuverlässig und beharrlich kehrt die Natur jetzt Schritt für Schritt in ihrem gesamten Reichtum zurück und ihre unermessliche Vielfalt wird sichtbar. Mutter Erde schenkt alles, was sie an Fruchtbarkeit zu bieten hat, um diese Wiederkehr zu ermöglichen und verteilt ihre üppigen Geschenke in einer Großzügigkeit, die unendlich zu sein scheint. Es ist Hochfrühling, alle Schätze der Natur sind nun erwacht, erhaben, aber doch bescheiden stehen die Obstbäume in ihrer weißen Blütenpracht auf den bunten Wiesen. Die Natur festigt nun ihre Position, alle Pflanzen erobern sich durch ihre zunehmende Verwurzelung den inneren Raum und vergrößern so ihre Stabilität. Sie ziehen ihre Nahrung jetzt kräftig aus dem weicher werdenden Erdboden, der Kreislauf der Säfte ist neu angeregt. Die Frühblüher sind schon verwelkt, denn ihre Aufgabe, auf das Erwachen aufmerksam zu machen, hat sich erfüllt. Alles blüht! Alles sprießt und wächst! Alles strahlt saftig und satt! Die Welt ist ein einziges Paradies!

»Habt Ihr im Monat Mai auf den Wiesen diesen Duft eingeatmet, der allen Lebewesen die Trunkenheit der Fruchtbarkeit vermittelt?« Mit diesen sinnlichen Worten beschreibt der französische Dichter Honoré de Balzac den Wonnemonat Mai so treffend, denn die Pflanzen zeigen jetzt nicht nur ihre Schönheit in voller Pracht, sie verbreiten auch ihre betörenden Düfte. Die Natur hat sich zur Hochzeit vorbereitet und ist in ein Kleid gehüllt, von dessen Pracht unser Auge nicht lassen kann. Sie präsentiert sich als üppiges, nährendes, sinnliches, großzügiges Schlaraffenland, als Garten der Sinnenfreuden.

Achtsamkeit öffnet uns den Blick für Kostbarkeiten und Schätze, die sonst oft verborgen bleiben.

Auch unsere Sinnlichkeit feiert ein neues Erwachen – unsere Herzen blühen auf, wenn wir uns von dieser einzigartigen Energie anstecken lassen, wir müssen nur unsere Augen öffnen und diese Verschwendung genießen!

Venus/Aphrodite, die Göttin der Liebe und der Schönheit, weckt in den Menschen leidenschaftliches Verlangen und erfüllt die Herzen mit Liebe. Hier ist es nicht die himmlische Venus *urania,* der wir im Oktober begegnen, es ist Venus *pandemia,* die irdische, üppig-sinnliche Göttin, die Sinnesfreuden und unerschöpfliche Fülle schenken kann. Die Erde erblühte, wie es hieß, unter ihren Füßen. Sinnlicher Genuss ist die Chance dieser Zeit, wo so vieles in der äußeren und unserer inneren Natur erblüht. Venus ist die Vertreterin aller Werte, insbesondere des Selbstwertes, der tiefen Naturverbundenheit und der soliden Verwurzelung in der eigenen Kultur. Ihre Geschenke sind Liebe und Treue zum Vertrauten, Sicherheit und Geduld.

Ein stimmiges Symbol für diese Zeitqualität, die zum Erdelement gehört, ist der tief eingewurzelte Baum. Die astrologische Entsprechung ist das Zeichen »Stier«.

Der Vollmond im Mai ist zutiefst inspirierend, er steht für die Liebesbeziehung zwischen Mann und Frau, er öffnet unsere Herzen und lässt Freude und Liebe darin erblühen.

Auf der körperlichen Ebene gehören die Schultern hierher, die Tragfähigkeit und Belastbarkeit symbolisieren, und der Nacken, aber auch der ganze Hals und der Schlund, der für das Schlucken und »sich etwas einverleiben« steht. Damit eng verbunden ist unser achtsamer Umgang mit Nahrung und Sprache, vor allem was die Qualität betrifft.

Mein innerer Garten im Mai

Es tut gut, sich immer wieder nach innen zu wenden, in Kontakt mit sich selbst zu treten, Fragen zu stellen und den Antworten zu lauschen.

Setz dich an einen schönen Ort, lass deine Augen zugehen und atme ganz bewusst. Sinke aus dem denkenden Verstand in deinen Herzraum und öffne so dein Herz für die Liebe zu dir und allen Wesen.

Geh ganz in deine Mitte, verbinde dich mit deinem inneren Raum. Dann stell dir Fragen und schau, welche Bilder und Gedanken dir zuerst in den Sinn kommen und schreib sie auf.

Beantworte in deinem Achtsamkeitsbüchlein folgende Fragen:

- Was ist meine Lieblingsspeise – meine Kraftnahrung?
- Wie leicht kann ich mir etwas gönnen?
- Was bin ich mir wert?
- Welche Werte sind mir wichtig?
- Was gibt mir Sicherheit?
- Wie stelle ich mir meine Schutzhülle vor?
- Welche Talente und Fähigkeiten schlummern in mir?
- Wurden meine Begabungen gesehen und gefördert?

Namasté

Eine Verneigung kann eine heilsame Haltung sein, wenn sie mit einer achtsamen inneren Einstellung verbunden ist, wenn sie mit der Bewegung in der Seele einhergeht. Die Verneigung bezieht sich im Unterschied zur Verbeugung auf etwas Größeres, sie ist Ausdruck der Achtung und Ehrerbietung. Der Blick ist nach unten gerichtet, zum Boden, zu Mutter Erde und ihren tiefen Wurzeln. So lässt sich die Verbindung zur Natur, zur Heimat spüren. Das Verneigen erlaubt ein Wegschauen und gleichzeitig ein In-Verbindung-Bleiben. Als Ganzes betrachtet gehört auch das Sich-wieder-Aufrichten dazu, das ein neues Sehen möglich macht.

Mahatma Gandhi erläuterte dem Physik-Nobelpreisträger Albert Einstein den Gruß Namasté folgendermaßen:

- Ich ehre den Platz in dir, in dem das gesamte Universum residiert.
- Ich ehre den Platz des Lichts, der Liebe, der Wahrheit, des Friedens und der Weisheit in dir.
- Ich ehre den Platz in dir, wo, wenn du dort bist und auch ich dort bin, wir beide nur noch eins sind.

Nimm einen festen Stand ein, verteile dein Gewicht gleichmäßig auf beide Fußsohlen und atme ruhig und bewusst.

Dann führe deine Handflächen zusammen wie im Gebet und leg die gefalteten Hände in Nähe deines Herzens an die Brust.
Nun beuge deinen Kopf leicht nach vorne und verharre einen Augenblick der Achtsamkeit in dieser Stellung.
Das Wort »Namasté« muss nicht ausgesprochen werden, es geht um die innere Haltung.

Wenn du diese Haltung mit deiner ganzen Achtsamkeit regelmäßig einnimmst, in Wertschätzung und Achtung vor dir selbst, vor der Schöpfung und vor anderen Menschen, öffnet sich dein Herz wie eine Blüte und schenkt deiner Seele Raum.

Schenken bringt Freude

Großzügigkeit bedeutet nicht, nur zu Weihnachten und an Geburtstagen riesengroße Geschenke zu kaufen oder möglichst viel Geld auszugeben. Ein Geschenk, über das sich jeder freut, heißt Aufmerksamkeit. Jemandem mit ganzem Herzen zuzuhören, ihn zu loben, zu ermuntern, jemandem zu danken, unsere Zeit zu schenken, bedeutet wahre Großzügigkeit.

Achtsamkeit hilft uns dabei, Aufmerksamkeit schenken zu können. Je öfter wir üben, desto leichter fällt es uns. Dabei dürfen wir nicht vergessen, dass wir nur geben können, wenn wir auch großzügig zu uns selbst sind, unserem Körper und Geist Ruhe gönnen und das Leben genießen. Oft sind wir viel zu sehr darauf fixiert, etwas haben zu wollen, Wünsche erfüllt zu bekommen, und vergessen ganz, wie einfach es ist, sich selbst eine Freude zu machen, indem wir jemanden anderen beschenken.

Richte in den nächsten Wochen deine Aufmerksamkeit darauf, den Menschen um dich herum Freude zu schenken. Am besten beginnst du jeden Tag mit der Frage, wen du heute wie erfreuen könntest. Es braucht nicht immer einen großen Anlass, um Liebe und Wertschätzung zu zeigen, lass deine Fantasie spielen und lass deinen Gefühlen freien Lauf.

Eine kleine Botschaft im Schuh versteckt, die hübsch verpackte Lieblingspraline, ein Stern auf dem Nachtkästchen, ein handgeschriebener Brief, ein Herz auf den Spiegel gemalt, das selbstgepflückte Sträußchen an der Türklinke, eine Kerze im Fenster, der kleine Engel in der Manteltasche ...
Deiner Fantasie sind keine Grenzen gesetzt, sei originell und aufmerksam und spür, wie viel Freude es dir macht, wie sehr du dich damit selbst beschenkst, wie glücklich es dich macht!

Sei freundlich zu allem und jedem und folge dem Impuls zu Großzügigkeit und Freundlichkeit, der aus deinem Herzen kommt. Sei offen und mutig, zeig deine Gefühle, lass Nähe zu, sei selbst ein Geschenk für andere und damit auch für dich!

Wir können Spuren des Lichts hinterlassen, wenn wir den Weg der Achtsamkeit und des Herzens gehen.

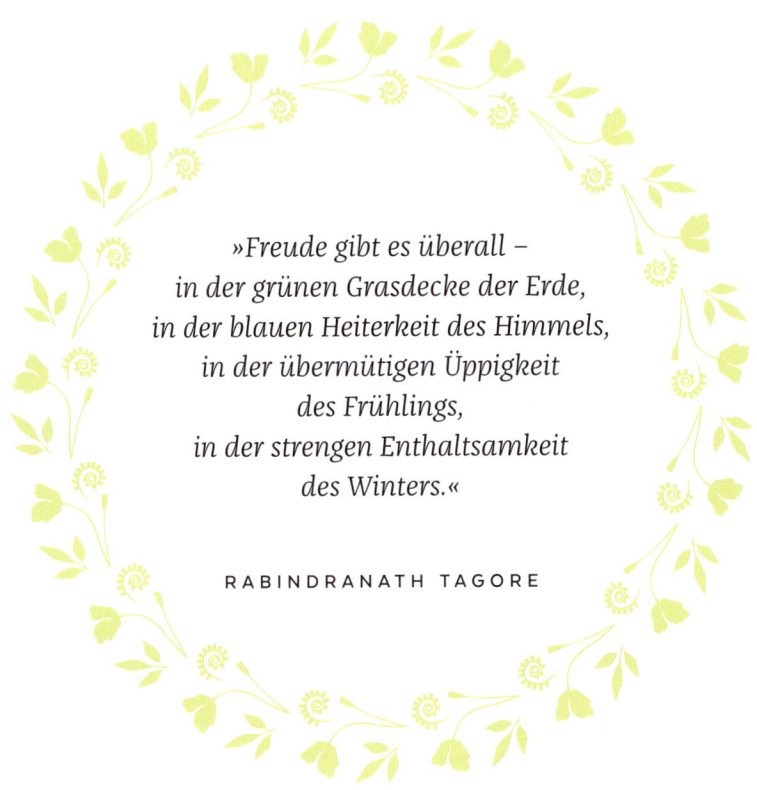

»Freude gibt es überall –
in der grünen Grasdecke der Erde,
in der blauen Heiterkeit des Himmels,
in der übermütigen Üppigkeit
des Frühlings,
in der strengen Enthaltsamkeit
des Winters.«

RABINDRANATH TAGORE

Achtsam kochen

Die Welt entsteht neu und der Tisch wird frisch gedeckt, wenn wir im Garten, auf der Wiese und im Wald frisches Grün holen dürfen und zu köstlichen Speisen und Getränken verarbeiten können.

Kochen ist so viel mehr als bloße Nahrungszubereitung, es ist ein kreativer und heilender Akt, denn es schafft Raum im Herzen und in der Seele und ist im Dialog mit der Natur. »Liebe geht durch den Magen«, weiß der Volksmund, doch es geht um viel mehr – es geht um die Liebe zu den Zutaten, den Menschen und zu sich selbst, denn die Liebe verwandelt unsere Handlungen. Sie ist das einzige Gewürz, das man nicht kaufen kann, weil es tief in unserem Inneren wächst. Wer mit Hingabe kocht, weiß um dieses Gewürz, er lässt es wachsen und gedeihen, um damit seine Mahlzeiten und die Menschen, für die er kocht, zu verzaubern. Mit Liebe zubereitetes Essen schmeckt einfach ganz anders als eines, das schlecht gelaunt und lieblos gekocht wurde.

»Nahrung ist ein Liebesbrief der Schöpfung«, sagte einmal ein weiser alter Yogameister.

Ein kurzer, bewusster Augenblick der Dankbarkeit während des Kochens erinnert uns an diesen Liebesbrief und stärkt unser Vertrauen, dass das Leben uns nährt.

Nimm dir vor dem Kochen einen Augenblick Zeit, um zur Ruhe zu kommen. Schließ deine Augen, atme ein paarmal tief ein und aus, entspann dich und lass dich dann bei dem Gedanken ankommen, ein wundervolles, schmackhaftes, stärkendes Essen für dich oder deine Lieben zuzubereiten. Mach dir bewusst, dass das, was du mit Liebe und mit deinen Händen erschaffst, eine Wohltat für Leib und Seele ist.

Fokussier dich nun ganz auf das Kochen und beginne in dieser meditativen Haltung deine Arbeit, nach dem Motto: »Wenn ich Reis wasche, dann wasche ich Reis.«

Zeit ist neben der Liebe die wichtigste Zutat aller Gerichte. Lass dir also beim Zubereiten der Speisen möglichst viel Zeit.

Bereite alle Lebensmittel, die du brauchst, gut vor – wasche, schäle und schneide, bevor du mit dem eigentlichen Kochen beginnst. Das »Mise-en-place« verhindert Stress und hilft dir, dich ganz ruhig auf das Kochen zu konzentrieren. Behandle alle Lebensmittel mit Respekt und Dankbarkeit.

Bleib in deiner Achtsamkeit und Konzentration ganz präsent und öffne alle Sinne. Beobachte, spüre, schnuppere, rieche und schmecke. Taste dich heran, sei neugierig, spiel dich, lustvoll und erfindungsreich, begeistert und mit Freude im Herzen, überrasche dich selbst.

Lass liebevolle Energie in dein Essen einfließen und lass nicht zu, dass deine Gedanken, die zu Hektik oder Ärger, in die Zukunft oder Vergangenheit abschweifen möchten, die Oberhand gewinnen.

Ein Baum braucht seine Zeit zum Wachsen, ein Apfel Zeit zur Reife. Mit derselben Gelassenheit dem Kochen die nötige Zeit zu widmen, schenkt inneren Frieden.

Achtsam essen

Der Zen-Meister Thich Nhat Hanh beschreibt in einem Buch, mit welcher Achtsamkeit er als vierjähriges Kind den Keks, den ihm seine Mutter immer vom Markt mitgebracht hat, gegessen hat. Er ließ sich unendlich viel Zeit beim Verspeisen dieses einen Keks, biss nur ganz kleine Stücke davon ab und genoss es einfach DA zu sein – mit seinem Keks, dem Himmel und der Erde und allem anderen ganz im gegenwärtigen Augenblick.

Es ist möglich, unsere Mahlzeiten so langsam genießerisch zu uns zu nehmen, wie Thich Nhat Hanh damals den Keks seiner Kindheit aß. Wenn wir uns mit einem Essen Freude bereiten möchten, hängt das Maß des Genusses, von unserer Achtsamkeit ab. Möglicherweise glauben wir, den Keks unserer Kindheit verloren zu haben, aber er ist sicher noch im Herzen, wenn auch vielleicht versteckt oder ein bisschen vergraben. Alles ist noch da! Wenn wir es uns wünschen, können wir ihn finden.

Achtsam essen ist eine äußerst wichtige Meditationsübung und tut Körper und Seele gut. Wir können auf eine Weise essen, die uns den Keks unserer Kindheit zurückbringt.

Der gegenwärtige Moment ist voller Glück und Freude. Wenn wir aufmerksam sind, werden wir es spüren.
Achtsam zu essen bedeutet nicht, dass wir ständig überlegen sollten, was wir essen oder wie gesund unsere Nahrung ist, sondern, dass wir es in Ruhe tun und in einer schönen Atmosphäre.

Deck den Tisch liebevoll, auch wenn es »nur« für dich alleine ist.
Schalte Handy oder TV aus und setz dich ruhig und entspannt zu Tisch.
(Du solltest dich immer hinsetzen zum Essen!)

Juni

ZEIT FÜR
PUSTEBLUMEN

Die Sonne macht sich nun auf den Weg zum höchsten Stand am Firmament, der Ende des Monats mit der Sommersonnenwende erreicht sein wird. Juni ist der Monat mit dem längsten Tag und der kürzesten Nacht. Das junge Jahr reift heran, der Frühling geht zu Ende. Die Natur zeigt sich in den kräftigsten Farben, wir werden beschenkt und überflutet von Licht und Wärme. Sommerlaune und Leichtigkeit breiten sich aus.

Die Kräfte beginnen, sich zu verströmen, Dynamik, Unruhe und Bewegung liegen in der Luft. Es gibt viel zu tun, jeder folgt emsig seinem Weg. Schmetterlinge taumeln über die duftenden Honigtöpfe ihrer Blütenplätze. Bienen und dicke Käfer schwirren umher und besuchen die Blüten. Ohne Blühen gäbe es keine Befruchtung, keine Frucht und damit auch kein Weiterbestehen der Pflanze. Die fleißigen Insekten nehmen den Blütenstaub auf und tragen ihn weiter und auch der Wind sorgt für Bestäubung und legt einen zartgelben Schleier über die Natur. Die Vögel zwitschern und trällern schon frühmorgens ihre Lieder und flattern geschäftig hin und her, um ihre Brut im Nest zu versorgen.

Es ist der Monat der Rose, der Blume der Götter und der Liebe, mit dem Duft des Paradieses, prachtvoll leuchten ihre Blüten in allen Farben in den Gärten, wild und zartrosa in den Hecken. Lavendel, Salbei und Thymian und viele Heilkräuter stehen bienenumsurrt in Vollblüte und duften betörend. In lauen Nächten zünden die Glühwürmchen ihre Laternen an. Auf den Feldern wächst das Getreide heran, Grillen zirpen ihre eindringlichen Melodien, Walderdbeeren versüßen das Leben.

Urprinzipiell ist es die Zeit des Hermes/Merkur, des Götterboten und Vermittlers zwischen dem Olymp und den Menschen auf der Erde. Er ist Traumbote und Seelenführer und bereist alle Welten: die im Außen und Innen, die der Vergangenheit, der Gegenwart und Zukunft, die irdischen und galaktischen und er begleitet sogar die Toten in die Unterwelt. Hermes ist Beschützer der Redner und Philosophen, der Händler und Kaufleute, aber auch der Diebe und Trickser. Merkur steht für Verstand und Intellekt, Kommunikation, Interesse, Neugier und Vermittlung. Seine Geschenke sind Klugheit und Intelligenz, logisches Denken, geistige Flexibilität und sprachliche Gewandtheit.

Polarität – die beiden Seelen in der menschlichen Brust, die zwei Seiten der Welt, gehören zum Merkurprinzip, der im Luftelement zu Hause ist und dem das Zeichen »Zwillinge« zugeordnet ist.

Jetzt ist eine günstige Zeit, Informationen zu sammeln und zu erkennen, was wichtig ist und unserem innersten Wesen entspricht, indem wir wach sind und alle Sinne öffnen. Es geht darum, die Qualität unserer eigenen Gedanken und Aufgaben zu erkennen, Aussprachen zu führen und durch die richtigen Worte richtige Verbindungen herzustellen.

Auf der Körperebene gehören die Lungen hierher und damit der Atem. Wer kräftig durchatmet, kann frei werden wie ein Schmetterling. Auf den Schwingen des Atems kann sich Leichtigkeit ausbreiten, aber auch Lebendigkeit und Fröhlichsein. Auch das Nervensystem mit den Leitungsbahnen für elektrische Impulse und Sinnesreize und die Blutgefäße und Lymphbahnen als Verkehrswege des Körpers gehören hierher sowie die Hände, die uns handeln lassen.

Meditation – segne deine Wege

Achtsamkeit ist eine innere Haltung von Offenheit und Sanftheit. Beobachte in der nächsten Zeit einmal, wie du gehst! Wie fühlt sich dein Gehen an? Angespannt und hektisch oder weich und offen für den Schritt, den du gerade setzt?

Experimentiere einmal damit, wie verschieden du gehen kannst und wie es sich anfühlt, deinen Weg freundlich zu gehen. Begib dich auf einen ganz besonderen Spaziergang und wähle einen Weg, auf dem du möglichst ungestört gehen kannst. Geh zuerst ganz normal spazieren, bis du ruhig wirst, dann beginn mit der Meditation.

Setz einen Fuß vor den anderen ohne Eile. Nimm dir Zeit für dich ohne Ziel.

Schlendere vor dich hin. Sei ganz bei dir und lass zu, dass etwas in dir geht, dich geht. Lass dich gehen, lass dein Gehen geschehen.

Vergiss nie, bewusst einzuatmen – bewusst auszuatmen, bleib immer verbunden mit deinem Atem und deinen Schritten.

Zeit für die Schnecke, die am Wegrand kriecht, für die Bienen, die von Blüte zu Blüte fliegen, für den zarten Zitronenfalter, die Wolken, die am Himmel ziehen.
Zeit für den Bach, der sich durch den Wiesengrund schlängelt, Vergissmeinnicht duften blau.

Segne deine Wege. Stell dir vor, die Erde wäre ein Wesen und du liebkost sie mit jedem deiner Schritte, ganz bewusst, liebevoll und dankbar.

Spür, wie du über deine Fußsohlen bei jedem Schritt Mutter Erde belastende Dinge übergeben darfst, loslassen kannst.
Sie nimmt alles auf und verwandelt es.

Mach dir vor allem bewusst, dass der Weg, den du gerade gehst, dein Leben ist.
Was war, ist weg, und was kommen wird, ist noch nicht da.
Doch was du ganz sicher hast, ist dein nächster Schritt.

Also, was könnte dein nächster wichtiger Schritt sein?
Wie willst du ihn setzen? Angespannt oder freundlich? In welche Richtung soll es gehen? Schritt für Schritt?

Was wird am Ende deiner Tage wirklich wichtig sein?
Wie viele Ziele du erreicht hast oder wie du den Weg dorthin gegangen bist?

»*Geh, als wolltest du die Erde mit deinen Füßen küssen.*«

THICH NHAT HANH

Atmen im Wechsel

Nadi Shodhana Pranayama

Diese Atemübung hat eine ausgleichende Wirkung auf das Nervensystem und auf den Blutdruck, sie sorgt für eine tiefere Atmung und eine vermehrte Sauerstoffzufuhr.

Nadi steht im Indischen für Nerven, Shodhana für Reinigung. Die spezielle Atmung durch ein Nasenloch aktiviert die sogenannten »feinstofflichen Kanäle« (Nadis), die den ganzen Körper durchziehen und in denen die Lebensenergie (Prana) fließt.

Nimm eine bequeme Sitzhaltung ein. Die Hände liegen auf den Oberschenkeln mit nach oben gerichteten Handflächen, der Rücken ist gerade und entspannt, die Fußsohlen sind parallel am Boden.
Schließ nun die Augen und konzentriere dich einige Minuten lang auf die Entspannung deines ganzen Körpers.
Lenk dann dein Bewusstsein auf die Atmung und spür bewusst die Bewegung der Atmung im Bauch- und Brustraum.

Leg nun Zeige- und Mittelfinger der rechten Hand auf die Mitte der Stirn zwischen die Augenbrauen. Verschließ mit dem Daumen das rechte Nasenloch und atme durch das linke Nasenloch 20 Mal tief und entspannt ein und aus:
»Ich atme ein – ich atme aus«.

Öffne dann das rechte Nasenloch. Verschließ mit dem Ringfinger das linke Nasenloch und atme durch das rechte Nasenloch 20 Mal tief und entspannt ein und aus. Bleib mit deinem Bewusstsein ganz beim Atem.

Leg abschließend deine Hand auf den Oberschenkel und nimm deinen ruhigen Atem wahr. Spür für einige Minuten die Entspannung und angenehme Ruhe deines Körpers und deines Geistes.

Vom Zauber des Einfachen

Dort wo im April und Mai die Wiesen gelb geleuchtet haben vom Löwenzahn, zeigen nun die kugelrunden Pusteblumen, dass der Sommer ins Land zieht.

Leg dich in eine Pusteblumenwiese, so wie damals als Kind. Erinnere dich, wie du sie gepflückt und hochgehoben, in die federleichten, winzigen Fallschirmchen geblasen hast und sie ausgeschwärmt sind, dahingesegelt.

Lass für ein paar Augenblicke alles Beschwerende hinter dir und öffne dich für das Kleine, Einfache, für die Blüten in der Sommerwiese, den gepunkteten Käfer, die Insekten, die über die Gräser wandern. Zeit, das winzige Leben zu entdecken, Augen dafür haben, Fühler ausstrecken.

Lausche dem Konzert, das die Bienen und Insekten rund um dich angestimmt haben, ein Konzert von emsigen Musikanten ganz für dich allein und du kannst mitsummen, auch wenn du den Text nicht kennst. Nimm den Duft von verführerischem Honig wahr und genieße.

Lass dich wegschweben, leichter als leicht werden, lass dich wiegen von der warmen Luft und deinem Atem, leichtes Hinschweben zu den Wolken im blauen Himmel. Freiheit erleben, die nur jetzt möglich ist. Augenblicke ohne Wünsche, zufrieden mit dir selbst und zufrieden mit der kleinen Welt, die dich auf dieser Wiese umgibt. Nichts mehr ist in den Gedanken, was den Augenblick stören könnte.

Keine aufregenden Erlebnisse, kein großes Ereignis könnten das Hineinschweben in diesen Sommertag und seinen Zauber je aufwiegen.

Zeichne ein paar Pusteblumen in dein Achtsamkeitsbüchlein, wenn du magst, und schreib deine Gedanken dazu.

Achtsam kommunizieren

Kommunikation geht weit über das Sprechen hinaus. Wir können nicht *nicht* kommunizieren, denn ob wir schweigen oder singen, auf einen anderen zugehen oder uns abwenden – wir kommunizieren immer. Kommunikation findet nicht nur zwischen Menschen statt, sondern mit uns selbst, mit Tieren und Pflanzen und über die Nahrung mit dem ganzen Planeten.

Sprache ist externe Kommunikation. Wenn wir mit anderen Menschen sprechen, übermitteln wir nicht nur neutrale Informationen, sondern erschaffen lebendige Erfahrungen in dem anderen, denn Sprache ist eine Energie, die auf unser eigenes Denken und das Denken und Fühlen anderer Einfluss nimmt.

»Worte haben die Kraft, zu zerstören oder zu heilen. Doch wenn Worte wahr und zugleich gütig sind, können sie unsere Welt verändern,« sagt Buddha. Sprache ist ein Instrument, das mit Liebe und mit Macht eingesetzt werden kann, und bedarf deshalb der besonderen Achtsamkeit und Bewusstheit. Ein Wort, ein Satz an der richtigen Stelle kann Wunder bewirken, denn jedes gesprochene Wort hat Wirkung und erzeugt Stimmung, in uns selbst und den anderen. Es kann uns ermutigen oder verletzen, uns zum Umdenken bewegen, zum Lachen bringen oder zu Tränen rühren. Mit Worten schaffen wir Verbindung, versuchen wir unsere Gedanken mitzuteilen, unser Innerstes nach außen zu bringen. Die Art des Sprechens lässt dabei erahnen, wer wir sind – sprechen wir kritisch und wertend oder inspirierend und empathisch?

Nutze die Chance, die universelle Verbindung von Allem mit Allem tiefer zu erkennen und dich für eine noch friedvollere Kommunikation zu öffnen. Bedenke, bevor du etwas sagst, was du sagen möchtest, wie du es ausdrücken willst und ob es überhaupt gesagt werden muss.

Oft wirst du feststellen, dass es hilfreich ist, nichts zu sagen.

Übe in ruhigen Situationen:

- Bedenke deine Worte genau und wähle sie achtsam.
- Drück dich klar und deutlich aus, damit die anderen erkennen, was dir wichtig ist.
- Hör aufmerksam zu und sei fair beim Diskutieren.
- Achte auf deinen Tonfall und auf all das, was dabei mitschwingt.
- Sag nichts, wenn es nicht hilfreich ist.
- Sprich nicht über Menschen, die nicht anwesend sind, und bewerte sie nicht.
- Bevor du sprichst, lass deine Worte durch drei Tore schreiten.
  Beim ersten Tor frag: »Sind sie wahr?«
  Am zweiten frag: »Sind sie notwendig?«
  Am dritten frag: »Sind sie freundlich?«

Nimm dir in diesem Monat immer wieder Zeit, über deine Kommunikation nachzudenken, und schreib deine Gedanken in dein Achtsamkeitsbüchlein.

- Wie sprichst du mit dir?
  Liebevoll und aufbauend oder eher kritisch?
- Bist du gut im Zuhören?
- Gehst du direkt auf Menschen zu, die dich interessieren?
- Kommunizierst du offen und ehrlich?
- Mit welchen Menschen würdest du gerne liebevoller, klarer kommunizieren?
- Was könnte der erste Schritt sein? Vielleicht ein Brief oder eine Mail?

»Ein Wort, das aus reinem Herzen gesprochen wird, ist niemals nutzlos.«

MAHATMA GANDHI

Nomen est omen

Nicht nur Sprache besitzt eine immanente Macht, auch jeder einzelne Buchstabe verfügt über Kräfte, die im Hintergrund wirken, insbesondere der Anfangsbuchstabe eines Wortes oder Namens.
Mit der Geburt steht in der Regel unser Familienname fest und spätestens ein paar Tage später bekommen wir unseren Vornamen oder auch mehrere, aber nur einen Rufnamen. Durch ihn wird die Tür zu dem großen Schatz geöffnet, den jeder Mensch in sich trägt – durch das tagtägliche x-fache Nennen des Rufnamens wird ein Leben lang dieser Schatz zum Klingen gebracht, denn der uns vertrauteste Klang ist der unseres eigenen Namens.

Sprich deinen Rufnamen in verschiedenen Klangfarben aus, mal lieb und freundlich, mal bestimmend und fordernd, und mach dir bewusst, dass du in Resonanz mit einem ganz besonderen Namen bist, der in dir wieder ertönt.

Dann nimm einen oder mehrere verschiedene Stifte und Farben und mal deinen Namen Buchstabe für Buchstabe hier auf die freie Seite, so wie du ihn jetzt in diesem Augenblick wahrnimmst – verspielt mit Blümchen oder Schnörkeln oder geradlinig in geometrischen Mustern. Widme dich zuerst deinem Anfangsbuchstaben und dann nimm dir Zeit für alle weiteren.

»Der Frühling scheidet:
Vögel weinen – selbst Fischen
kommen die Tränen.«

MATSUO BASHÔ

MEIN NAME

»Man muss den Blumen,
Gräsern und Schmetterlingen
auch noch so nah sein wie ein Kind,
das nicht viel über sie hinweg reicht.«

FRIEDRICH NIETZSCHE

Juli

ZEIT ZUM TAGTRÄUMEN

Die Sonne hat den höchsten Stand ihrer Bahn erreicht, wir durchleben die längsten Tage und kürzesten Nächte. Die Erde hat voll ausgeatmet in der Zeit der Sommersonnenwende. Was der Frühling hoffnungsvoll versprach, ist nun erfüllt – ein Mehr gibt es nicht. Die Zeit hält lauschend den Atem an. Der Sommer beginnt, die Hitze nimmt zu, aber die Intensität des Lichtes nimmt bereits wieder ab. Die Sonne schaltet nun ihren Rückwärtsgang ein und verkündet damit eine Wende, die das Streben nach außen und nach vorne in ein Nach-innen-Gehen verwandelt.

In der Pflanzenwelt wenden sich jetzt Wachstumskräfte nach innen, es bildet sich der Fruchtansatz, in dem der Same heranreifen soll, in dem künftiges Leben vorbereitet wird. Dabei spielt auch der Regen als Leben spendendes Wasser eine große Rolle. Die Fruchtbarkeit zeigt sich in ihrer ganzen Fülle, die vielfältigsten Früchte wachsen heran und reifen, manche sind schon zur Ernte bereit, andere genießen noch die Kraft der Sonne und den Saft des Regens, um zur vollen Reife zu gelangen. Alle Genüsse der Reife und erste Ernte, der alle Ernten des Sommers folgen werden.

Jetzt ist gut Kirschen essen! Aus dem ersten rosigen Hauch auf den Früchten ist ein saftiges Rot geworden. Wald, Hecken und Lichtungen laden jedermann zum Beerenpflücken ein. Das erste Heu wird eingefahren – getrocknet durch die Wärme und Kraft der Sonnenstrahlen und vom lauwarmen Wind durchlüftet, berauscht es unseren Geruchssinn.

Urprinzipiell ist hier der Mond zu Hause, er entspricht sowohl den Muttergottheiten als auch allen Naturgöttinnen, die an Seen und Gewässern leben. Mond steht für unser Innenleben, unsere Seele. Es ist

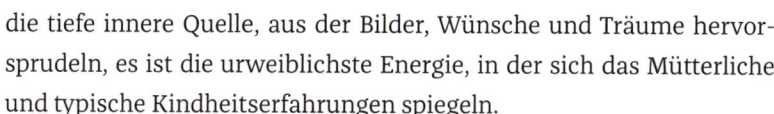

die tiefe innere Quelle, aus der Bilder, Wünsche und Träume hervorsprudeln, es ist die urweiblichste Energie, in der sich das Mütterliche und typische Kindheitserfahrungen spiegeln.

Einerseits ist Mond mütterlich, andererseits aber ein kleines Kind, das sich besonders in Zeiten von Schwäche und Hilflosigkeit zeigt. Sein Geschenk ist die mitmenschliche Verbundenheit, die echte Geborgenheit gibt, in der wir uns zu Hause fühlen können. Heimatverbundenheit, Erinnerungen, Gefühlsgedächtnis und emotionales Sicherheitsbedürfnis gehören hierher.

Kreisläufe und Zyklen werden dem Mond zugeordnet. Wie machtvoll seine Anziehungskraft ist, zeigt uns der ewige Rhythmus von Ebbe und Flut, mit dem er die Meere auf Erden in Bewegung setzt. Analog zu den Mondphasen stehen das Prinzip des Keimens, Wachsens, Aufblühens, Welkens und Auflösens in der Natur und auch unsere menschlichen Launen.

Die sanfte, aber ungeheuer starke Kraft des Wassers, die im steten Tropfen jeden Stein höhlt, gehört zum Mondprinzip, das natürlich im Wasserelement zu Hause ist.

In dieser Zeit steht die Sonne in dem Abschnitt im Tierkreis, den wir als »Krebs« bezeichnen.

Auf der Körperebene gehört die weibliche Brust hierher und die Gebärmutter, sowie der Magen, der nicht nur aufnimmt, was wir essen und trinken, sondern auch alle geschluckten Emotionen, Kummer, Ärger und Sorgen. Hier gilt es immer wieder für die richtige Seelennahrung zu sorgen, hineinzuhorchen und zu spüren, was ich mag, was mich wirklich *wirklich* nährt.

Lebenselixier Wasser

Die Erde unterscheidet sich von anderen Planeten vor allem durch Wasser. Alles Leben hat seinen Ursprung im Wasser – zwei Drittel der Erdoberfläche bestehen daraus, so wie der Großteil unseres Körpers. Die Wassermenge in uns spiegelt die auf der Erde wider, der Mensch ist also ihr Spiegelbild.

Wasser ist das weiblichste Element, das Seelenelement. Es steht für Anpassungsfähigkeit und erneuernde Kraft. Die Entwicklung unserer Spezies hat hier ihren Ursprung – im Urmeer und führt an Land. Die individuelle Entwicklung eines jeden Menschen beginnt im Fruchtwasser, einige Besonderheiten unseres Körpers erinnern noch daran. Die Zusammensetzung des Fruchtwassers ist die gleiche wie die des Urmeeres, nämlich eine 0,9-prozentige Lösung von Salz in Wasser. Auch das Wasser in jeder unserer Zellen ist so zusammengesetzt.

Die tiefe Erinnerung an das Element, aus dem wir kommen und das wir vor Jahrmillionen Jahren verlassen haben, haben wir in jeder Zelle mitgenommen, was erklären mag, warum wir uns so stark zu ihm hingezogen fühlen, sei es in Form einer Badewanne oder des unendlichen Ozeans.

Wasser ist unser Lebensquell und beinahe so wichtig wie die Luft zum Atmen. Normalerweise stehen wir von Luft umgeben mit beiden Beinen auf der Erde. Begeben wir uns ins Wasser, verändert sich einiges, denn es hat eine überaus heilende, harmonisierende und vitalisierende Wirkung. Deshalb ist in traditionellen Heilweisen Wasser die Grundlage der Gesunderhaltung – das Element, das uns mit der Erde und dem Himmel verbindet, die Essenz unseres Lebens. Wassertherapie (wie bei aqua-e-motion) lässt einen schwerelos durch körperwarmes Wasser gleiten und Geborgenheit erfahren. So können wir uns wie ein Fisch oder eine Wasserpflanze fühlen, die von den sanften Wellen des Ozeans bewegt wird oder wie ein Embryo glückselig im wiegenden Fruchtwasser treiben.

Der Sommer lädt uns herzlich ein, das Urelement Wasser auszukosten und mit all unseren Sinnen die wohltuende regenerierende Energie zu genießen – ein Bach, der sich durch den Wiesengrund schlängelt, sanft über runde Steine dahinplätschert, ein klarer Fluss in der Mittagshitze, der den blauen Himmel spiegelt, ein funkelnder See im Sonnenlicht, auf dem sich Segelboote tummeln, Meereswellen, die im ewigen Lauf der Gezeiten mit ihren salzigen Zungen am Strand lecken.

Nutze jede Gelegenheit, um ins erfrischende Nass einzutauchen. Spür die angenehme Kühle auf der Haut. Plansche nach Herzenslust herum, wie du es als Kind getan hast. Fühl dich wie ein Fisch im Wasser, geschmeidig und frei. Leg dich entspannt auf die Wasseroberfläche und lass dich von den Strömungen treiben, lass dich wiegen und genieß, wie leicht dein Körper dabei wird. Das Wasser bestimmt die Richtung, es trägt dich, ist zuverlässig und weich und du vertraust dich ihm an.

Oder tauch einfach ganz unter, lass Luftblasen blubbern und versenke deine lärmenden Gedanken.

Spür dabei die tiefe Verbindung mit dem Element, in dem alles begann.

Vielleicht magst du ja auch mal nachts ins Wasserelement eintauchen, einfach deine Hüllen fallen lassen und hineingleiten ins samtige Nass im silbrig glänzenden Mondschein.

Freiheit erleben, sie in jeder Zelle spüren, prickelnd und lebendig – Freiheit, die so nur im Sommer möglich ist.

»Du musst deine Hände öffnen, wenn du Wasser schöpfen willst.«

CHINESISCHE WEISHEIT

Meditation – meine innere Quelle

Jede Form der Meditation ist ein Weg, klar zu werden wie ruhiges Wasser, den Körper zu entspannen und die Seele heimkehren zu lassen. Geführte Meditationen, die uns in die innere Bilderwelt führen, möchten uns helfen, ein bestimmtes Thema zu bearbeiten, und tun besonders gut.

Stell dich aufrecht und mit schulterbreit geöffneten Beinen hin, die Füße parallel, die Fußsohlen in gutem Kontakt zum Boden, die Knie sind leicht gebeugt. Schließ nun deine Augen und lass den Atem entspannt in den Bauch fließen. Die Wirbelsäule ist aufrecht und zugleich beweglich, wie eine Wasserpflanze, die von der Strömung sanft bewegt wird, mehr schwebt als steht.

Dann stell dir vor, dass dein Einatem tiefer geht, durch deine Beine hinab zu den Fußsohlen und bis in den Erdboden und immer tiefer, bis er auf eine unterirdische Quelle stößt. Dein Einatem verbindet sich nun mit dem kristallklaren Wasser und die Quelle beginnt hinauf zu sprudeln.

Während du ganz entspannt weiteratmest, strömt das reinigende Wasser wie ein innerer Springbrunnen zu dir herein, durchspült jede einzelne Zelle deines Körpers und nimmt alles mit, was du nicht mehr brauchst.

Du öffnest dich immer mehr für diese kristallklare Kraft und lässt vor deinem inneren Auge Bilder auftauchen und Gedanken, die du loslassen möchtest, Gefühle, die du transformieren möchtest – alles darf sich jetzt dieser tiefen Reinigung hingeben.

Genieß die reinigende Kraft deines inneren Springbrunnens so lange es dir guttut. Lass das Wasser allmählich wieder in die Erde zurückkehren, nimm deinen Atem bewusst wahr und die klare Essenz deines Wesens.

Wird uns bewusst, dass wir das verwundete Kind in uns vergessen haben, können wir beginnen, ihm mit Achtsamkeit und Mitgefühl zu begegnen. Achtsamkeit ist die Salbe, die das innere Kind heilen wird, denn wenn wir achtsam sind, werden wir seine Hilferufe hören können.

Wie wir unserem inneren Kind näherkommen, kann jeder für sich selbst ausprobieren. Wir können einen Teddy in den Arm nehmen und mit ihm als Stellvertreter sprechen oder einen liebevollen Brief schreiben. Eine andere Möglichkeit ist, sich einen Brief von seinem Kind schreiben zu lassen.

Nimm dir Zeit, zieh dich zurück und schließ deine Augen. Ruf das Kind in dir, du kannst auch deinen Kosenamen verwenden. Kannst du spüren, dass es sich meldet? Verbinde dich mit dem Kind in dir, geh in einen Dialog und frag es, was es im Augenblick braucht: »Was möchtest du jetzt von dem Erwachsenen, der wir geworden sind?«

Dann schreib den Brief, von dem du denkst, dass dein inneres Kind ihn schreiben würde. Nimm einfach ein Blatt Papier und einen Stift und schreib auf, was dir spontan in den Sinn kommt. Achte nicht auf die Form, zögere nicht bei verrückten Gedanken, es geht darum, ins Gespräch zu kommen.

Lass dich von deinem inneren Kind zu deinen tiefsten Herzenswünschen führen – mag sein, dass eine lange Wunschliste entsteht, die auch erfüllt werden will!

Wenn du weißt, wie du mit deinem inneren Kind in Kontakt kommst und jeden Tag fünf oder besser zehn Minuten mit ihm sprichst, ihm zuhörst, es teilhaben lässt an deinem Leben, kann Heilung geschehen. Wenn du an den See fährst, dann lade es ein mitzukommen, isst du ein gutes Eis, lade es ein mit dir zu genießen. Wenn es weint, kannst du mit ihm weinen, wenn es um deine Aufmerksamkeit bittet, nimm es zärtlich in den Arm.

Heilung bedeutet, sich die eigene innere Welt wieder zurückzuerobern, nach innen zu horchen und achtsam wahrzunehmen, ohne gezielt nach etwas zu suchen. Nicht alle erlittenen Verletzungen lassen sich mit guten Gründen erklären, denn wir leben in einer Welt der Polarität, in der auch Grausames geschieht.
Das innere Kind kann das gut akzeptieren, wenn es einen inneren, verlässlichen, liebevollen Erwachsenen gefunden hat.

Steine sammeln

Achtsamkeit lehrt uns zu erkennen, dass nichts von Dauer ist, und sie verleiht uns die Fähigkeit, jeden Augenblick zu genießen. Mach dir bewusst, dass oft der Weg und nicht das Endergebnis das Ziel ist.

Geh an einen Ort, an dem du Steine findest. Das kann dein Garten sein, ein Fluss- oder Bachufer, ein Wald oder ein Schotterweg. Lass deine Blicke schweifen und sammle verschiedene Steine, die dich besonders ansprechen. Lass dir dabei Zeit und schärfe deinen Blick für die Vielfalt der Steine.

Betrachte die Steine ganz genau, jeder Stein ist anders.
Fahr mit den Fingern über ihre Oberfläche, fühl wie glatt oder rau sie sich anfühlen und rieche daran. Meist duften sie nach Erde oder Kalk.
Bestimmt findest du einen Lieblingsstein, der besonders schön geformt ist oder eine außergewöhnliche Farbe besitzt. Nimm ihn in die Hand und schließ deine Augen, erfühle seine Ausstrahlung und nimm ihn mit nach Hause, wenn du magst.

Setz dich hin und lass die Steine zu dir sprechen, deine Fantasie anregen.
Halte einen Augenblick inne und erde dich. Dann leg ein Mandala, ein Muster, eine Spirale, einen Kreis oder irgendein Fantasiegebilde.
Konzentriere dich auf das, was du tust, und genieß einfach die Zeit, die du mit dir selbst kreativ verbringst.

Wenn du fertig bist, zerstreue dein Steinkunstwerk wieder oder lass es liegen, damit sich jemand anderer daran erfreuen kann, bevor es von den Elementen langsam zerstört wird.

Heilritual mit deinem Stein

Steine wollen mit großer Achtsamkeit ausgesucht werden. Wenn du sie in dein Leben einladen möchtest, musst du diese Wesen kennenlernen, musst du fühlen lernen, deiner Intuition vertrauen und verstehen, ob sie mitkommen wollen. Immer wieder sprechen uns Steine an, wollen aufgehoben werden und mit nach Hause gehen, oft sind es unscheinbare Feldsteine und es tut uns gut, eine Weile mit ihnen zusammenzuleben.

Nimm deinen Stein in die Hand, leg dich bequem hin und schließ deine Augen. Spür, wie er sich anfühlt, welche Bilder oder Gefühle auftauchen.

Dann leg den Stein auf den Solarplexus oder auf den unteren Bauch und leg die linke Hand auf den Stein, die rechte darüber. Atme tief und ruhig und sinke mit jedem Ausatem ein Stück tiefer in die Entspannung, lass alle Unruhe und Stress langsam abfallen und komm in den Augenblick.

Alles sinkt in die Tiefe und die Kraft des Steines steigt auf. Diese alte, heilende Kraft, die alle Zeiten überdauert, breitet sich nun von da, wo er liegt, überallhin aus und du öffnest dich für sie.

Dein Atem führt dich in diese Kraft hinein und verbindet sich mit ihr, mit jedem Ausatem verströmt sie sich mehr in deinem Körper, erreicht alle Organe, füllt jede Zelle. Tief entspannt und gleichzeitig hellwach gibt sich nun dein ganzer Körper dieser alten Urkraft hin, die heilt und regeneriert. Gedanken verschwinden, während du dich ganz hingibst und geschehen lässt.

Mag sein, dass du so tief in die Stille fällst, dass du einschläfst.
Ganz in deiner Zeit wirst du wieder aus dem Meer des Unbewussten auftauchen, deinen Atem bewusst wahrnehmen und kleine Bewegungen machen. Bedank dich nun bei deinem Stein und spür der Erfahrung nach.

»Lebe! Liebe! Lache!
Gott hat die Welt nicht gegeben,
damit du ihr entsagst,
sondern damit du sie feierst!«

NIKOS KAZANTZAKIS
(aus *Alexis Sorbas*)

August

ZEIT
DER FÜLLE

Es ist Hochsommer, die heißeste Zeit des Jahres, in der Pflanze, Tier und Mensch »mit Feuer geladen« sind. Die Sonne hat zwar ihren Höchststand schon überschritten, doch die Erde hat die Wärme der letzten Monate gespeichert, die Natur und die Sonne strahlen um die Wette in sommerlicher Fülle und Glut. Es ist heiß und schwül, an manchen Tagen brauen sich plötzlich Wärmegewitter zusammen und sorgen für Spannungsausgleich, in den Nächten kühlt es kaum ab. Zu keiner Zeit ist die Natur so freigiebig wie jetzt. Sie strotzt in vollster Blüte und Fruchtreife, alle Pflanzen, Kräuter, Obst und Gemüse haben die Sonnenkraft tief in sich aufgenommen und entfalten ihr ganzes Aroma. Alles reift und bald kann geerntet werden, die Energien werden nicht mehr für den eigenen Aufbau verwendet, sondern dem neuen Leben weitergegeben.

Die Sonne, die in dieser Zeit am stärksten ist, bestimmt unsere Lebensenergie, die Sonnenblumenfelder spiegeln diese unerschöpfliche Kraft wider – Glück, Fülle, Genuss, Spaß und Spiel, Freizeit, Lebensfreude und ein bedingungsloses »Ja« zum Leben stehen jetzt im Vordergrund. Die Lebensfreude beginnt wie neue Feuerfunken zu sprühen, ein Schwall der Lebenslust, ein Sichverschwenden, sich an der Überfülle freuen. In diesem Hochsommermonat scheint das Vergängliche für einen Augenblick vergessen, alles erscheint lichtvoll, denn die Sonne ist das unsterbliche Zentrum und alles dreht sich um sie.

Zum Vollmond im August kumulieren auch die Herzenskräfte, denn es ist die Zeit der stärksten Herzkraft des Jahres. Meditiere in deine Mitte hinein, horch im Rhythmus deines Herzschlags nach innen und denke dabei: Ich bin, ich bin, ich bin …

Urprinzipiell ist natürlich die Sonne hier zu Hause, sie verkörpert das Wesen des Menschen und symbolisiert den Weg und das Ziel eines Menschen, das, worum es im »Wesentlichen« geht. Sie steht für Bewusstsein, Eigenverantwortung, Lebenskraft, Selbstvertrauen und Souveränität. Ihre Geschenke sind Herzlichkeit, pure kreative Lebensfreude, Begeisterungsfähigkeit, Ausstrahlung, Güte und Herzenswärme. Sonne ist reines Mitgefühl – unser warmes Herz, es geht darum, der Stimme unseres Herzens zu folgen. Das Sonnenprinzip hat bereits alle Kraft und Macht in sich und wirkt aus der Mitte nach außen strahlend, alles dreht sich um diesen Mittelpunkt. Ein symbolisches Bild dafür ist das Mandala, der vollkommene Kreis.

Die Sonne wird als »Licht der Welt« dem Feuerelement zugeordnet.

In dieser Zeit steht sie im Abschnitt des Tierkreises, den wir »Löwe« nennen.

Auf der Körperebene gehört die Region des Solarplexus mit dem Herzen zum Sonnenprinzip. Es ist unsere Mitte, im energetischen Sinn, aber auch das Organ der Liebe und Güte, der Ort, wo unsere Emotionen zu spüren sind.

Und auch die Augen, die Fenster zur Seele, als wesentliches Organ unserer Ausstrahlung gehören hierher. »Wär' nicht das Auge sonnenhaft, die Sonne könnt es nie erblicken«, schrieb Goethe in seiner Farbenlehre. Und tatsächlich beginnen die Augen zu strahlen, wenn die Sonne im Herzen aufgeht.

Ein Lächeln für mein Herz

In allen spirituellen Traditionen gibt es Übungen und Meditationen, deren Ziel es ist, das Herz zu öffnen und liebevoller mit sich selbst und anderen umzugehen. Wer ein Lächeln in seinen Augen zum Leuchten bringen kann, kann es von dort auch leicht in sein Herz fließen lassen, sodass es in einem lächelnden Rhythmus schlägt. Ein lächelndes Herz bringt Offenheit mit sich, die sich warm und weich in der Mitte der Brust anfühlt und uns vielen Herausforderungen gegenüber gelassener und ruhiger werden lässt.

Das hat wundervolle Auswirkungen bei vielen seelischen Themen, weil wir unseren Herzensangelegenheiten gegenüber offener sind und unsere Herzensthemen besser bewältigen. Wenn unser Herz auf unsere ganz eigene herzliche Art zu lächeln lernt, wird im Leben vieles leichter. Dazu kommt, dass ein weites, offenes, lächelndes Herz Herzenswärme und Freundlichkeit ausstrahlt, die auch andere Herzen gewinnt, wenn wir einander von Herz zu Herz begegnen.

Setz dich aufrecht hin, schließ deine Augen und lass deinen Atem ganz natürlich fließen. Wenn du zur Ruhe gekommen bist, lass ein leises, völlig entspanntes Lächeln auf deinen Lippen entstehen. Dann lass deine Lippen deinen Augen zulächeln. Und es tut den Augen so unendlich gut, angelächelt zu werden, dass auch sie nach und nach zu lächeln beginnen.

So kann Raum entstehen zwischen den Augenbrauen, die Stirn kann frei und weit werden wie ein wolkenloser Himmel und in den Augen kann sich ein gelöstes Lächeln entwickeln.

Die Augen schenken ihr Lächeln dem Herzen, indem du ganz einfach an dein Herz denkst, dem Herzen zulächelst, es einfach anlächelst. So kann die einzigartige Energie, die im Lächeln liegt, zum Herzen hinfließen. Freiheit und Offenheit und Weite des Lächelns und auch seine tiefgründige Weisheit ... und sein liebevolles Aufmuntern ...

Und dein Herz kann baden in diesem Lächeln wie in einem warmen Bad voll duftender Heilkräuter ...
Es kann stille Freude empfinden und sich öffnen und nach und nach auf seine ganz eigene, herzliche Art und Weise selbst zu lächeln beginnen.

Ein wundervolles Gefühl – ein lächelndes Herz zu haben – spüren zu können, wie es sich anfühlt, ein lächelndes Herz zu haben ...

So wird alles durchflutet von der strahlenden Energie des Lächelns, kann sich erholen und regenerieren, sich vielleicht auch schon warm und weich und weiter anfühlen, während du ruhig und fließend weiteratmest.

Beende dann diese kleine Übung und nimm die weite Offenheit mit in den Tag. Versuch während des Tages immer wieder, zunächst deine Augen und dann dein Herz lächeln zu lassen!

»Nimm eine Handvoll Sommer in den Herbst hinein, um von den Früchten der Erinnerung zu zehren und von den langen Tagen, blau vor Sonnenschein, die jäh entschwunden sind und nicht mehr wiederkehren.«

FRIEDRICH VON TSCHUDI

Herzatmung

Das Herz-Chakra befindet sich in der Mitte des Brustkorbs und füllt deinen Körper mit fließender Energie. Diese ganz einfache Atemübung kann Blockaden lösen, dieses energetische Zentrum öffnen und so deine Gefühlswelt heilen.

Stell oder setz dich aufrecht hin und lächle von innen heraus. Leg beide Hände auf die Mitte deiner Brust, schließ die Augen und atme ruhig und gleichmäßig in dein Herz-Chakra.

Stell dir vor, dass du beim Einatmen von oben Licht aufnimmst und dich im Herzen berühren lässt und dass du beim Ausatmen vom Herzen her Licht ausstrahlst. Spür mit großer Dankbarkeit diese Erfahrung von Liebe und Freude im Herzen.

Du kannst den Atem auch mit einer Affirmation verbinden.
Beim Einatmen: »Ich öffne mich für die Himmelskraft.«
Beim Ausatmen: »Ich schicke Licht und Liebe in die Welt.«

Oder aber du verbindest den Atem mit einem Mantra, zum Beispiel beim Einatmen von oben zum Herzen mit »AUM«.
Beim Ausatmen vom Herzen in die Welt mit »AUM«.

Mach die Übung mindestens fünf Minuten und sei ganz achtsam bei deinem Herzen.

Meine Herzensfragen

Eine einzige, kleine Frage kann uns wachrütteln, kann uns spontan eine völlig neue Perspektive eröffnen, daran erinnern, was uns eigentlich einmal wichtig war im Leben. Durch kleine Fragen können wir große, wichtige Antworten bekommen, wenn wir ehrlich sind mit uns. Jede für sich kann ein Wunder auslösen, denn das, wofür unser Herz schlägt, macht uns glücklich.

Nimm dir Zeit für deine Herzensfragen, schließ die Augen und geh mit deiner Aufmerksamkeit in deinen Brustraum, zu deinem Herzen hin.
Leg eine Hand sachte auf dein Herz und versuch die Berührung, ihre Wärme und deinen Atemrhythmus bewusst zu spüren. Wie fühlt es sich an, auf diese Weise zum Herzen hin zu lauschen?

Und dann frag dein Herz: »Mein liebes Herz, wie geht es dir? Ich möchte spüren, was dich bewegt, was willst du mir sagen?«, und lausche.
Stell alle Fragen, die jetzt ganz spontan auftauchen, und nimm die Antworten wahr und wichtig.

Hier sind noch ein paar Anregungen dazu:

Wie großherzig bin ich?
Fühle ich mich in meiner Mitte?
Höre ich die Stimme meines Herzens?
Wie viel Lebensfreude empfinde ich?
Lebe ich nach meines Herzens Lust?
Kenne ich meine tiefsten Herzenswünsche?
Was lässt mein Herz vor Freude hüpfen?
Was begeistert mich?

**Mach dir anschließend Notizen dazu in deinem Achtsamkeitsbüchlein.
Du kannst diese Übung so oft machen, wie du möchtest, gleichgültig, wo du bist. Leg einfach deine Hand aufs Herz, halte einen Moment inne und nimm bewusst Kontakt mit deinem Herzen auf.**

Selbstheilungskräfte stärken

Der Alltag lenkt unsere Aufmerksamkeit ständig nach außen, dadurch verlieren wir den Kontakt mit unserem Körper, unserem Herzen und unserer Seele. Wenn wir uns immer wieder kleine Auszeiten nehmen, um ganz bewusst innezuhalten und zu uns zu kommen, können wir viel für unsere Gesundheit tun.

Leg dich bequem auf den Rücken, schließ deine Augen und atme ein paarmal ganz bewusst und tief, bis sich Ruhe auszubreiten beginnt.
Mit jedem Ausatem kannst du ein Stück mehr loslassen und dich tiefer sinken lassen in die Entspannung.

Leg nun eine Hand auf dein Sonnengeflecht oberhalb des Nabels und schick deine ganze Aufmerksamkeit dorthin. Stell dir vor, dass dort eine Sonne scheint, die immer stärker strahlt mit jedem Atemzug, bis sie über das Sonnengeflecht hinausstrahlt durch deinen Unterleib, bis durch deine Beine und hinunter in deine Füße.

Dann wandern die Strahlen in deinen Oberkörper, in deinen Brustraum, durch deine Arme bis in deine Fingerspitzen und hinauf in dein Gesicht, bis es schließlich deinen ganzen Kopf mit Licht erfüllt. Und du genießt dieses Strahlen in dir und die Wärme, die damit einhergeht und so wundervoll heilend ist, nimmst sie in jeder Zelle auf, in jeder Körperregion, in jedem Organ. Lass deine »Sonne« noch größer werden und genieß deine Ausstrahlung, die dich so einzigartig macht, nimm ein Bad in deinem Charisma!

Und dann hüllst du dich mit deinem Licht schützend ein, nimmst die Lichtstrahlen langsam wieder zurück, bis die Sonne wieder in deinem Sonnengeflecht ist. Spürst die Wärme unter deinen Händen, löst dich allmählich wieder von deinem Sonnengeflecht und legst deine Hände für einen Augenblick auf dein Gesicht, bedeckst deine Augen und spürst nach.

ZUM AUSMALEN

Meditation der liebenden Güte

In der Herzensmeditation richten wir unsere Aufmerksamkeit auf das innere Aussprechen von Wünschen, die wir an unser Herz richten. Dadurch lernen wir auch seine Wünsche besser kennen und heilen es, indem wir mitfühlend lauschen, sodass die Herzensenergie frei fließen kann. Die »Meditation der liebenden Güte« kommt aus dem Buddhismus und wird auch Metta-Meditation genannt.

Setz oder leg dich entspannt hin und schließ deine Augen. Spür hin zu deinem Atem, dem sanften Kommen und Gehen deiner Atemzüge und lass mit dem Ausatem los von allem, was dich noch beschäftigt.

Mach dir bewusst, dass du in diesem Augenblick beschützt und gut aufgehoben bist, getragen und gewiegt im sanften Kommen und Gehen deines Atems und lass Ruhe einkehren.
Spür nun zu deinem Herzraum hin, zu dem Bereich in deiner Brust, in dem dein Herz zu Hause ist, und stell dir vor, deine Aufmerksamkeit wirkt wie wärmendes Licht, das dein Herz liebevoll einhüllt, sodass es sich wohlig geborgen fühlen kann, ja, vielleicht in dem warmen Licht baden und größer werden kann und auch weiter …

Und wenn du bereit bist, dann sprich mit deiner liebevollen inneren Stimme ganz bewusst und langsam den ersten Wunsch der Herzensmeditation: »Möge ich glücklich sein«.
Mach eine kurze Pause und sprich den Wunsch noch 5 Mal …

Spür hin zu deinem Herzen, wie es sich jetzt anfühlt, und beginn den zweiten Wunsch zu sprechen: »Möge ich sicher sein« in einem ganz ruhigen Rhythmus 5 Mal hintereinander …

Stell dir vor, deine Wünsche sind Samen, die du in dein Herz und in deinen Geist säst wie Blumensamen in die Erde. Anstelle von Sonnenblumen sind es Samen von Glück, Gesundheit und Frieden.

Sprich nun den dritten Herzenswunsch aus: »Möge ich gesund sein« und wiederhole auch ihn ganz langsam 5 Mal.

Atme ruhig, vertraue darauf, dass wachsen wird, was du säst, und lass deine Wünsche tief in dein Herz sinken. Mach dir bewusst, dass du alles hast, was du brauchst, um Herzenswärme und liebevolle Güte zu voller Blüte zu bringen.

Sprich nun deinen vierten Herzenswunsch: »Möge ich unbeschwert leben« und mach dir jedes Wort bewusst, deinen Wunsch nach Leichtigkeit und Freiheit. Spür, wie es sich anfühlt, wenn du heiter bist und unbeschwert und sprich auch diesen Wunsch 5 Mal …

Und dann leg eine Hand ganz sanft auf dein Herz … Wenn du bereit bist, dann frag jetzt: »Mein liebes Herz, wie geht es dir?« und lausche …, lausche, was dein Herz zu dir spricht …

Hör die intuitiven Worte, die nach und nach kommen, und nimm alle Empfindungen und Antworten deines Herzens wohlwollend wahr und wichtig.

Sag immer wieder leise im Geiste: »Mein Herz, mein liebes Herz …« Spür dabei das sanfte Kommen und Gehen deines Atems und freu dich daran, lebendig zu sein, beschenkt mit einem so wundervollen großen Herzen!

»Dankbarkeit ist das Gedächtnis des Herzens.«

JEAN-BAPTISTE MASSILLON

September

ZEIT FÜR
DANKBARKEIT

Glasklar ist der Himmel, darunter ein zarter Schleier, der sich über Wiesen und Felder legt. Der Hochsommer ist nun zu Ende und auch wenn der Kalender noch Sommer anzeigt, ist klar spürbar, dass sich etwas verändert. Die Sonne macht sich langsam auf den Weg zur Tagundnachtgleiche, am Morgen wird es später hell und die Abende sind kühler und schneller dunkel, die Kräfte der Wandlung sind nun aktiv. Zum August gehörte noch das Gefühl der Unsterblichkeit, denn die Sonne hatte ihre stärkste Kraft und die Vergänglichkeit war noch nicht spürbar. Nun wird das Licht schon deutlich weniger und der Herbst kündigt sich an. Es ist ein abgeklärtes Nachklingen und Prüfen, alles was dem Fortbestand der Natur dient, bleibt erhalten. An kühlen Morgen legt sich schon Nebel über die Wiesen, Wind und Regen ziehen immer wieder übers Land, an schönen Tagen kann die Sonne aber noch gut wärmen, ihr Strahlen hat sich von einem hellen Leuchten in ein Goldgelb verwandelt. Aus dem satten saftigen Grün wird allmählich ein Rötlich-Gelb und ein Grünlich-Braun, jeder Baum scheint seine eigene Farbpalette auszuspielen, um seinen Blättern für ihren letzten Tanz ein buntes Kleid zu schenken.

Schwer und saftig hängen die reifen Äpfel und Birnen an den Bäumen, umschwirrt von Bienen und Wespen, die sich an den süßen Früchten gütlich tun, bevor sie geerntet werden. Auf den Feldern wird das letzte Korn eingefahren, Obst, Feldfrüchte, Nüsse und Trauben werden geerntet. Vorräte werden angelegt, es wird aufgeräumt, neu geordnet, gezählt, reflektiert, gesammelt und verarbeitet, langsam bereitet man sich auf die kommende Jahreszeit vor. Bald wird Erntedank gefeiert, es ist Zeit innezuhalten und der Freude und Dankbarkeit für die vielen

Gaben und Geschenke Ausdruck zu geben. Anders als bei den bunten Sommerfesten schwingt nun ein gewisser Ernst, ein Abschiednehmen von der fröhlichen Unbeschwertheit mit. Das Feuer, das im Außen gebrannt hat, wird nun nach innen getragen, unsere Aufmerksamkeit langsam nach innen gelenkt, jetzt kann Bilanz gezogen werden.

Die Herbst-Tagundnachtgleiche wird um den 22. September gefeiert, die Nächte werden spürbar länger, die Tage kürzer.

Urprinzipiell ist es die Zeit von Jungfrau-Merkur, der als Gegenpol zum luftig-leichten Zwillinge-Merkur im Juni zum Erdelement gehört und praktisch und sachlich-real orientiert ist. Er will ordnen, analytisch denken, kritisch sichten und nach allgemeingültigen Normen und Regeln arbeiten, er versteht es sparsam zu wirtschaften und solide vorauszuplanen. Kein anderer kann so instinktsicher unterscheiden zwischen gesund und ungesund, nützlich und unnütz, wertvoll und schädlich.

Es ist eine ordnende Kraft, die alles miteinander in Verbindung bringt und damit die Kräfte ihrem eigentlichen Zweck zuführt, und eine unterscheidende Kraft, die alles ausscheidet, was krank macht. Gesundheitsbewusstsein, Hausverstand, Beobachtungsgabe, die Liebe zum Detail, Achtsamkeit und Dankbarkeit sind seine Gaben.

In dieser Zeit steht die Sonne in dem Abschnitt des Tierkreiszeichens, den wir als »Jungfrau« bezeichnen.

Auf der Körperebene gehören der Darm und der Verdauungstrakt hierher, dessen Aufgabe es ist, das Essen nach dem Prinzip der Nützlichkeit zu analysieren und aufzuspalten. Was der Körper braucht, wird behalten und weiterverwertet, was er nicht brauchen kann, wird ausgeschieden, hier wird Ordnung in die Vielfalt gebracht.

In der Fülle leben

Oft genug sind wir unzufrieden, weil wir dem Negativen und dem Unerreichten zu viel Gewicht geben, uns mit anderen vergleichen, weil wir vergessen, wie viel uns in jeder Beziehung gegeben ist. Dadurch versäumen wir so viel Schönes, Wundervolles, das uns jeden Tag geschenkt wird – die Fülle des Lebens.

Wenn wir unsere Gedanken und unsere Wahrnehmung auf die Fülle ausrichten, die immer und überall da ist, kann es keinen Mangel geben. Wenn wir üben, all das zu sehen, was schon da ist, was möglich geworden ist, trotz aller Schwierigkeiten, was wir erreicht haben. Wenn wir regelmäßig all das würdigen, was uns geschenkt ist, können wir zu Dankbarkeit und echter Freude finden.

Setz dich entspannt hin und geh in Gedanken durch deinen Alltag. Werde dir dabei der Fülle bewusst, die dich umgibt – des geschützten Raumes deiner Wohnung, dass du genug zu essen hast, nicht frieren musst, gesund bist, in Frieden lebst und dein Leben in vieler Hinsicht selbst gestalten kannst.

Werde dir auch der Fülle bewusst, die du in dir trägst, deiner Talente und Gaben und auch der vielen Möglichkeiten, diese Gaben, dein Wissen weitergeben und teilen zu können, anderen helfen zu können.

Und spür die Dankbarkeit, die deinen Blick für das Besondere im Alltag öffnet, dieses tiefe Gefühl, das dir zeigt, dass du so unendlich beschenkt bist, dass du großzügig sein darfst, weil es dir an nichts mangelt und du das Gute mit anderen teilen kannst. Mach dir auch bewusst, dass der Dankbarkeit tiefe Freude folgt, Freude über alles, was da ist, und dass du viele Dinge im alltäglichen Leben nicht mehr als selbstverständlich betrachtest.

Verborgene Schätze

Die Natur schenkt uns im Herbst so viel, wofür wir dankbar sein können, wenn wir achtsam sind. Die prächtigen Blüten sind nun welk geworden und die Blätter verfärben sich langsam, doch zwischen all diesen vergänglichen Schönheiten finden sich verborgene Schätze – Früchte und Samen. Wir können uns mit Jute- oder Leinensäckchen auf den Weg zur herbstlichen Ernte in den Garten oder in den nahen Wald machen.

Wenn wir mit offenen Augen gehen, dann entdecken wir jetzt noch vieles, was unsere Küche und Vorratskammer bereichert. In den Wäldern gibt es Bucheckern und Pilze, in manchen Gegenden auch Esskastanien, Haselnüsse laden am Wegesrand zur Ernte ein, auf den Bergen leuchten die roten Preiselbeeren und an Hecken die Hagebutten.

Sammle Samen für die Küche, wie Anis, Fenchel, Koriander und Mohn oder für die Aussaat im nächsten Jahr. Manche Samen sind in Früchten und Gemüse verborgen, manche trocknen an der Pflanze.

Nimm ein paar Briefumschläge, geh bei schönem Wetter in den Garten und schau dich um, wo du bereits reife, trockene Samen vorfinden kannst. Schüttle dann die Samen direkt von der Pflanze in den Briefumschlag oder schneide, zum Beispiel beim Mohn, den Samenstand ab und löse die Samen heraus. Dann verschließ den Umschlag gut und schreib den Namen der Pflanze und das Datum darauf. Lagere die Umschläge an einem kühlen, trockenen Ort bis zur Aussaat.

Die Aussaat kann im nächsten Jahr manch interessante Überraschung bescheren, denn die Samen fallen nicht immer so aus wie die Mutterpflanze.

Sei ganz im Augenblick, wenn du die Samen erntest, und schätze die Tätigkeit als das, was sie ist, in Dankbarkeit für die Geschenke.

Ich bin dankbar für ...

»Wenn das einzige Gebet, das du in deinem ganzen Leben sprichst, ›Danke‹ lautete, dann wäre es genug«, schreibt der deutsche Mystiker und Philosoph des Mittelalters, Meister Eckhart.

Lass es zu einem täglichen Ritual werden, achtsam nach Augenblicken der Dankbarkeit Ausschau zu halten.
Geh mit wachen Augen und offenem Herzen durch die Welt und nimm die vielen kleinen Geschenke wahr, die dir jeden Tag gegeben werden. Überleg am besten abends, wofür du dankbar bist, und schreib mindestens fünf Dinge, beglückende Begegnungen oder wohltuende Situationen auf, für die du von Herzen danken kannst.
Vergiss dabei nicht, dir selbst hin und wieder zu danken!
Verwende dazu dein Achtsamkeitsbüchlein oder leg dir ein Dankbarkeitstagebuch zu, dort kannst du dann auch Fotos einkleben oder Zeichnungen anfertigen.

Wenn du dieses Ritual regelmäßig machst, entwickelst du ein Gespür für die vielen Gelegenheiten, in denen du dankbar sein kannst. Bald wirst du merken, dass du viel achtsamer durch den Tag gehst, dass es dich gelassener und tief zufrieden macht und du viel bewusster lebst.
Wenn du möchtest, kannst du gleich hier mit einer kleinen Liste beginnen: Nimm den Gedanken »Ich bin dankbar ...« als stärkendes und öffnendes Mantra mit in deinen Tag.

- Ich bin dankbar für das warme Bett, in dem ich geschlafen habe.
- Ich bin dankbar für meinen wundervollen Körper.
- Ich bin dankbar, dass ich eine Arbeit habe, die mich nährt und ernährt.
- Ich bin dankbar ...

Finde am besten mehrmals in der Stunde einen Grund, dankbar zu sein – wenn du mit anderen Menschen zusammen bist, sprich es ruhig laut aus und schau, was geschieht.

Dankbarkeitsmomente sammeln

Dieses kleine Ritual öffnet deine Augen und dein Herz für die vielen wundervollen Augenblicke, die dir täglich geschenkt werden. Ich möchte es dir für diesen Monat ans Herz legen.

Es gibt eine schöne Geschichte von einem Mönch, dem ein neuer Novize zugewiesen wurde. Beide gingen ihre erste gemeinsame Runde, um die Dorfbewohner um etwas Reis zu bitten. Gelegentlich nahm der alte Mönch einen Stein aus der Tasche, sah ihn sich mit einem Lächeln an und legte ihn in eine andere Tasche. Der Novize wurde immer neugieriger, wagte aber nicht zu fragen. Am Abend nahm der alte Mönch alle Steine hervor, sah sie sich einzeln an und legte sie zurück in die Tasche, in der sie ursprünglich waren. Da nahm sich der Nachwuchsmönch ein Herz und fragte nach. Der alte Mönch sagte: »Jedes Mal, wenn ich für etwas dankbar bin, nehme ich einen Stein, lege den Moment und meine Dankbarkeit hinein und verwahre ihn. Am Abend nehme ich mir die Steine vor, erinnere mich an den Moment und nehme die Dankbarkeit wieder heraus. So bleibt die Dankbarkeit in mir und schenkt mir ein Lächeln.«

Füll ein paar Steine, Murmeln oder Perlen in ein Dankbarkeitssäckchen, das du immer bei dir trägst. Wann immer du etwas Schönes, Zauberhaftes, Berührendes beobachtest oder erlebst, für das du dankbar bist, hol einen Stein aus dem Säckchen, leg den Augenblick deiner Freude in den Stein und stecke ihn in eine andere Tasche.

Hol am Abend alle Steine wieder heraus, erinnere dich an den Moment, nimm die Dankbarkeit wieder heraus und leg die Steine zurück in das Säckchen. So beschenkt dich deine Erinnerung noch einmal mit der erlebten Dankbarkeit und Freude.

Das Hier und Jetzt zu Papier bringen

Schreiben schafft Klarheit, bringt Ordnung in die Gedanken, macht es uns leichter, uns selbst intensiver zu spüren und damit besser wahrzunehmen. Diese Übung hilft uns, den Augenblick mehr ins Bewusstsein zu holen.

Nimm Stifte und begib dich an einen Platz, an dem du dich wohlfühlst. Das kann ein Platz in der Natur sein, die Couch, die Hängematte oder was auch immer.

Nimm eine bequeme Position ein, schließ kurz deine Augen und atme ruhig. Nun kannst du alles zu Papier bringen, was dir gerade jetzt in den Sinn kommt, deine Gedanken, deine Gefühle, was du wahrnimmst, was du hörst, riechst. Einfach das JETZT …

Du musst nicht viel schreiben, Stichworte reichen vollkommen. Eventuell magst du ja auch etwas dazu zeichnen.

Du kannst diese kleine Übung immer wieder in deinem Achtsamkeitsbüchlein machen!

»An einem Tag, an dem wir bewusst ›Danke‹ sagen, haben wir den Zauberstab gewonnen, der alles verwandeln kann.«

OMRAAM AIVANHOV

Dankbar leben

Achtsamkeit und Dankbarkeit sind eng miteinander verbunden, denn ohne Achtsamkeit erkennen wir nicht, was uns täglich geschenkt wird. Je mehr wir es aber erkennen, desto öfter sind wir dafür dankbar. Dankbarkeit ist das Bewusstsein, dass das ganze Leben ein Geschenk ist – jeder Augenblick ist ein gegebener Augenblick, alles ist Gabe.

Das Gefühl der Freude und des Staunens steht uns in jedem Augenblick unseres Lebens zur Verfügung, wenn wir offenen Herzens sind. Wenn wir unseren Blick bewusst auf die kleinen schönen Dinge des Lebens richten, die leicht übersehen werden, wenn wir uns an das Schöne und das Wunder nie ganz gewöhnen.
Wenn wir bereit sind, dankbar für all das Gute zu sein, das uns jeden Tag widerfährt, sind wir in Resonanz mit der Fülle.
Bruder David Steindl-Rast hat ein wundervolles Gleichnis dafür: Er sagt, dass wir eine Schale, ein Gefäß in uns tragen, in dem wir Momente des Glücks sammeln. Unsere Überflussgesellschaft hält das Hinzufließende zurück, indem sie einfach die Schale vergrößert, sobald es wie in einem Brunnen überfließen möchte. Wenn wir Dinge, die letztes Jahr noch etwas ganz Besonderes für uns waren, jetzt als selbstverständlich ansehen, dann wird das Gefäß größer und damit die Freude am Überfließen, die Dankbarkeit, immer wieder hinausgeschoben. Wenn wir aber die Schale kleiner machen, indem wir unsere Bedürfnisse einschränken, wieder den Blick für das Wesentliche haben, dann fließt es schneller über und die Freude der Dankbarkeit wird uns früher geschenkt.

Wenn wir alle unsere Schale ein bisschen kleiner machen könnten, wäre die Freude in der Welt größer!

Abschied nehmen vom Sommer

Mit der Tagundnachtgleiche um den 22. September ist der Sommer endgültig zu Ende und der Herbst beginnt. Es ist ein stiller Augenblick, in dem alle Kräfte miteinander in einem vollkommenen Gleichgewicht stehen. Das pflanzliche Leben beginnt zu welken, aus Blüten werden Früchte und Samenkörner, die absteigende Sonne lässt reifen.

Anders als im Frühling wird die Natur auch jetzt noch einmal bunt, diesmal sind es nicht die Blüten, sondern die Früchte, die uns reich beschenken.

Noch schenkt sich uns warmes Licht, die Intensität eines letzten Aufleuchtens, schenkt sich so manch spät erblühte Blume, ein Blühen gegen die Zeit. Geschenkte Tage, geschenkte Stunden – hinaufschauen in das Blau und die Gedanken Drachen steigen lassen, hinein in den Himmel, jetzt den Träumen Raum geben.

Im Herbst wird uns die große und unaufhaltsame Vergänglichkeit so richtig bewusst, die Gesetzmäßigkeit des Lebens, die besagt, dass alles zur rechten Zeit geschieht. Jetzt gilt es dankbar Abschied zu nehmen, es geht nun ums Loslassen und darum zu lernen, geschehen zu lassen, was geschehen will und muss. Tage des ersten Abschieds, langsamer werden, stiller werden, Zeit nehmen für unser Innenleben, hineinhorchen, in uns und um uns herum Ordnung schaffen.

Versuche stets ein Stückchen Himmel über deinem Leben frei zu halten!

»*Ob ich viel habe oder wenig,
immer bin ich glücklich.
Ob ich viel habe oder wenig,
ich habe alles –
das ganze Leben!*«

GEORGE GERSHWIN
(aus der Oper *Porgy and Bess*)

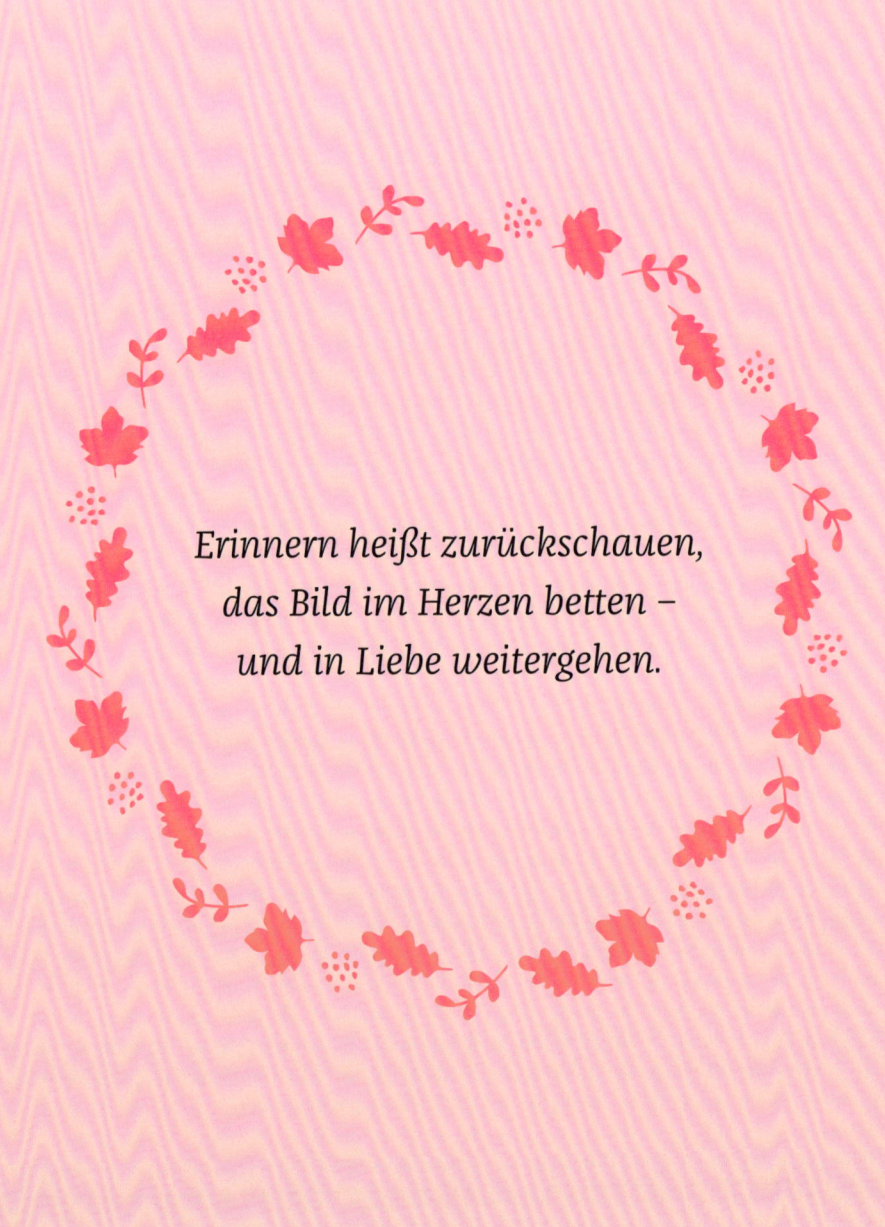

*Erinnern heißt zurückschauen,
das Bild im Herzen betten –
und in Liebe weitergehen.*

Mag sein, dass Fragen auftauchen, dann nimm dir Zeit, die Antwort zu empfangen, ein inneres Bild, einen Ton, einen Gedanken oder Geruch.

Dein inneres Gefühl wird dir sagen, wann es Zeit ist, das »Gespräch« zu beenden und Abschied zu nehmen. Dann bedank dich, atme noch einmal tief die Energie deines Baumes ein und mit dem Ausatem öffne deine Augen und komm mit deiner Aufmerksamkeit wieder ganz bei dir selbst an.

*»Bäume sind Gedichte,
die die Erde
in den Himmel schreibt.«*

KHALIL GIBRAN

Herbstlicht speichern

Eine meiner liebsten Geschichten erzählt von der Maus Frederick, die im Herbst Sonnenstrahlen, Farben und Wörter für die kalten, dunklen Wintertage sammelt, anstatt wie die anderen Mäuse Futtervorräte anzulegen. Als schließlich alle Vorräte aufgegessen waren und die Mäuse froren, ließ Frederick seine Freunde die Augen schließen und schenkte ihnen seine Vorräte an warmen Sonnenstrahlen, bunten Sommerfarben und schönen Geschichten.

Mach es wie Frederick, geh hinaus in die Natur und sammle das milde Herbstlicht, ehe der Wind die Blätter von den Bäumen reißt.

Leg dich noch einmal in das raschelnde Gras und lass Lichtspuren über deine nackte Haut gleiten, sie von der späten, letzten Wärme des Jahres durchdringen. Hingabe ohne Bewegung.

Sammle die flammenden Farben der Blätter, der letzten bunten Herbstblumen und speichere sie in deinem Herzen für die dunklen, kalten Tage. Es lohnt sich, den Goldenen Oktober mit allen Sinnen in sich aufzusaugen, denn bald schon wird diese unendliche Schönheit wieder verwandelt.

Vielleicht magst du ja auch etwas in dein Achtsamkeitsbüchlein schreiben oder zeichnen.

Das Wichtige passiert oft zwischen den Zeilen. Es ist die Ausrichtung, Intention und der entsprechende Gefühlsgedanke, die die entscheidende Rolle spielen. Spür, dass du endlich diese Last loswerden und um Vergebung bitten kannst, und wiederhole diese vier Sätze sanft so oft, bis du in deinem Herzen Befreiung empfindest. Nutze dabei deinen Ausatem, um deine Anklage bewusst loszulassen, und wiederhole das, bis du befreit spürst, wie dir Lasten von der Seele und Steine vom Herzen rollen, sobald dein Herz bereit ist, wirklich zu verzeihen.

Mag sein, dass du einiges immer noch als Belastung wahrnimmst. Bring dich behutsam in Berührung damit, hab Nachsicht mit dir, dass du noch nicht bereit bist loszulassen, und mach weiter. Vergebung kann man nicht erzwingen.

Setz einfach die Übung fort, lass die Worte und Bilder nach und nach auf ihre eigene Weise wirken. Mach dir dann eigene Anteile an der Situation bewusst und entscheide, ob du dich mit diesem ganzen Paket wirklich weiter belasten willst.

Du kannst diese Vergebungsmeditation zu einem festen Bestandteil deines Lebens machen – in ihr lässt du die Vergangenheit sein und öffnest dein Herz jedem neuen Augenblick mit liebevoller Achtsamkeit.

Vielleicht gilt es jetzt im Herbst mehr Gelassenheit zu lernen als in anderen Jahreszeiten, Konzentration auf das, was jetzt im Augenblick wirklich *wirklich* wichtig ist.

Es tut mir leid

So wie wir andere verletzen, verletzen wir auch uns selbst. Unsere strenge Bewertung und Selbstkritik fügen uns Schmerz zu, dessen wir uns oft gar nicht bewusst sind. Sich selbst zu verzeihen, kann manchmal schwerer sein als anderen zu vergeben. Vergebung passiert nicht schnell, sie braucht Zeit, denn wahre Vergebung wird erst möglich, wenn wir unseren eigenen Schmerz ernst nehmen.

Das Anzünden einer Kerze an einem Ort der Stille kann zu einer Geste der Versöhnung werden:
Such einen Ort auf, der für dich eine besondere Bedeutung hat, und zünde dort eine Kerze für dich an. Richte deine Aufmerksamkeit auf die Flamme und verweile nun so eine längere Zeit mit dem Wunsch, auch dir selbst vergeben zu können.
Dann richte deinen inneren Blick auf Situationen, in denen du dich verurteilt, vernachlässigt oder überfordert hast.
Leg die Hand sanft auf dein Herz. Welche Gefühle sind da?
Kannst du das Leid spüren, das du dir selbst zugefügt hast?
Spür, wie du in Licht und Liebe mit allem verbunden bist, spür den Frieden und nimm ihn in dein Herz hinein.

Dann verzeih dir die Verletzungen, die du dir selbst zugefügt hast – eine nach der anderen: »Es tut mir leid ...«

Vergeben heißt, dass wir von Gedanken lassen, die uns zwanghaft mit der Vergangenheit verbinden, von Enttäuschung, Kränkung und Streit. Wir verzeihen uns und anderen und lassen Vergangenes sein, um erleichtert weiter dem Strom unseres Lebens zu folgen.

Mach dir in den nächsten Tagen eine Liste in deinem Achtsamkeitsbüchlein von allem, wofür du dich nicht magst, was du dir nachträgst, und dann bitte dich von Herzen um Verzeihung dafür.
Wenn du spürst, dass alles gut ist, streichst du es von der Liste.

»Du und ich,
wir sind eins.
Ich kann dir nicht wehtun,
ohne mich zu verletzen.«

MAHATMA GANDHI

Atemübung für innere Ruhe

Wir alle kennen die beruhigende Kraft des Atems, das tiefe Aufatmen nach einer schwierigen Situation, das bewusste Atmen, um Gefühle der Angst oder Wut im Zaum zu halten. Wenn wir lernen, unsere Aufmerksamkeit bewusst auf den Atem zu richten, dann wird er uns ein verlässlicher Anker, damit wir im Alltag immer wieder innehalten und entspannen können.

Setz dich bequem hin, die Wirbelsäule ist aufrecht, und leg deine Hände ganz entspannt auf deinen Oberschenkeln ab. Atme nun einige Male mit einem erlösenden Seufzer durch den Mund aus, schließ die Augen und streich jetzt sanft und liebevoll über deine Stirn, die Schläfen, Wangen und Unterkiefer – so, als wolltest du deinen Alltag abstreifen.

Dann wandere mit der Aufmerksamkeit durch deinen Körper. Wenn du eine Spannung wahrnimmst, halte inne und stell dir vor, wie mit deinem Ausatem diese Spannung loslässt und dich verlässt. Denk dabei: »Loslassen« …

Nimm so nach und nach deinen Körper wahr, lass dir dabei Zeit und genieß die Ruhe und das Loslassen. Nun geh mit deiner Aufmerksamkeit zu deinem Herzen und spür deinen Herzschlag, er ist jetzt schon ziemlich ruhig geworden … Beobachte ihn liebevoll. Und auch dein Atem wird immer gleichmäßiger, wie ein Pendel … Atemzug um Atemzug …

Stell dir vor, wie mit jedem Einatem frische Kraft zu dir hereinströmt. Denk nun bei jedem Einatemzug »Kraft« und bei jedem Ausatem »Frieden« und bleib für die nächste Zeit ganz bewusst dabei.

Bleib noch einige Zeit still sitzen, lass die Übung nachklingen und genieß den Frieden in dir.

November

ZEIT DER TRANSFORMATION

Nun ist es nicht mehr zu übersehen, das Sterben hat alle Pflanzen erfasst. Das letzte Laub wird durch die Herbststürme von den Bäumen gerissen, die dann kahl und leer wie Totengerippe am Wege stehen. Diese Zeit ist leidenschaftlich und total, es ist eine markante Phase der Verwandlung der Kräfte.

Bildlich gesprochen verlässt nun die Sonne die »Oberwelt« und zieht das pflanzliche Leben für die nächsten fünf Monate mit sich in die Tiefe. Nun überwiegt die Nacht, an manchen Tagen wird es gar nicht richtig hell, Nebel steigen und alles Licht schwindet in einem trostlosen, melancholischen Grau dahin. Der Schleier der Dunkelheit versucht Schwermut zu verbreiten, es ist die Zeit der Besinnung.

Die Novemberstürme bringen eine radikale Veränderung mit sich, die uns bewusst macht, dass es keine Umkehr gibt. Die Blätter fallen, ob sie wollen oder nicht, es sind die Todeskräfte, die das Leben in der Natur erlöschen lassen. Auf der Erde fault das abgefallene Laub und nährt dadurch den Boden, bildet Humus für neues Wachstum. Im Inneren der Erde ist bereits der Same für das nächste Jahr angelegt und hinter den fallenden Blättern sind schon die Knospen des kommenden Frühlings. So muss das Alte gehen, damit Neues entstehen kann, dieser immer wiederkehrende Zyklus aus »Stirb und werde« ist unausweichlich.

Durch die Beobachtung der Natur kommen die Menschen in Kontakt mit ihrem Inneren, werden sich ihrer Vergänglichkeit und ihrem Kommen und Gehen, dem Festhalten und Loslassen bewusster. In dieser Zeit wird noch intensiver spürbar, dass der Tod zum Leben gehört, er ist nur die andere Seite der Medaille. Die Ahnen waren früher eine Quelle der Inspiration und der Kraft.

Für die Kelten war der 1. November der Winterbeginn, an dem die Tore zur Anderswelt offen sind und die Geister der Ahnen wach werden. Samhain, das wichtigste keltische Fest im ganzen Jahr, ist der verborgene Beginn des neuen Zyklus. Man erinnert sich daran, dass die Ahnen ein Teil von uns sind und wir ein Teil von ihnen. Aus diesem Brauch entsprang Halloween, der Vorabend von Allerheiligen, an dem sich die Menschen mit maskenhaften Kürbislaternen vor den Geistern schützen. Allerheiligen ist ein gesetzlicher Feiertag, an dem die Kirche der Heiligen gedenkt, an Allerseelen gedenken wir der Verstorbenen, auf den Gräbern werden Kerzen angezündet.

Urprinzipiell hat hier Pluto/Hades sein Domizil, der Gott der Unterwelt, Symbol für das Reich der Schatten, für das Wissen aus der Tiefe. Metamorphose, die völlige Wandlung, und Metanoia, die tiefste Reue, gehören zu diesem Prinzip. Pluto lädt uns ein, die dunklen Seiten unserer Existenz zu beleuchten, in unserem Innern mutig unsere Abgründe, unsere Schatten zu erkennen, hinter denen ungeahnte Schätze inneren Reichtums verborgen sind. Er zeigt uns, was Macht und Ohnmacht bedeuten, er hilft uns, uns ganz einzulassen, damit sich Angst in Kraft verwandeln kann und Hass in Liebe. Seine magische Kraft schenkt uns den Mut, unsere Masken abzunehmen, um uns als die zu zeigen, die wir sind in all unserer Verletzlichkeit.

Als Prinzip radikaler Wandlungsfähigkeit ist Pluto dem Wasserelement zugeordnet, wir bezeichnen das zugehörige Zeichen »Skorpion«. Auf der Körperebene gehört der Unterleib hierher und das Becken mit den Geschlechtsorganen, die für die Urvitalkraft des Menschen, die Sexualität stehen.

Altes loslassen macht frei

Anhaften verursacht Leid, lehrt Buddha, deshalb sollten wir uns immer wieder bewusst im Loslassen üben. Die Vergangenheit ist vergangen, was vorbei ist, ist vorbei. Jetzt ist es Zeit, sich von Ballast zu befreien, Verbrauchtes und Überlebtes loszulassen und so Raum zu schaffen für einen Neuanfang.

Gib Altes weg, trenne dich von Dingen, die nicht mehr zu dir gehören, und räum aus dem Weg, was sich überlebt hat: Kleidung, Einstellungen, geplatzte Träume, schal gewordene Beziehungen – jetzt ist der richtige Zeitpunkt, diese endgültig zu verabschieden.

Such dir einen ruhigen Ort und setz dich bequem und aufrecht hin, leg beide Hände auf deine Brustmitte, atme sanft, entspann dich und spür in dich hinein.

Dann lass mit dem ersten aufsteigenden Gedanken jenen Ballast deines Lebens auftauchen, der jetzt wegwill.
Was meldet sich als Erstes? Sind es Gewohnheiten, Erinnerungen oder Gedanken?

Gibt es Verhaltensmuster, die du endlich loslassen kannst? Wie steht es um die materiellen Dinge, deine Kleider, Schuhe, Bücher, Fotos, deine »Sammlungen« in Keller oder Speicher? Wie sieht es in deinen Beziehungen aus, wen hast du zum Beispiel in deinem Telefon gespeichert, ohne überhaupt noch Kontakt zu haben? An welchen Freundschaften hältst du fest, obwohl sie den Namen nicht mehr verdienen?
Entscheide ganz bewusst, was du weggeben kannst, weil es sich ein für alle Mal überlebt hat.

Wenn du deine Augen wieder öffnest, danke für die Gelegenheit, das Loslassen zu üben, denn in ihm liegt die große mitreißende Kraft aller Transformation.

Nimm dir für die nächsten zwei bis drei Wochen täglich einen kleinen Bereich deiner Wohnung vor. Mach aus dem Wegwerfen oder Verschenken ein kleines Loslassritual, indem du jedes Ding noch einmal würdigst und dich von ihm verabschiedest.

So trickst du den inneren Sammler aus: Packe alles, wovon du dich noch nicht trennen kannst, weil es doch »fast« neu ist, in Schachteln. Wenn diese nach einem Jahr noch ungeöffnet im Keller stehen, kannst du sie unbesehen wegwerfen.

Bitte darum, dass belastende Gefühle, Gedanken und Beziehungen gelöst und gereinigt werden. Gib ab und lass los. Dann schreib alles auf Zettel, leg sie auf dein Herz und atme alles, was du an Schwere, Schmerz und Wut noch in dir spürst, in die Zettel hinein. Verabschiede dich und verbrenne die Zettel nach und nach in einem kleinen Feuerritual.

Nimm dir auch dafür mehrere Tage Zeit und lass ganz bewusst los, was dir nicht mehr guttut.

Du kannst deine Wohnung danach mit Myrrhe räuchern, verbunden mit dem Wunsch, dass sich alles, was du nicht mehr brauchst, aus allen Räumen lösen und gehen kann.

So schaffst du Raum für Neues, damit Heilung geschehen und neue Energie einkehren kann.

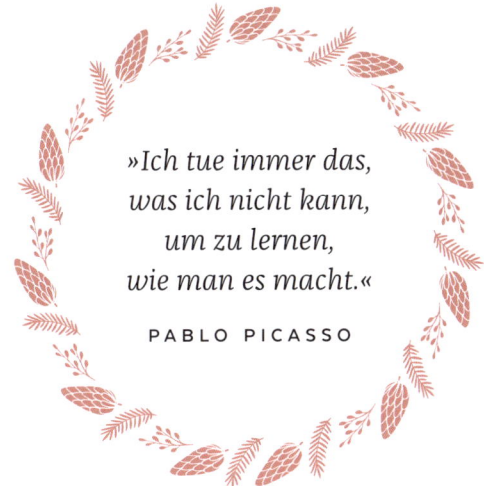

»Ich tue immer das, was ich nicht kann, um zu lernen, wie man es macht.«

PABLO PICASSO

Agni Sara

Diese Übung – zu Deutsch: Feuerreinigung – eignet sich besonders gut morgens zum Aufwachen. Sie aktiviert beziehungsweise harmonisiert das innere Feuer, die Sonne im Bauch, hilft richtig wach zu werden, regt die Ausscheidungen an und ist gut gegen alle Arten von Verdauungsproblemen.

Du kannst sie tagsüber machen, um dein Sonnengeflecht zu aktivieren, neue Kraft zu bekommen und mit frischer Energie an neue Aufgaben zu gehen.
Agni sara tut auch gut, wenn du dich innerlich blockiert fühlst und wieder frei werden willst, denn es hilft dabei, die innere Mitte zu finden, die die Quelle von Selbstbewusstsein, Mut und Enthusiasmus ist.

Stell dich aufrecht hin, die Beine etwa hüftbreit auseinander, atme ein paarmal ganz ruhig ein und aus.

Dann atme durch den Mund vollständig aus, geh dabei leicht in die Knie und stütze die Hände auf den Oberschenkeln oder Knien ab, deine Schultern bleiben dabei höher als das Becken. Ohne zu atmen, mit leeren Lungen, ziehst du den Bauch ein und lässt ihn wieder nach vorne schnellen.

Mach dies ein paarmal hintereinander. Wenn du wieder einatmen musst, lass erst den Bauch nach vorne gehen, richte dich auf und atme dann wieder ein. Atme ruhig weiter und beginn wieder von vorne. Mach etwa fünf Wiederholungen.

»Und solang du das nicht hast,
dieses: ›Stirb und werde!‹
bist du nur ein trüber Gast
auf der dunklen Erde.«

JOHANN WOLFGANG VON GOETHE

Zeit für Reflexion

November, Tage des Abschieds. Es ist die Zeit der Wurzeln, der Ahnen, der Stille, der Dunkelheit und der Einkehr in uns selbst. Wie die Vegetationsgöttin sich mit dem Winter in die Erde zurückzieht, um die Samen zu hüten, die im Frühling neu geboren werden, so haben auch wir das Bedürfnis nach Zurückgezogenheit und Ruhe. Es beginnt der Weg der Dunkelheit. Zurückgehen, langsamer, stiller werden.

Es ist so unendlich wichtig, dass wir uns gerade jetzt im Rhythmus der Natur bewegen, die sparsamen, kleinen Zeichen wahrnehmen. Wie das äußere Leben in der Natur mit ihren kraftvollen Farben, Gerüchen, bunten Geräuschen sich zurückzieht, so ziehen auch wir uns vom äußeren Leben zurück und die Aufmerksamkeit richtet sich auf unser Inneres, unser Seelenleben. Zurückblicken, abwägen, ausklingen lassen. Wenn das Leben zu seiner Basis zurückkehrt, dann ist auch für uns die Zeit gekommen, unsere Wurzeln und unser innewohnendes Licht zu ehren, zu hüten und zu nähren.

Herbstzeit bedeutet, dass wir ganz tief in uns selbst ankommen dürfen.

In diesen Tagen gelingt es uns leichter als zu anderen Zeiten, das Wesen der Dinge zu berühren, in uns hineinzuhorchen und uns zu öffnen für Themen, die wir sonst gerne vor uns selbst verborgen halten oder von denen wir meinen, sie schon längst hinter uns gelassen zu haben.

Such dir einen guten Ort, an dem du dich wohlfühlst und nicht gestört wirst, schließ für ein paar Augenblicke deine Augen und beobachte, wie dein Atem immer ruhiger wird.

Dann nimm einen Stift und beantworte folgende Fragen in deinem Achtsamkeitsbüchlein:

- Wann und in welcher Form begegnet mir mein innerer Schweinehund?

- Fühle ich mich oft unter Druck? Worin besteht dieser?

- Gibt es Bereiche in meinem Leben, wo es nur ein »Entweder-oder« für mich gibt? In welchen Situationen bin ich kompromisslos?

- Gibt es Bereiche in meinem Leben, wo ich gar nicht anpassungsfähig und veränderungswillig bin?

- Fällt es mir leicht zu vergeben? Was könnte ich nie verzeihen? Einem anderen, mir selbst?

- Kann ich mir eingestehen, dass ich nicht perfekt bin, dass auch ich Schattenseiten habe?

Lass alle Gefühle und Gedanken zu, ohne sie zu bewerten – geh bei diesen Themen sehr achtsam mit dir um und überfordere dich nicht. Du kannst dir auch ruhig Zeit lassen und die Fragen über mehrere Tage hinweg beantworten.

»*Sei du selbst die Veränderung, die du dir wünschst für diese Welt!*«

MAHATMA GANDHI

Löse den inneren Knoten

Im Laufe unseres Lebens stehen wir immer wieder vor scheinbar unlösbaren Aufgaben und Problemen, erleben schmerzliche Situationen, die uns schier zum Verzweifeln bringen. Krisen sind für uns das, was für die Auster das Sandkorn ist – zuerst ein unangenehmer Fremdkörper, ein Schmerz, ein Stachel im weichen Fleisch, aus dem durch Akzeptanz ein Schatz, eine Perle werden kann. Erst wenn wir ein störendes »Sandkorn« mit der Liebe unseres Herzens umarmen und es annehmen, können wir wachsen und erkennen, wer wir wirklich sind. Mit diesem neuen Bewusstsein wirst du klarer sehen und dich leichter fühlen.

Diese Meditation hat eine tief reinigende Wirkung, wie ein Gewitter, danach fühlst du dich klarer und gelöster. Es ist ein innerer Prozess, bei dem du mehr und mehr deine eigenen negativen Gefühle wahrnimmst und akzeptierst, ohne Widerstand dagegen zu leisten.

Gönn dir eine Zeit der Ruhe und zieh dich zurück, um dein Thema im Herzen fühlen zu können.

Dann setz dich aufrecht und entspannt hin und schließ deine Augen.
Atme sanft ein paarmal bewusst ein und aus. Nimm die Gedanken wahr, die zu dieser Situation auftauchen, nimm alle Erklärungen wahr, alle Rechtfertigungen und lass sie alle vorüberziehen wie die Wolken am Himmel, denn sie sind nicht wichtig.

Halte nichts fest, atme ruhig und bewusst und mach es wie das Salz, das sich ganz im Wasser auflöst. Nichts bleibt übrig. Deine Gedanken und Gefühle kommen und gehen wie die Wellen des Meeres und wie dein Atem und lösen sich auf. Du bist wie das Salz im Meer, unsichtbar und doch präsent, beobachtest, nimmst wahr und lässt los.

Mach diese Meditation in den nächsten drei bis vier Wochen einmal täglich und du wirst sehen, dass sich Wesentliches in deinem Leben verändert, der innere Knoten beginnt sich zu lösen.

Einmal ist kein Mal …

Achtsam sein, auf gesunde Ernährung und richtige Bewegung achten – mit ein bisschen mehr Disziplin mehr Lebensqualität bekommen, es klingt so einfach und ist oft so schwer umzusetzen. Jeder von uns, der etwas lernen oder verändern will, lernt ihn früher oder später kennen: seinen inneren Schweinehund, den Hüter unserer Komfortzone. Er hasst jede Veränderung und mag es gar nicht, wenn wir uns anstrengen oder gar auf etwas verzichten.

Am liebsten betrachten wir ihn als einen Fremden, mit dem uns gar nichts verbindet und auf den wir all unser Versagen schieben können. So bekommt er Schuld, wenn wir es nicht schaffen, joggen zu gehen oder den Schokoriegel durch einen Apfel zu ersetzen. Jedes Mal, wenn wir aber nachgeben, verleihen wir ihm Macht über uns, denn in Wahrheit ist er natürlich ein Teil von uns, ein typischer Schattenaspekt, der uns mangels Disziplin an jeglichem Fortschritt hindern will.

Achte darauf, bei welchen Gelegenheiten sich dein innerer Schweinehund in den Vordergrund drängelt, um dich auszutricksen. Stell klar, dass DU das »Leittier« bist. Mach dir bewusst, was du erreichen willst, und verbinde dich innerlich mit deiner Vision und Motivation. Setz dir realistische Ziele und beginne so dein Leben bewusster und klarer zu gestalten.

Wenn du auf diese Weise das innere Feuer wieder entfacht hast, kannst du deinen inneren Schweinehund freundlich, aber bestimmt zurück auf seinen Platz verweisen und ihm klarmachen, dass er in Zukunft keine Chance haben wird, deine Disziplin zu erschüttern. So kannst du zwanglos und ohne Anstrengung zu einem Weg finden, der es dir leicht macht »dranzubleiben«.

Und dann lass dich überraschen, wie viel Freiraum du plötzlich bekommst.
Wenn heute die Energie da ist, nutze sie, ganz gleichgültig, ob du es morgen wieder schaffst. Setz dich nicht unter Druck!

Hülle dich in einen Mantel der Ruhe

Nicht immer können wir in stressigen Situationen hinaus in die Natur gehen und Ruhe finden. »Stille Übungen«, die mit dem Atem und unseren Gedanken arbeiten, können wir überall machen. Sie helfen uns dabei, Energie zu tanken und wieder unsere Mitte zu finden.

Setz dich aufrecht hin, leg deine Hände locker auf deine Oberschenkel und schließ deine Augen. Lass den Atem ruhig fließen, nimm wahr, wie er kommt und geht. Langsam und regelmäßig kommen und gehen deine Atemzüge im wiederkehrenden, verlässlichen Rhythmus … Spür, wie du ruhiger wirst und immer tiefer sinkst in die Entspannung.

Richte nun deine Aufmerksamkeit auf deinen Scheitel, den höchsten Punkt deines Kopfes, und stell dir vor, wie von dort Ruhe über beide Seiten deines Kopfes fließt: über deine Ohren, den Hals hinunter, über die Schultern und Arme bis in deine Hände und Fingerspitzen.

Kehre jetzt zu deinem Scheitelpunkt zurück und lass nun Ruhe nach vorne fließen. Über dein Gesicht und den Hals läuft sie ganz breit über deine Brust hinunter, über den Bauch, die Oberschenkel und Schienbeine bis in deine Füße und Zehenspitzen.

Dann kehrst du noch einmal zurück zu deinem Scheitel und lässt diesmal Ruhe von deinem höchsten Punkt aus über den Hinterkopf und Nacken rinnen, von hier fließt sie in breitem Strom den ganzen Rücken hinab über dein Becken und Gesäß, die Rückseiten der Oberschenkel und über die Waden zu deinen Fersen und Fußsohlen.

Nun entspann zwischen deinen Augenbrauen, sodass die Stirn weit wird, und lass die Augen zugehen.
Jetzt entspann deinen gesamten Bauch-, Brust- und Schulterbereich.
Entspann den Nacken, zieh dein Kinn leicht an, lass den Unterkiefer locker werden, indem du leicht den Mund öffnest, und leg die Zunge an den Gaumen.

Nimm nun einen tiefen Einatemzug und mit dem Ausatem lass los von all dem, was dich noch beschäftigt, alle Gedanken, Gefühle dürfen weiterziehen wie die Wolken am Himmel.

Atme sanft und gleichmäßig durch die Nase ein und aus, lass deinen Atem frei fließen, wie die sanfte Dünung des Meeres kommen und gehen deine Atemwellen …

Spür, wie du dich langsam sammelst, und komm so immer mehr zu dir – einfach ankommen, zur Ruhe kommen.

Es gibt nichts zu tun, als einfach nur DA zu sein und das Kommen und Gehen deines Atems wahrzunehmen, in die Stille hineinzulauschen, ihr nachzuspüren, einfach nur DA sein … sitzen in STILLE …

Beende die Meditation, indem du deinen Körper wieder bewusst wahrnimmst.

Nimm dir, wenn möglich, jeden Tag zehn Minuten Zeit für diese Stilleübung, am besten am frühen Morgen oder in den späten Abendstunden. Du kannst die Zeit auch nach und nach ausdehnen, wenn sie dir guttut.

Lichtsamen säen

Zur Wintersonnenwende am 21. Dezember steht die Sonne so tief am Horizont wie an keinem anderen Tag. Sie steht scheinbar still und verströmt nur noch spärlich ihr Licht. Es ist die längste, tiefste, dunkelste Nacht des Jahres, in der die Erde ihren Umschwung beginnt. In der Tiefe dieser Nacht wird das Licht geboren. Unsere Hoffnung auf ein Wunder in dieser besinnlichen Zeit erfüllt sich: Das Licht kommt zurück!

Dieser heilige Moment wurde in allen Kulturen zu allen Zeiten gefeiert, weil er uns Menschen ein Symbol der Hoffnung schenkt, dass das Leben weitergeht und in jedem noch so dunklen Augenblick ein inneres Licht geboren werden kann. Es ist die weihevolle Nacht, die vom Licht geweihte Nacht, in der das Licht wiedergeboren wird. Darum feiern die Christen Weihnacht als Geburtstag von Jesus Christus, dem Licht der Welt, der für Hoffnung, Wiederkehr und Erlösung steht.

Die Weihnachtszeit ist die Zeit, in der Wünsche in Erfüllung gehen können. Zünde eine Kerze an und nimm dir heute Zeit, Lichtsamen zu säen.

Setz dich ruhig und entspannt hin und schließ deine Augen.

Leg deine Hände auf dein Herz, atme bewusst ein paarmal tief ein und aus und verbinde dich mit deinen Wünschen, deinen Visionen für das kommende Jahr. Was wünschst du dir von ganzem Herzen, welche Samen möchtest du säen, welche Früchte ernten?

Dann nimm einen Stift und schreib all deine Lichtsamen in dein Achsamkeitsbüchlein. Diese Fragen können dir Hilfe sein:

- Welche Ideen dürfen wahr werden?
- Wie willst du deine Vision Realität werden lassen?
- Welche Menschen und Begleiter (das können auch Tiere, Steine, geistige Wesen sein) unterstützen und stärken dich?
- Was möchtest du für dich lernen?

- Welche Herzensqualität möchtest du mehr leben? (Mitgefühl, Dankbarkeit, Güte …)
- Was wünschst du dir in Beziehungen und Partnerschaft? Was bist du bereit zu geben?
- Wo möchtest du dich tiefer einlassen, wo dich eher lösen?
- Wie soll sich dein Lebensweg anfühlen?

Wenn du fertig bist, schließ deine Augen und leg deine Hände wieder auf dein Herz. Lass noch einmal alle Lichtsamen auftauchen und mit jedem tiefen Einatemzug lässt du sie tief in dein Herz hineinsinken, damit sie zu gegebener Zeit aufgehen können.

»Ich werde Weihnachten in meinem Herzen ehren und versuchen, es das ganze Jahr hindurch aufzuheben.«

CHARLES DICKENS

Raunächte

Mit der Wintersonnenwende verändert sich die Energie. Wir werden feinsinniger, horchen mehr nach innen und spüren eine tiefe Verbundenheit zur Natur und Dunkelheit. Jetzt beginnt eine Zeit der achtsamen Stille, in der wir uns gerne zurückziehen, meditieren, sinnieren, lange Spaziergänge machen, Rückschau halten, aufschreiben, bewusst Bilanz ziehen – eine Zeit für die Seele.

Mit Weihnachten beginnen die Raunächte, das sind die zwölf heiligen Nächte, die symbolisch für die zwölf Monate im Jahr stehen. Man nennt sie die Zeit zwischen den Jahren, geschenkte Zeit oder auch Schwellenzeit, in der die Schleier zu den anderen Welten sich lüften. Dunkel und Licht, Altes und Neues, Vergänglichkeit und Ewigkeit fließen ineinander. Alte Strukturen werden jetzt aufgebrochen, damit neue entstehen können. Ihren Ursprung hat dies in der Zeitrechnung nach dem Mondjahr. Zwölf Mondmonate haben 354 Tage, das Sonnenjahr hingegen besteht aus 365 Tagen. Die Differenz von 11 Tagen beziehungsweise 12 Nächten gilt von jeher als eine besondere, magische Zeit.

In früheren Zeiten verbrachte man die Raunächte im Kreise der Familie, um alte Weisheiten weiterzuerzählen, zu horchen und Einkehr zu halten, das Orakel wurde befragt, um Sicherheit für das kommende Jahr zu bekommen. In vielen Kulturen gab es für die Zeit der Wandlung Rituale, welche die Menschen in einen neuen Zustand begleitet haben. Diese Rituale halfen, sich vom Alten zu lösen, erlaubten eine Zeit der Besinnung und schenkten das nötige Wissen über das Neue.

Der Zauber dieser Zeit lässt sich nur mit dem Herzen erfassen, nicht mit dem Verstand. Es gibt auch kein Rezept und keine Anleitung, jeder muss seinen individuellen Weg für diese innere Reise finden.

Es gibt kein Richtig und Falsch, wir dürfen uns von unserem eigenen Gefühl leiten lassen, in die Stille gehen und offen sein für den nächsten Schritt.

Ein paar Vorbereitungen sind hilfreich, um sich ganz auf diese besondere Zeit einlassen zu können:

Versuche bis Weihnachten möglichst alle Schulden zu begleichen, Geliehenes zurückzugeben, offene Versprechen einzulösen, alte Angelegenheiten zu klären und Frieden zu schließen.
Bedank dich bei Menschen, die dich durch das Jahr begleitet haben, gib alles weg, was du nicht mehr brauchst, lüfte und putze deine Wohnräume und schaffe so Klarheit und Raum für Neues auf allen Ebenen.

Besorge einen Vorrat an Kerzen, Teelichtern und Räucherwerk, getrockneten weißen Salbei, Myrrhe, Palo Santo, Weihrauch und Wacholder. Leg dir ein Büchlein zurecht, in das du deine Träume, Erlebnisse, Naturbeobachtungen, was dich bewegt und worüber du nachdenkst, schreiben kannst und such dir einen guten Platz in der Natur, wenn du magst, an dem du dich wohlfühlst und ganz für dich sein kannst. Und dann lass dich mit offenem Herzen ein auf den besonderen Zauber, der in der Luft liegt.

Man sagt, dass man in den Raunächten die Tiere reden hören kann. Achte auf die Tiere, die dir begegnen, und auf das, was sie dir zu sagen haben. Wenn du genau hinhörst, kannst du in deinem Herzen die Botschaft verstehen. Geh in die Natur, stell eine Frage und warte – du wirst Zeichen und Antworten bekommen.

Lass Wunder in deinem Leben zu!

Still werden

Kein Geschenk der Welt kann so wertvoll sein wie diese Zeit für uns selbst. Diese Zeit, in der wir still werden, damit wir das Flüstern unserer Seele hören. Diese Zeit, in der wir die Augen schließen, damit wir das Licht in uns spüren. Diese Zeit, die so wundervoll, so heilig und so magisch ist.

Setz dich in Stille hin und beantworte dir folgende Fragen:

- Was bewirkt Stille in mir?
- Wie gut kann ich mit Stille umgehen?
- Wie gut kann ich loslassen, um Raum für Neues zu schaffen?
- Wo in mir sehne ich mich nach innerem Frieden?
- Wie gut fühle ich mich mit meiner inneren Führung verbunden?
- Wie leicht fällt es mir, mein inneres Licht strahlen zu lassen?
- In welchen Situationen stelle ich es unter den Scheffel?

Schreibe die Antworten dazu in dein Achtsamkeitstagebüchlein.

Innehalten und still werden, ins Kerzenlicht schauen und besinnen, an die Menschen denken, die nicht mehr bei uns sind, an vergangene Feste, vergangene Jahre. Auf das Licht warten, tief in uns und draußen, das Kind in uns einladen, seine Freude spüren, ihm und der Welt die Liebe schenken, die wir so sehr brauchen.

Jahresbilanz

Wenn das Jahr zu Ende geht, wird jedes Mal das gleiche Spiel gespielt: Es werden Vorsätze für das neue Jahr gefasst. Doch jeder hat schon die Erfahrung gemacht, dass diese nicht lange halten. Darum ist es viel sinnvoller, das alte Jahr noch einmal Revue passieren zu lassen, sich zu überlegen, was alles Gutes, Freudiges passiert ist, was Neues entstehen durfte, was verabschiedet wurde, welches Glück, welcher Erfolg sich eingestellt hat, welche Hürden gemeistert wurden – Bilanz ziehen in einem Rückblick der Dankbarkeit.

Nimm dir Zeit, geh hinaus in die kalte Winterlandschaft oder mach es dir bei einer Tasse Tee gemütlich und wandere in Gedanken durch die vergangenen Monate.

Dann nimm einen Stift und mach dir in deinem Büchlein eine Liste. Schreib alles auf, was du in diesem Jahr gut gemacht hast, welche Wünsche sich erfüllt haben, welche Ziele du erreicht hast.

- Was waren deine Herausforderungen in diesem Jahr? Krankheiten oder unerwartete Ereignisse?
- Was hast du gelernt über dich, über die Menschen in deiner Nähe, über die Welt?
- Welche Ereignisse waren besonders eindrücklich für dich? Geburten, Hochzeiten, Abschied und Tod?
- Was ist noch offen? Was nimmst du mit ins neue Jahr an Gesprächen, Versprechen, Rechnungen und anderen Vorhaben?
- Was möchtest du im alten Jahr lassen?

Wenn du fertig bist, schließ deine Augen, atme ruhig und sinke aus deinem denkenden Verstand in den Raum deines Herzens und würdige alles, was geschehen ist. Dann bedanke dich für die Ereignisse, die Führung und Fügungen und segne das alte Jahr mit allem, was war.

Das Alte gut zu Ende bringen

Der 31. Dezember ist ein ganz besonderer Tag, ein Schwellentag – Silvester, der Übergang in ein neues Kalenderjahr. Wir gehen den Torweg vom vergangenen Jahr in ein neues und es gilt, bewusst und achtsam über diese Schwelle zu gehen.

Es ist ein guter Tag, um reinigend durch das eigene Leben und die Räume zu gehen. Was gibt es noch zu vergeben? Was braucht noch einen Abschluss oder einen Segen? Was ist nun für immer beendet?
Jetzt sollten die Wohnräume noch einmal gründlich aufgeräumt und geputzt werden. Es ist ein guter Zeitpunkt, um Frieden zu machen mit dem Unabänderlichen, sich von allem zu trennen, was nicht mehr dient, Altes loszulassen und das Neue willkommen zu heißen.

Der Klarheit im Außen folgt die Klarheit im Innen.

Räuchern: Nimm dir Zeit, öffne alle Fenster und Türen, gib weißen Salbei in ein Räuchergefäß, das du tragen kannst, und zünde ihn an. Hülle zuerst dich selbst in seinen heilsamen Rauch und geh dann durch alle Räume, indem du alles entlässt, was sich überlebt hat oder schwer war. Lass die Fenster noch offen, damit der Wind alles Alte mitnehmen und alles Glück hereinbringen kann und schließe sie dann, wenn du das Gefühl hast, dass es nun gut ist.

Segnen: Nimm dir noch etwas Zeit für dich, setz dich in Stille hin und zünde eine Kerze an. Dann segne alles, was du in diesem Jahr geschenkt bekommen hast, jeden Augenblick des Glücks, deine Familie, Freunde, Mitmenschen, Tiere, deine Arbeit – alles, womit du verbunden bist.

Stell dir deinen Segensstrom so intensiv vor wie möglich, lass ihn in alles fließen, wofür du dankbar bist, auch in dich selbst. Dann wende dich dem neuen Jahr zu und lass deinen Segen ganz bewusst in jeden einzelnen Monat des neuen Jahres strömen. Bitte um Schutz und gutes Geleit, dankbar für alles, was war, ist und sein wird.

Möge der Segen in das neue Jahr strömen und dich auf Wellen der Liebe, der Zuversicht und der Hoffnung tragen, mögen dich Verbundenheit und Liebe zur rechten Zeit an den richtigen Ort führen, um das Richtige zu tun.

Die Autorin

Herzlich, einfühlsam, spürsinnig, achtsam, feinfühlig, humorvoll, kreativ und das Leben liebend, das ist die österreichische Seminarleiterin und Coachin, Ernährungsspezialistin, Haubenköchin und Fastenexpertin.

Die Tochter eines Arztes ist »waschechte« Salzburgerin, hat eine Tochter und ein Patenkind in Kalkutta, spricht fünf Sprachen, kennt jedes Kraut, kocht leidenschaftlich gern und ist ständig auf der Suche nach Erkenntnis, Wissen und Wahrheit. Dies sowohl in den Naturwissenschaften, in der Philosophie als auch in verschiedenen spirituellen Traditionen.

Ihr Verständnis für ganzheitlich-wissenschaftliche sowie spirituelle Aspekte prägt ihre therapeutische Arbeit, die auf Stressbewältigung und Gesundheitsvorsorge ausgerichtet ist.

Ihre besondere Aufmerksamkeit gilt dem Weg des Herzens, der ganzheitlichen Persönlichkeitsentwicklung sowie dem Element Wasser mit seinen vielfältigen Möglichkeiten. Dies alles erlaubt ihr, Menschen nahe zu sein und ihre Aufgaben zu erspüren. Für Dorothea Neumayr ist ihr Beruf echte Berufung. Ihr Wissen um die Lebensprinzipien, Ernährung, Fasten, den Atem und die Psychosomatik, aber auch um Regeneration und Heilung sind für ihre Klienten ein Schlüssel zur Persönlichkeitsentfaltung.

Bekannt ist Dorothea Neumayr durch ihre Seminare in Österreich, Italien und Spanien und als Autorin und Co-Autorin des Bestseller-Autors Dr. Ruediger Dahlke.

Kontakt:
www.dorothea-neumayr.com
dorothea@neumayr.com

Inhalt

Vorwort *von Preethaji* 9

Mein Erwachen *von Krishnaji* 17

I.

Das Erste Heilige Geheimnis: Leben mit einer spirituellen Vision... 27

Die erste Lebensreise: Das verletzte Kind heilen 53

II.

Das Zweite Heilige Geheimnis: Entdecken Sie Ihre innere Wahrheit 81

Die zweite Lebensreise: Die innere Spaltung auflösen..... 101

III.

Das Dritte Heilige Geheimnis: Das Erwachen der universellen Intelligenz in uns 131

Die dritte Lebensreise: Der Weg zu einer seelenvollen Partnerschaft 145

IV.
Das Vierte Heilige Geheimnis: Die Praxis des spirituellen
richtigen Handelns. 187
Die vierte Lebensreise: Bewusst Reichtum erschaffen 199

Epilog: Fragen und Antworten zu unserer Akademie 239
Danksagung 261
Anmerkungen 263
Über die Autoren. 265

Was könnten Sie mit einem so machtvollen Bewusstsein alles erreichen?

Wenn Sie wie die meisten Menschen sind, die wir in den vergangenen drei Jahrzehnten getroffen haben, dann hungern Sie nach dieser Art von Wissen. Vor dreißig Jahren gründeten meine Schwiegereltern Sri Bhagavan und Amma die spirituelle Organisation Oneness, die sich der Aufgabe widmet, Menschen den Weg vom Überleben ins Leben zu zeigen. Und zwanzig Jahre später gründeten mein Mann Krishnaji und ich die One World Academy, unsere eigene Philosophie- und Meditationsschule für geistige Transformation.

Es ist nun zwei Jahre her, dass meine Schwiegereltern Oneness an Krishnaji und mich übergaben. Seitdem haben wir diese beiden wunderbaren Organisationen miteinander verschmolzen und daraus die O&O Academy entwickelt. Mit unseren Lehrangeboten konnten wir Tausenden Menschen helfen, ihre Beziehungen zu nähren und vom Schmerz zu befreien, ohne Aggressivität erfolgreich zu sein und frei von Furcht zu leben. Unsere Schülerinnen und Schüler lernen, Trennung und Isolation hinter sich zu lassen und Verbundenheit zu erfahren. Sie gelangen zum Einssein und vom Stress in die Ruhe – und auf diese Weise transformieren sie sich selbst, was sich nicht nur positiv auf ihr individuelles Leben auswirkt, sondern auch auf ihre Familien und alle anderen in ihrem Umfeld.

Die O&O Academy ist kein Ashram, in dem man sich dauerhaft niederlässt, sondern eine Organisation, deren Schülerinnen und Schüler einen dynamischen Lernprozess durchlaufen. Das, was sie hier lernen, wenden sie in ihrem Alltag an. Wir bieten Kurse für Teenager, junge Erwachsene, Familien, spirituell Suchende, Menschen, die bewusst Reichtum erschaffen wollen, und für Führungspersonen an, die sich ein »Bewusstseins-Upgrade« wünschen.

Anfangs kommen viele zu Krishnaji und mir, weil sie sich genau die strategischen Ratschläge erhoffen, über die ich eben geschrieben habe. Aber dann wird ihnen schnell klar, dass alle Strategien verblassen angesichts der Erkenntnis und Magie, die sich in ihrem Leben entfalten, wenn sie erwachen und die Macht ihres eigenen Bewusstseins entdecken.

Dieses Buch soll Ihnen als Führer dienen, der Ihnen hilft, sich das Ehrfurcht gebietende Potenzial des menschlichen Bewusstseins zu erschließen. Tragischerweise haben die meisten von uns nie gelernt, diese tief in uns sitzende Quelle der Weisheit zu nutzen. Da ist es kein Wunder, dass wir so viel Zeit damit verbringen, Glück und Erfolg mit aufwendigen Plänen und Tricks herbeizulocken, als wären sie seltene Gäste, die sich niemals von uns überreden lassen würden, auf eine Tasse Tee zu bleiben!

Auf den folgenden Seiten teilen wir Ihnen vier heilige Geheimnisse mit, die Sie in die Lage versetzen werden, sich auf die große Macht des Bewusstseins einzustimmen. Auf jedes Geheimnis folgt eine Lebensreise, die dazu dient, Sie von allem zu befreien, was Sie daran hindert, Ihre Träume zu verwirklichen, erweiterte Bewusstseinszustände zu erreichen und wirkliche Verbundenheit mit den Menschen zu erfahren, die Sie lieben.

Der große Vorteil einer Bewusstseins-Transformation ist, dass Sie dadurch zu einer Seinserfahrung gelangen, die Krishnaji und ich einen »schönen Zustand« nennen. In diesem Zustand fühlt sich das Leben freudvoll und mühelos an. Glück strömt in Ihr Leben. Es bieten sich Ihnen immer mehr gute Gelegenheiten.

machen: Lassen Sie sich bei der Lektüre Zeit. *Die Vier Heiligen Geheimnisse* ist ein Buch, das Sie immer wieder zur Hand nehmen werden. Es wird zu Ihrer Seele sprechen. Die Wahrheit hinter diesen Worten wird sich Ihnen mit jedem Tag mehr offenbaren. Sie können einzelne Kapitel als Teil einer täglichen Meditationspraxis lesen oder das Buch bei sich tragen, als Hilfe, wenn es gilt, angesichts der vielen alltäglichen Herausforderungen Klarheit zu finden. Machen Sie es zu Ihrem, indem Sie sich während des Lesens Fragen und Überlegungen notieren, die Ihnen in den Sinn kommen. Jedes Mal, wenn Sie sich diesem Buch wieder zuwenden, werden Sie darin neue Lektionen finden.

Halten Sie immer wieder inne, um über die hier vorgestellten Ideen nachzudenken. Machen Sie sich Notizen über Ihre Gefühle und die Einsichten, zu denen Sie während des Lesens gelangen. Notieren Sie sich auch die Zufälle und glücklichen Fügungen, die in Ihrem Leben auftreten, während Sie zur wahren Macht Ihres Bewusstseins erwachen.

Mein Erwachen

von Krishnaji

Im Frühjahr 2009 reisten Preethaji und ich mit unserer damals fünfjährigen Tochter Lokaa zum Big Bear Lake in Südkalifornien. Wir hatten uns schon lange auf diesen Urlaub gefreut. Zusammen standen wir auf einem Berggipfel und erfreuten uns an der Schönheit ringsumher.

Der riesige kristallblaue See breitete sich scheinbar endlos vor uns aus. Himmel und Erde spiegelten sich in Grün- und Weißtönen in seinem Wasser, silbern und golden funkelte das Sonnenlicht auf seiner makellosen Oberfläche. Die frische, kühle Gebirgsluft füllte meine Lungen und löste in mir ein Gefühl tiefer Freude aus: Wir hatten erwartet, dass es oben in den Bergen, an diesem von Schmelzwasser gespeisten See, kühler sein würde, aber mit einem so beißend kalten Wind hatten wir nicht gerechnet. Mein Körper und mein Geist waren hellwach.

Nach ein paar Augenblicken unterbrach Lokaa aufgeregt die Stille. »Nanna, Nanna, schau!«, rief sie, den südindischen Kosenamen für »Papa« benutzend. Sie zog an meinem Arm und zeigte auf den Bootshafen, wo gerade zwei Jetskies an einem Steg festgemacht wurden. Preethaji und ich schauten uns an. Wie hätten wir zu so viel Begeisterung Nein sagen können?

Lokaas freudige Aufregung war wirklich ansteckend. Auch der Jetski-Verleiher strahlte eine joviale Freude aus. Nachdem er uns die Grundlagen erklärt hatte, fragte er: »Leute, wollt ihr wirklich Schwimmwesten?«

Er fragte es so unbekümmert, dass ich fast sofort antwortete: »Nein, wir kommen ohne klar.« Es vergingen vielleicht dreißig Sekunden, dann stupste Preethaji mich an und sagte: »Lass uns doch lieber Schwimmwesten anlegen.« In diesem Moment wurde mir bewusst, dass wir sie auf jeden Fall brauchten! Preethaji kann nicht schwimmen. Also legten wir die Westen an und gingen zu unserem Jetski.

Ich startete den Motor, und der Verleiher gab uns die letzten Instruktionen, wobei es ihm über den Motorlärm und Lokaas Jubelschreie kaum gelang, sich verständlich zu machen. Wir sollten auf die Geschwindigkeit achten und scharfe Kurven vermeiden. Dann, als wir schon vom Anleger wegfuhren, rief er uns nach: »Wenn ihr kentert, habt ihr maximal sieben Minuten, um den Jetski aufzurichten, sonst geht er unter.« Und schon brausten wir los.

»Schneller, Nanna, schneller«, spornte mich Lokaa an, und wir lachten. Wir hatten schon eine ziemliche Strecke zurückgelegt, aber der See war so groß, dass es aussah, als könnten wir viele Meilen fahren.

Ich wollte Lokaa und Preethaji ein unvergessliches Erlebnis bescheren, also gab ich noch mehr Gas. Ich begann hin und her zu wedeln, in der Hoffnung, eine schöne große Welle zu erzeugen. Stattdessen kippte der Jetski um, und wir fielen in den See.

Alles wurde schwarz. Wir befanden uns unter Wasser. Furcht durchfuhr mich. Preethaji zog panisch an meiner Kleidung. Wo war Lokaa? Strampelnd kämpfte ich mich an die Oberfläche und sah, wie beide ebenfalls auftauchten, ihre Schwimmwesten waren sicher befestigt.

Preethaji hatte Wasser eingeatmet und schnappte keuchend nach Luft. Strampelnd versuchte sie, das Gleichgewicht zu halten. Meine Gedanken überschlugen sich. War sie verletzt? Und was war mit Lokaa? Ein paar Minuten vergingen, bis es mir gelang, die beiden zu beruhigen. Lokaa erholte sich schneller als Preethaji von dem Schock.

»Nanna? Wie lässt sich dieses Ding aufrichten?«, rief Preethaji.

Die Worte des Verleihers hallten mir in den Ohren, während meine Anspannung wuchs. Die Sieben-Minuten-Grenze war sicher nicht mehr weit, also konnte der Jetski jetzt jeden Moment untergehen.

Wir waren weit vom Ufer entfernt, in eiskaltem Wasser und mit nassen Handys. Es war gut möglich, dass dieser Mann, der mit den Sicherheitsvorkehrungen so lax umgegangen war, unseren Unfall jetzt gar nicht bemerkt hatte. *Was, wenn uns niemand zu Hilfe kommt?*, dachte ich panisch. Wir würden in diesem kalten Wasser erfrieren. Zwar schaffte ich es nicht, den Jetski aufzurichten, aber zum Glück schwamm er noch. Die schlimmste Gefahr schien erst einmal gebannt, trotzdem würden wir warten und hoffen müssen, dass uns jemand rettete.

Inzwischen überschlugen sich meine Gedanken. Ich war wütend, dass wir eine so schlechte Einweisung erhalten hatten. Ich wollte den Verleiher anschreien – ich war sehr wütend auf ihn. Gleichzeitig versuchte ich zu verstehen, warum uns das überhaupt passiert war. Chaotische Fragen schossen mir durch den Kopf.

Warum passiert das meiner Familie? Liegt es an negativem Karma? War es uns bestimmt, als Teil eines kosmischen Plans?
Was soll ich aus diesem Erlebnis lernen?

Keine der Antworten, die mir dazu einfielen, bewirkte, dass ich mich besser fühlte. Wenn ich unseren Unfall dem Karma, einem kosmischen Plan oder einer Lektion zuschrieb, die es für mich zu lernen galt, wäre durch diese Erkenntnis sicherlich meine Wut verflogen, ich hätte etwas Frieden empfunden, und meine Fragen wären verschwunden. Stattdessen hielt die Wut an, und immer neue Fragen tauchten in mir auf.

Was passiert hier gerade mit uns? Was ist das für ein Leiden, das ich in mir fühle?

Ich habe mir immer gern solche großen Fragen gestellt. Tatsächlich kann man sogar sagen, dass ich dazu erzogen wurde. Mein Vater Sri Bhagavan ist ein spiritueller Lehrer und der Gründer der spirituellen Organisation Oneness. Im Zentrum dieser Bewegung steht *Deeksha*, die Segnung des Einsseins. Als mein Vater noch ein Kind war, erlebte er eine mystische Vision. Eine gigantische goldene Lichtkugel erschien ihm und veranlasste ihn, für die Befreiung der Menschheit zu chanten und zu meditieren. Er gründete eine Schule, in der die Kinder zusätzlich zum konventionellen Lehrstoff die Kunst freudvoller Beziehung erlernten. Auch ich besuchte diese Schule.

Fünfzehn Jahre nachdem die Visionen meines Vaters geendet hatten, begannen sie spontan bei mir. Als ich elf Jahre alt war, erlebte ich Bewusstseinszustände, die für mich völlig neu waren und von denen ich noch nie gehört hatte. Und diese Zustände waren gewissermaßen ansteckend, sodass auch Freunde und Mitschüler sie erlebten.

I.

uns angebotenen Kursen teilgenommen. Außerdem haben wir fünf weltweit tätige Unternehmen gegründet, für die wir in den vergangenen Jahren als Visionäre und Ratgeber tätig waren.

Es ist keine Übertreibung, wenn wir Ihnen versichern, dass wir mit allem, was wir tun, erfolgreich sind und darin tiefe Erfüllung finden. Die meisten Menschen, die uns dabei beobachten, staunen, wie es uns gelingt, so viel möglich zu machen und anzustoßen.

Wir sagen: Das ist die Macht unseres Bewusstseins.

Jeder einzelne Mensch ist viel mehr als sein gewohntes, begrenztes Denken. Wir alle sind viel mehr als unsere Körper. Wir sind transzendente Wesen. Je mehr Sie zur Macht Ihres Bewusstseins erwachen, desto mehr können Sie in der Welt bewirken. Je mehr Sie sich vom Universum helfen lassen, desto wunderbarer wird Ihr Leben. Das ist der Schlüssel zu den Geheimnissen, die wir in diesem Buch mit Ihnen teilen wollen. Wenn Sie Lösungen für Ihre Probleme finden wollen, wenn Sie wünschen, dass Ihre Sehnsüchte sich erfüllen, müssen Sie die Macht Ihres Bewusstseins entdecken.

Das, was wir Ihnen nahebringen möchten, wird Ihr Bewusstsein so mächtig und stark machen, dass Sie Ihre wahren Herzenswünsche verwirklichen können. Diese vier heiligen Geheimnisse haben wir in unserem eigenen Leben erprobt, und sie funktionieren im Leben aller Menschen, denen wir sie vermittelt haben.

Öffnen Sie also Ihr Herz. Schon wenn Sie diese heiligen Geheimnisse nur lesen und sich gedanklich mit ihnen beschäftigen, werden Sie erleben, dass wunderbare Erfahrungen in Ihr Leben strömen.

Entdecken Sie das Erste Heilige Geheimnis.

Das Erste Heilige Geheimnis: Leben mit einer spirituellen Vision
Welcher Seinszustand trägt Sie durchs Leben?

von Preethaji

Diese uralte Parabel wird Ihnen helfen, das Erste Heilige Geheimnis zu verstehen. Lesen Sie die Geschichte in Ruhe, und lassen Sie sie auf sich wirken.

Zwei Mönche, Yesmi und Nomi, machten sich, nachdem sie den ganzen Tag im benachbarten Dorf gelehrt hatten, auf den Rückweg in ihr Kloster. Dabei mussten sie einen Fluss überqueren. Gerade als sie hindurchwaten wollten, hörten sie eine Frau weinen.

Yesmi ging zu ihr und fragte, was ihr solchen Kummer bereite.

»Ich muss zurück zu meinem kleinen Kind drüben im Dorf am anderen Ufer. Aber der Fluss ist heute stark gestiegen, und ich komme nicht mehr hinüber«, antwortete sie. Es bedrückte sie sehr, dass nun ihr Kind die ganze Nacht weinen und seine Mutter vermissen würde.

Yesmi bot an, sie über den Fluss zu bringen. Nachdem er sie ans andere Ufer getragen hatte, dankte sie ihm, und die beiden Mönche setzten ihren Weg zum Kloster fort.

Nach einem langen unbehaglichen Schweigen ergriff Nomi schließlich das Wort. Erregt sagte er: »Ist dir klar, wie ernst das ist, was du eben getan hast?«

Yesmi lächelte. »Ja, das weiß ich.«

Nomi fuhr fort: »Unser Meister hat zu uns gesagt: ›Schaut nie eine Frau an‹, doch du hast sogar mit ihr gesprochen! Der Meister

I. Das Leben mit einer spirituellen Vision

Wir alle haben Stress und Isolation erlebt und zum Chaos in unserem persönlichen Leben und dem Leben der Menschen in unserer Umgebung beigetragen. Wir alle haben schon schöne Zustände der Verbundenheit erlebt und zum Wohlergehen der Welt und unserem eigenen beigetragen.

Während unserer jahrelangen Beschäftigung mit dem Bewusstsein und seinen Manifestationen im Leben haben wir ein immer wiederkehrendes Muster beobachtet. Ohne Zweifel ist Leiden destruktiv, und schöne Zustände wirken sich verjüngend und lebensfördernd aus. Wieder und wieder haben wir gesehen, wie das Leben von Menschen, je mehr sie in einem leidvollen Zustand leben, zunehmend zu einem verworrenen Netz wird, aus dem es für sie kein Entrinnen zu geben scheint. Probleme türmen sich auf, die Verwirrung wächst, alles wird immer chaotischer. Das Leben wird zu einem endlosen Kampf.

Wenn wir über längere Zeit zulassen, dass in uns Leidenszustände aus Frustration, Enttäuschung, Eifersucht oder Hass herrschen, wird sich jeder Aspekt unseres Lebens disharmonisch und unnormal anfühlen. Wir sind im Kampfmodus – in Familie und Beruf, gegenüber Staat und Gesellschaft. In Leidenszuständen glauben wir, die Kräfte des Universums stünden uns feindlich gegenüber. Egal, welche Entscheidung wir treffen oder was wir tun, immer wieder stellen wir fest, dass unser Leben in immer größerem Chaos versinkt.

Ebenso haben wir unzählige Male gesehen, wie sich dann, wenn wir in einem schönen Zustand leben, in unserem Leben wie durch Zauberhand »Synchronizitäten« entfalten. An dieser Stelle fragen Sie sich möglicherweise, was das ist: Bei Synchronizitäten handelt es sich um bedeutsame Zufälle und Fügungen, die im

Einklang mit unseren Absichten stehen. Wir erleben dann, dass die scheinbar zufälligen Vorgänge im Universum sich offensichtlich so arrangieren, dass sie die Verwirklichung unserer Herzenswünsche unterstützen.

In einem schönen Zustand werden wir kreativer, und es ergeben sich unglaublich geniale Lösungen für unsere Probleme. Unsere gestörten Beziehungen werden geheilt, und es entstehen bereichernde neue Beziehungen. Unser Denken wird klarer, unser Intellekt schärfer, unser ganzes Bewusstsein friedvoller, und unsere Herzen öffnen sich für die Verbundenheit.

Wenn Sie das Gefühl haben, dass das Konzept von schönen Zuständen zu schwierig für Sie ist, oder wenn Sie unsicher sind, ob Sie es richtig verstanden haben, denken Sie daran, dass mit schönen Zuständen ein sehr reiches Spektrum von Erfahrungen gemeint ist. Am Anfang können heitere Gelassenheit, ein Glücksgefühl, Dankbarkeit, Liebe oder Mut stehen. Die Essenz eines schönen Zustandes ist die Abwesenheit von konfliktreichem innerem Geschwätz, eine größere Präsenz im Alltag und eine erfüllende Verbundenheit zu den Menschen in Ihrer Umgebung. Wenn Sie sich weiterentwickeln, können Sie zu transzendenten Zuständen von Frieden, Stille, Mitgefühl, Freude und Furchtlosigkeit gelangen. In diesen Zuständen fließen Sie harmonisch mit dem Leben. Sie erwachen zum Einssein und werden sich Ihrer Verbundenheit mit allem, was existiert, bewusst. Je machtvoller dieser Zustand ist, desto leichter wird es Ihnen gelingen, so auf Ihr Bewusstsein einzuwirken, dass sich Ihre Ziele manifestieren.

I. Das Leben mit einer spirituellen Vision

tierischen und menschlichen Lebens auftreten. Bei jedem Sturm werden Hunderte von Bäumen und anderen Pflanzen entwurzelt. Viele davon sterben. Wildtiere verlieren ihren Lebensraum und finden kaum noch Nahrung. Manchmal müssen sie wegen einer unvorhergesehenen Bedrohung ihr bisheriges Revier verlassen und sich ein neues suchen.

Als ich 2010 bei der Produktion des Tierfilms *Tiger Queen* mitarbeitete, berührte es mich sehr, wie stark unsere Lebensprobleme denen von wilden Tigern ähneln. In dem Film verliert die große Tigerin Machli ihr Jagdrevier an ihre Tochter und ist gezwungen, das wildreiche Gebiet zu verlassen. Sie zieht sich letztlich in einen weniger nahrungsreichen Teil des Waldes zurück.

Zum Glück denkt Machli nicht wie wir. Sonst wäre die Tiger Queen wohl den Rest ihres Lebens deprimiert gewesen!

Es ist nicht nur die menschliche Spezies, die immer wieder vor Herausforderungen gestellt wird. Doch die Art, wie wir Menschen eine Herausforderung *erleben*, macht jede und jeden von uns einzigartig.

Was tun Sie, wenn Sie arbeitslos werden? Bleiben Sie den ganzen Tag im Bett liegen, oder sehen Sie die neuen Möglichkeiten, die sich für Sie auftun? Wenn Ihr Wohnort von einem Erdbeben oder einem Tsunami heimgesucht wird, werden Sie von nun an in der lähmenden Furcht leben, dass eine solche Tragödie sich wiederholen könnte, oder werden Sie sich dem Wiederaufbau Ihrer eigenen Existenz widmen und gleichzeitig ruhig und beherzt bei der Beseitigung der Schäden in Ihrer Gemeinde mithelfen?

Wovon hängt ab, wie wir auf das Leben reagieren? Von unserem Seinszustand.

Wir alle müssen uns mit den Herausforderungen des Lebens auseinandersetzen – und für viele von uns werden diese Herausforderungen zusätzlich durch Armut, politische Instabilität, gesellschaftliche Unterdrückung und Naturkatastrophen erschwert.

Unsere Schüler kommen aus vielen unterschiedlichen Lebensverhältnissen: Unter ihnen sind Menschen, denen im Leben große Tragödien erspart blieben, aber auch solche, die unter den verheerenden Folgen von Gewalt und Krankheit leiden.

Aber wir durften erleben, dass Menschen aus den unterschiedlichsten Verhältnissen lernen können, das Leiden zu transzendieren und in einem schönen Zustand zu leben.

Nicht nur das: Die Kraft des schönen Zustandes hat Barrieren aufgelöst und ihnen neue Wege eröffnet, was ihnen hilft, Herausforderungen zu bewältigen und kreative Lösungen selbst für die größten Probleme zu finden.

Doch müssen Sie, um die wahre Macht Ihres Bewusstseins zu entdecken, zunächst bereit sein, eine neue Richtung einzuschlagen. Und der erste Schritt auf diesem Pfad besteht darin, eine wichtige Entscheidung zu treffen: Sie müssen Nein sagen zu einem Leben in Leidenszuständen – und sei es nur für einen Tag – und Ja sagen zum Leben in einem schönen inneren Zustand.

Sind Sie dazu bereit?

Können Sie sich vorstellen, dass ein solches Leben möglich ist?

Denn jeder im Leiden verbrachte Tag ist ein verlorener Tag, und an jedem Tag, den Sie in einem schönen Zustand verbringen, erleben Sie das wahre Leben.

Mein Team bemühte sich unermüdlich, von der staatlichen Forstbehörde die Nutzungsgenehmigung für die Straße zu erhalten. In weniger als neunzig Tagen wanderte der Antrag über mehr als zwanzig Schreibtische. Alle Aspekte wurden von der Behörde geprüft. Um eine lange Geschichte kurz zu machen: Schließlich erhielten wir die Erlaubnis, die Straße zu nutzen. Das war ein erstaunlicher und höchst ungewöhnlicher Gesinnungswandel. Und, noch wichtiger: Ich musste dafür keinen hektischen Wirbel veranstalten.

Ich blieb einfach in meiner spirituellen Vision und einem schönen Bewusstseinszustand geerdet und steuerte das Projekt von dort aus.

Heute, fast sechzehn Jahre nach dieser Synchronizität, gehen täglich Tausende auf dieser Straße nach Ekam, um für individuelles Erwachen und den Weltfrieden zu meditieren.

Das ist nur eine meiner zahlreichen Erfahrungen, bei denen durch meine feste innere Verwurzelung in einer spirituellen Vision Unglaubliches möglich wurde.

Eine spirituelle Vision ist etwas anderes als ein Ziel, das wir verfolgen. Ziele sind zukunftsorientiert; sie sind die Hoffnungen und Pläne, die wir für unser künftiges Leben schmieden.

Dagegen geht es bei einer spirituellen Vision nicht um zukünftige Ziele. Sie ist vielmehr jener Zustand, den Sie für sich wählen, während Sie der Verwirklichung Ihrer Ziele nachgehen. Deshalb sagen wir, dass die spirituelle Vision die Mutter aller Visionen ist.

Nehmen wir an, Sie haben die Vision, Mutter oder Vater werden zu wollen. Das ist eine Rolle: Es geht dabei ganz um das Tun. Aber was ist mit dem inneren Zustand, in dem Sie sich täglich befinden? Wäre es okay für Sie, wenn Ihr Kinderwunsch in Erfüllung geht, Sie aber in der neuen Rolle als Mutter oder Vater unter Verwirrung, Frustration oder Schuldgefühlen leiden?

Würden Sie es nicht bevorzugen, sich als Eltern in einem glücklichen Zustand der Verbundenheit und Klarheit zu befinden? Wären Sie nicht lieber zufriedene, erfüllte und dankbare Eltern?

Sind Sie wirklich leidenschaftlich, was die Qualität Ihrer Erfahrung angeht? Wie wichtig ist es Ihnen, in einem schönen Zustand zu leben, während Sie Ihre Ziele verfolgen? Oder kommt es Ihnen nur auf das Tun an?

Denken Sie daran, die wichtigste Entscheidung, die Sie je treffen können, ist diese: Wie soll mein innerer Zustand an jedem Tag meines Lebens sein? Aus welchem inneren Zustand heraus wollen Sie Ihre Zukunft gestalten?

Tief und konzentriert an einer spirituellen Vision festzuhalten, um Leiden aufzulösen und in einem schönen Zustand zu leben, und sei es anfangs nur für zwei Minuten täglich, verbessert die Durchblutung des vorderen cingulären Cortex und der Stirnlappen, wodurch überflüssiges emotionales Gedankengeschnatter reduziert wird.

Soul Sync, die »Seelen-Synchronisierung« – eine höchst wirksame mystische Übung

von Preetjahi

Bevor Sie die erste Lebensreise beginnen, möchten wir Ihnen eine sehr wirkungsvolle Methode vorstellen, die Ihnen helfen wird, zu jenen schönen Zuständen zu erwachen, von denen Sie hier nun

1. SCHRITT. Beginnen Sie, indem Sie achtmal tief ein- und langsam ausatmen. Zählen Sie die Atemzüge an Ihren Fingern. Es ist natürlich, wenn Ihre Aufmerksamkeit häufig wandert. Bringen Sie sie einfach wieder zurück, und zählen Sie an der Stelle weiter, bei der Sie unaufmerksam wurden. Wenn Sie dieses erste Stadium beendet haben, wird Ihr parasympathisches Nervensystem voll aktiv sein. Diese Art des Atmens aktiviert Ihren langen, gewundenen Vagusnerv, der das Gehirn mit Herz, Lunge und Verdauungstrakt verbindet. Die Aktivierung Ihres Vagusnervs bewirkt, dass sich Ihr gesamtes autonomes Nervensystem beruhigt.

Ihr Puls wird langsamer, und Ihr Blutdruck normalisiert sich. Sogar Ihr Verdauungstrakt wird positiv reagieren. Laut Dr. Andrew Newberg und Mark Robert Waldman bewirken diese bewusst wiederholten Zählbewegungen mit den Händen, dass die Zentren für Motorik und Koordination in Ihrem Gehirn trainiert werden, was sich positiv auf die Effizienz des Gehirns insgesamt auswirkt. Das fördert zudem die Gedächtnisleistung.

2. SCHRITT. Atmen Sie tief ein, und summen Sie beim Ausatmen mit tiefer Stimme, ähnlich wie eine Biene oder Hummel. Erzeugen Sie den Summton so lange, wie es sich für Sie angenehm anfühlt.

Hören Sie sich dabei konzentriert zu. Das wird Ihre Entspannung weiter vertiefen. Dehnen Sie das Ausatmen nicht so lange aus, dass es anstrengend wird. Vollziehen Sie auch wieder acht Atemzüge, die Sie mit den Daumen an den Fingern abzählen. Dieser Schritt des Soul Sync wird bewirken, dass Sie besser schlafen und dass Ihr Blutdruck sich normalisiert.

3. SCHRITT. Achten Sie für acht Atemzyklen auf die Pause zwischen Einatmen und Ausatmen. Zwischen Einatmen und Ausatmen tritt eine natürliche Pause auf, unmittelbar bevor das Ausatmen beginnt. Beobachten Sie diese Pause. Es ist möglich, dass Sie das etwas schwierig finden. Doch wenn Sie die Pause einmal wahrnehmen, werden Sie feststellen, dass Ihr Denken sich verlangsamt. Ihr Atem sollte dabei natürlich und fließend sein.

4. SCHRITT. Gehen Sie bei Ihrer Meditation jetzt von der Ruhe in die Expansion über. Chanten Sie während der nächsten acht Atemzüge »Ah-hum«, was in der Sprache des alten Indien, dem Sanskrit, »Ich bin« oder »Ich bin grenzenloses Bewusstsein« bedeutet.

5. SCHRITT. Imaginieren oder fühlen Sie, wie Ihr Körper transformiert und zu Licht wird. Imaginieren Sie, dass der Fußboden, der Tisch, die Menschen – alles um Sie herum – in das vereinende Energiefeld hinein expandieren. In diesem Feld des Bewusstseins ist alles mit allem verbunden. Es gibt darin keine voneinander getrennten Objekte, Menschen und Ereignisse. Sie selbst; jeder Mensch, der Ihnen je begegnet ist; jede Pflanzen- und Tierart, die jemals existierte; all Ihre Hoffnungen und Bestrebungen; alles, was Sie je gesehen, gefühlt, gehört oder gekannt haben; alles, was Sie je gedacht oder ersonnen haben – all das existiert als das ein-

Unterstützung, die sie erhielten, begeistert. Die ganze Erfahrung half ihr zu verstehen, wie machtvoll das transformierte Bewusstsein ist – und welche enorme Wirkung es in der Geschäftswelt entfalten kann.

»Es war unglaublich, wie dieser CEO mir, als käme er aus einer höheren Zone, intensiv in die Augen schaute und uns genau das anbot, worum wir gebeten hatten«, berichtete sie. »Dass sich eine spezifische Absicht so klar und eindeutig manifestierte, weil ich darum gebeten hatte, fand ich unglaublich beeindruckend!«

Das ist nur eines der vielen Beispiele für Synchronizitäten, von denen uns Soul-Sync-Übende jeden Tag berichten. Wir werden am Ende jeder Lebensreise eine Soul-Sync-Übung anfügen, um Ihnen zu zeigen, wie Sie Soul Sync jeweils gezielt zur Überwindung Ihrer speziellen Probleme einsetzen und kraftvolle Absichten festlegen können. Es ist jetzt für Sie an der Zeit, zur ersten dieser Reisen aufzubrechen.

Auf www.breathingroom.com können Sie eine App downloaden, mit der Sie Zugang zu einer Audiodatei erhalten, auf der Preethaji Sie in englischer Sprache durch die Great Soul Sync leitet.

Die erste Lebensreise:
Das verletzte Kind heilen

von Krishnaji

Die meisten Menschen leben in einem Gefühl selbst auferlegter Klaustrophobie.

Vielleicht haben Sie diesen leidvollen Zustand schon selbst erlebt. Eine Gruppe Menschen tauchte uneingeladen bei Ihnen auf und verkündete, man werde jetzt bei Ihnen eine Party feiern. Doch das waren nicht einfach irgendwelche Leute: Wer da uneingeladen hereinkam und sich in Ihrem Wohnzimmer breitmachte, waren all jene Leute, die Ihnen jemals Unrecht getan, Sie verletzt oder in Ihnen Scham ausgelöst hatten.

Im Handumdrehen fingen sie an, ungefragt Ihre Möbel zu beurteilen, die von Ihnen bevorzugte Musik und überhaupt Ihre sämtlichen Entscheidungen! Sie waren laut, kritisierten herum und weigerten sich zu gehen.

Natürlich taten Sie, was Sie konnten, um sich dieser kakofonischen Kritik zu entziehen. Aber es war unmöglich, diese aufdringliche, lärmende Schar zu ignorieren, und durch den Wein, den sie konsumierten, wurden sie nur noch lauter und unverschämter!

Je mehr Sie sie darum baten, zu gehen, desto lauter wurden sie. Da Sie nicht wussten, was Sie tun sollten, erstarrten Sie. Gewiss wünschten Sie sich nichts lieber als ein wenig Ruhe und Frieden.

Und doch geschah etwas Sonderbares: Nach ein paar Stunden dieser lärmenden Party gewöhnten Sie sich an Ihre unwillkommenen Gäste – schließlich waren auch die Menschen unter ihnen, die Sie am meisten lieben: Ihre Eltern, Geschwister, Ihre besten Freunde.

Aber je länger all diese Menschen blieben, desto mehr zehrten sie an Ihrer Energie, sodass Sie sich immer erschöpfter fühlten. Und Sie bemerkten, dass Sie gar nicht mehr in der Lage waren, die Worte, Meinungen und Vorstellungen der Gäste von Ihren eigenen zu unterscheiden. So fühlten Sie sich immer stärker verunsichert, scheu wie eine Katze auf dem Zaun. Sie sehnten sich danach, wenigstens etwas Raum für sich allein zu haben.

Sich aus all diesen Verstrickungen zu lösen.

Endlich wieder vorwärtsgehen zu können.

Das Leben ist ein großer Fluss: Ständig strömt er voran, bietet uns immer neue Gelegenheiten für Liebe, Verbundenheit und Entfaltung. Doch wenn wir mit ihm weiterkommen wollen, müssen wir uns von unserer Vergangenheit befreien, die uns in den schlammigen Uferzonen festhält, wo die Strömung zu schwach ist, um uns vorwärtszutragen.

Um wieder zu der Party-Analogie zurückzukehren: Wir müssen Frieden mit diesen unwillkommenen Gästen schließen, die sich in unserem Geist und unserem Herzen eingenistet haben. Wir müssen zur Dimension der Ruhe in uns erwachen. Wir müssen einen Zustand erreichen, wo all diese Stimmen, die behaupten, wir seien dumm und minderwertig, von uns ganz bewusst erkannt und wahrgenommen werden – und auch jene Stimmen, die behaupten, wir hätten recht und alle anderen seien im Irrtum.

Aber wie gelingt uns das?

I. Das Leben mit einer spirituellen Vision

Indem wir das verletzte Kind heilen, das in uns allen wohnt, erstarrt in der Zeit. Sein Weinen wurde vom Lärm der ungebetenen Gäste übertönt. Wir müssen die spirituelle Vision nähren und stärken, um uns aus dem Griff früherer Erfahrungen zu lösen, damit unser inneres Eis auftauen kann und wir die starren Fesseln der Vergangenheit abstreifen. Dann sind wir frei, wirklich in der Gegenwart zu leben und mühelos in die Zukunft zu gehen.

Haben wir diesen Weg einmal eingeschlagen, gibt es kein Zurück. Unser Leben wird dann zu einem mächtigen Strom, der in den Ozean fließt – unterwegs zu einer wunderbaren Ordnung, zu Wohlergehen und Entfaltung.

Lassen Sie uns also beginnen.

Stellen Sie sich vor, dass Sie in einem angesagten Szenerestaurant darauf warten, zu Ihrem reservierten Tisch geführt zu werden, und als es endlich so weit ist, stolpern Sie und fallen der Länge nach hin. Plötzlich herrscht Totenstille. Alle Gäste schauen peinlich berührt zu Ihnen herüber, und Ihr Gesicht wird schamrot. Sie haben sich so viel Mühe gegeben, modisch und elegant auszusehen, und durch einen falschen Schritt wurde der Welt die Wahrheit über Sie offenbart:

Sie gehören hier nicht hin, und alle wissen es.

Lange nachdem Sie sich aufgerappelt und den Staub aus den Kleidern geklopft haben, kreist Ihr Denken immer noch zwanghaft um Ihren Sturz. Der körperliche Schmerz war gering, aber die emotionale Aufregung wirkt noch lange nach. Und wenn das Leben Ihnen die nächste gute Gelegenheit vorbeischickt, sind Sie viel zu verloren in einem Wirbel chaotischer Gedanken, um sie zu ergreifen. Sie ertrinken im Getöse Ihres inneren Konflikts.

Stellen Sie sich nun stattdessen als kleines Kind vor, das seine ersten Schritte wagt. Wenn Sie hinfallen und sich das Knie aufschlagen, weinen Sie. Aber sobald der körperliche Schmerz nachlässt, erregt schnell etwas Neues Ihre Aufmerksamkeit. Noch ehe Ihre Tränen getrocknet sind, sind Sie schon bereit für die nächste Erfahrung. Es ist, als wäre der Schmerz nie geschehen.

Das ist der schöne Bewusstseinszustand eines glücklichen Kindes. So wie die Vögel am Himmel keine Spuren hinterlassen, hinterlässt auch unsere Vergangenheit keine schmerzhafte emotionale Spur. Unser Bewusstsein ist immer wieder frisch und neu, bereit für die nächste Erfahrung.

Das glückliche Kind und das verletzte Kind sind keine bloßen Erinnerungen an Vergangenes. Sie sind ein schöner und ein leidvoller Seinszustand, und wir erleben sie im Jetzt, ob wir uns dessen bewusst sind oder nicht.

Wir alle hatten Phasen, in denen wir glückliche Kinder waren. Wir alle haben einen Zustand frei von Furcht und Unglücklichsein erlebt. Als glückliches Kind haben Sie keine Angst, Fehler zu machen. Sie stecken nicht in einem Strudel egozentrischen Leids fest. Ihr Lächeln ist strahlender, Sie lachen fröhlich, Sie weinen freiheraus, und Sie lieben tief und wahrhaftig. Das Leben fühlt sich unkompliziert an. Es entsteht in Ihnen eine ruhige Überzeugung, sich ein schönes Schicksal erschaffen zu können – eines, das sich so natürlich entfaltet, dass keine ständigen Bekräftigungen und Affirmationen Ihrerseits nötig sind. Ihr Umgang mit Ihrem Beruf und Ihren zwischenmenschlichen Beziehungen ist nicht länger halbherzig oder leichtfertig.

Das glückliche Kind ist erfrischend unschuldig – und auf freudige Art aufrichtig!

Es gibt auf YouTube ein inzwischen über 114 Millionen Mal

angeschautes Video – https://www.youtube.com/watch?v=E8 aprCNnecU – über einen Jungen, der mit seiner Mutter ein Gespräch über Liebe führt – und über Cookies. Der Junge sagt zu seiner Mutter, dass er sie *liebt*, dass er sie aber nicht immer *mag*.

Er mag sie nur, wenn sie ihm Cookies gibt!

Selbst wenn wir damals so jung waren, dass wir uns nicht mehr daran erinnern, waren wir alle schon dieses glückliche Kind. Wir alle haben in diesem einfachen Zustand existiert: Wir mögen die Dinge, von denen wir glauben, dass sie uns glücklich machen, und wir mögen die Dinge nicht, von denen wir glauben, dass sie für uns schmerzhaft sind. Denn im schönen Zustand des glücklichen Kindes spielt es keine Rolle, ob Gefühle »richtig« oder »falsch« sind: Es sind unsere Gefühle, sie gehören zu uns. Sie sind für uns real. Wir haben noch nicht gelernt, darüber zu urteilen, dass wir solche Gefühle haben. Wir sind glücklich.

Wie kommt es dann, dass dieser glückliche, kindliche Zustand nicht anhält? Warum weicht er dem Zustand des verletzten Kindes?

Nun, wir alle wissen, was passiert, wenn das glückliche Kind aufrichtig seine Meinung über die Welt kundtut. Die Erwachsenen kichern über die unschuldige Kühnheit seiner Worte, und wohlmeinende Eltern, Onkel oder Tanten sagen zu dem Kind: »So benimmt sich ein guter Junge nicht. Ein guter Junge liebt seine Eltern *immer* ... und er liebt es, sein Gemüse zu essen und seine Hausaufgaben zu machen.«

Das ist zwar gut gemeint, aber im Bewusstsein des Kindes werden so Samen des Zweifels, der Verwirrung oder gar Scham gesät. Das innere Erleben des Kindes mag unverändert sein: Es mag noch immer seine Eltern am liebsten, wenn sie ihm das geben, was es mag; es ist immer noch neidisch auf das Kind mit den besten Spielsachen; es findet immer noch bestimmte Hausaufgaben langweilig.

Aber von nun an schämt es sich für seine Gefühle.

Die Zeit vergeht. Das Kind wächst heran, jedoch oft mit starken inneren Konflikten. Häufig glauben wir, diese innere Unzufriedenheit gehöre nun einmal zum natürlichen Prozess des Erwachsenwerdens dazu.

Doch was, wenn dieser leidvolle Zustand in Wirklichkeit überhaupt nicht natürlich ist? Und wenn es eine Möglichkeit gibt, in den schönen Zustand der Freude zurückzukehren?

Was ist Ihre wahre Natur?

Schauen wir uns eine Fabel aus den Upanishaden an, einer Sammlung altindischer Texte, in denen große Weisheiten über das Leben und die Spiritualität enthalten sind.

Eine Löwin im Urwald war trächtig. Sie litt am Schmerz der einsetzenden Wehen, aber auch an quälendem Hunger.

Plötzlich bemerkte sie ein Schaf, das sich mit seinen Lämmern zu weit vom Dorf der Menschen entfernt hatte. Die hungrige Löwin sprang den Schafen hinterher – nur um Sekunden später ihr Junges zur Welt zu bringen. Bei der Geburt starb sie.

Das Mutterschaf hielt das Löwenbaby für eines von seinen eigenen Lämmern und stillte es. So wuchs der kleine Löwe zwischen den Lämmern auf und glaubte, auch ein Schaf zu sein. Er blökte wie sie und fraß mit ihnen Gras.

Der kleine Löwe versuchte, sich wie seine Schafgeschwister zu benehmen, aber stellte sich dabei höchst ungeschickt an. Verzweifelt versuchte er, alles zu tun, was sie taten: sich nach den höchsten Zweigen strecken, um an zarten Blättern zu knabbern, und über schmale Bergpfade klettern, um frisches Gras zu fressen.

Doch als der Löwe heranwuchs, überkam ihn eine große Traurigkeit. Er fühlte den Drang, etwas anderes sein zu wollen, etwas Größeres. Eines Nachmittags hörte er in der Ferne einen Löwen brüllen. Er lief zum Mutterschaf und fragte es: »Werde ich auch eines Tages so brüllen können?«

Nun, was glauben Sie, antwortete das Schaf?

»Das ist der Löwe. Er ist der König des Urwalds, und du bist nur ein Schaf.« Mit einem Anflug von Ärger sagte es: »Dir und mir ist es bestimmt, sanftmütig und vorsichtig zu sein. Das ist unser Leben, und du tust besser daran, wenn du deine Träumereien aufgibst. Du hast immer noch nicht gelernt, wie man ordentlich grast. Lerne, Freunde unter deinen Brüdern zu finden, und werde erwachsen.«

Kennen wir nicht alle eine Version dieser Geschichte aus eigener Erfahrung?

Wurde nicht auch uns schon gesagt, wir sollten im Leben emotionale Kompromisse eingehen? Machte man uns nicht glauben, dass es okay ist, ein Leben in Angst, Einsamkeit und Stress zu führen, und dass alle auf diese Art leben? Wurden wir nicht dazu angehalten, unsere Gefühle zu ignorieren und uns stattdessen auf unsere täglichen Pflichten zu konzentrieren? Von allen emotionalen Erfahrungen, die wir in der Kindheit machten, hat unsere Beziehung zu unseren Eltern und anderen engen Bezugspersonen die größte Auswirkung auf unser Selbstwertgefühl. Mit diesen Menschen erlebten wir zum ersten Mal Liebe, Fürsorge, Mitgefühl, Verbundenheit und Freude.

Und mit ihnen machten wir auch unsere ersten Erfahrungen von Zurückweisung, Enttäuschung und Einsamkeit. Diese frühen Erfahrungen wurden zu gewohnheitsmäßigen Zuständen, und sie beeinflussen, wie wir uns selbst wahrnehmen und wie wir zu anderen Menschen in Beziehung treten.

Manche von uns hatten wunderbare Eltern und eine glückliche Kindheit, während andere als Kinder sehr unangenehme Erfahrungen machen mussten. Doch ungeachtet der allgemeinen Atmosphäre, in der Kinder aufwachsen, können selbst kleine Zurückweisungen oder Gefühle der Vernachlässigung tiefe emotionale Wunden hinterlassen. Diese Wunden sollte man nicht ignorieren, denn wenn sie einem Kind zugefügt werden, zieht das tiefe und langfristige Folgen nach sich und lässt den Zustand des verletzten Kindes entstehen.

Manchmal tun wir Wut und Schmerz aus unserer Kindheit als albern und für unser heutiges Leben irrelevant ab. Denn wir glauben, wir wären heute anders, eine andere Version unseres Selbst – unabhängig, stark und verantwortungsbewusst.

Doch wenn wir nur für einen Moment unsere Fassade, das Selbstbild, das wir normalerweise stets aufrechterhalten, abstreifen, werden wir entdecken, wie sehr unsere schmerzvolle Vergangenheit sich immer noch auf unser Bewusstsein auswirkt. Wir werden die Wahrheit erkennen: dass wir die emotionalen Erfahrungen unserer Kindheit als Leidenszustände in unserem jetzigen Leben immer wieder aufs Neue erfahren. Und nur wenn wir dieser Wahrheit furchtlos ins Auge blicken, wird Freiheit möglich.

Eine Geschichte von Sri Ramakrishna, einem indischen Mystiker, der vor etwa hundertdreißig Jahren lebte, veranschaulicht,

Versuchen Sie heute, sich immer wieder Ihres momentanen Zustands bewusst zu werden. Wie oft geraten Sie in einen Stresszustand, statt den schönen Zustand der Ruhe und Freude zu erleben? Beobachten Sie es einfach. Nehmen Sie es wahr. Tun Sie weiter nichts.

Reaktionen des verletzten Kindes

Aber ganz gleich, was Sie auch über sich herausgefunden haben, ich habe eine gute Nachricht für Sie: Die gewonnenen Einsichten können Ihnen helfen, jene neuronalen Verbindungen zu durchtrennen, von denen die belastenden emotionalen Zustände des verletzten Kindes ausgelöst werden.

Die Schaltkreise in Ihrem Gehirn, die Sie nicht länger benutzen, bilden sich zurück, das hat die Neurowissenschaft herausgefunden. Und ebenso positiv ist, dass sich dank der Wunder unseres Gehirns Nervenschaltkreise, die einen schönen Zustand ermöglichen, schon in wenigen Minuten aufbauen lassen. Wenn Sie die Bildung dieser Schaltkreise aktiv fördern, trainieren Sie Ihr Gehirn darauf, mühelos schöne Zustände erleben zu können, und zwar ungeachtet der äußeren Ereignisse in Ihrem Leben.

In uns allen gibt es ein verletztes Kind. Dieses Kind lebt rückwärtsgewandt, hält krampfhaft an schmerzhaften Erfahrungen aus unserer Kindheit und Jugend fest. Es wird sofort aktiv, sobald wir eine enttäuschende Erfahrung machen. In solchen Augenblicken fühlen wir uns ungeliebt, nicht wertgeschätzt und vernachlässigt.

Äußerlich mögen wir längst erwachsen sein, doch in unserem

Bewusstsein lebt das verletzte Kind als Leidenszustand weiter. Zwar sind unser Aussehen und unsere Lebensumstände heute anders, aber hat die seit unserer Kindheit vergangene Zeit bewirkt, dass die unangenehmen, uns plötzlich überkommenden inneren Zustände schwächer wurden oder ganz verschwanden? Wenn wir ehrlich sind, reagieren wir oft immer noch auf die gleiche Art, wie wir es als Kinder oder Teenager taten. Spüren Sie nicht auch heute noch dieselben alten Gefühle?

Zum Beispiel sehen wir auf Facebook, dass gute Freunde ein Konzert besuchten, ohne uns zu fragen, ob wir mitkommen möchten. Unterscheidet sich das, was wir in einem solchen Augenblick empfinden, von dem, was wir als Kind empfanden, wenn unsere älteren Geschwister mit den Eltern ins Kino durften, wir aber zu Hause bleiben mussten?

Oder denken Sie daran, wie Sie sich fühlten, wenn Ihr Vater wütend auf Ihre Mutter wurde. Damals waren auch Sie sehr wütend: Sie schworen sich, Ihrem Vater eines Tages eine Lektion zu erteilen. Wenn Sie heute erleben, dass zwei Menschen sich streiten, steigt immer noch diese alte Wut in Ihnen auf.

Wenn das verletzte Kind in uns die Kontrolle übernimmt, verschließen wir die Tür zu Liebe und Vertrauen. Solange wir uns noch nicht angewöhnt haben, uns selbst achtsam zu beobachten, merken wir oft gar nicht, wenn das verletzte Kind in uns aktiv wird. Dieser innere Zustand macht uns glauben, unser Leiden sei angesichts der äußeren Umstände natürlich und vernünftig.

Doch in Wirklichkeit kommt es gar nicht darauf an, was die Gründe dafür sind: Es ist in jedem Fall unklug, sich unglücklichen Gefühlen hinzugeben.

über dem Bedürfnis nach Liebe stand und dadurch zu einem unabhängigen, selbstbestimmten Individuum geworden war. Sie redete sich ein, unbesiegbar und jeder Herausforderung gewachsen zu sein. Oft sagte sie sogar, Gefühle seien ein Zeichen von Schwäche.

Die Erkenntnis, dass trotz der vielen Zeit, die inzwischen vergangen war, ihre seelische Verletzung noch immer präsent war, bedeutete einen schweren Schock für Jaya. Sie war nicht wirklich lebendig. Im Herzen ihres Wesens war sie noch immer ein verletztes Kind.

Sie musste nicht mehr mit leerem Magen schlafen gehen, doch das Gefühl, dass sich niemand um sie kümmerte, war noch immer da und hielt sich hartnäckig. Durch ihr wohltätiges Engagement half sie vielen Menschen, doch noch immer war Wut auf das Leben ihre Triebfeder. Die Art, wie sie sich selbst erlebte, hatte sich überhaupt nicht verändert. In jede neue Beziehung brachte sie all die Bitterkeit und den Groll mit, die sie gegen ihre Mutter hegte.

Jaya hatte große Schwierigkeiten mit ihrem Partner. Sie konnte ihn weder vertrauensvoll lieben noch auf seine Liebe zu ihr vertrauen. Sie gab sich wirklich alle Mühe, ihn zu lieben. Und als verantwortungsbewusste Mutter kam sie allen Pflichten gegenüber ihren Kindern nach. Doch sie konnte ihren Kindern nur ihre Liebe zeigen, indem sie ihnen großartige Werte vermittelte und sie disziplinierte. Sie unterstützte sie auf exzellente Weise dabei, eine erstklassige Ausbildung zu absolvieren und Karriere zu machen, aber das war alles.

Auch fiel es Jaya schwer, ihre Mitarbeiter zu respektieren, und wenn jemand bei der Arbeit auch nur den kleinsten Fehler machte, löste das bei ihr heftige Wutausbrüche aus. Deshalb kündigten viele schon nach kurzer Zeit wieder.

Während einer tiefen Meditation entdeckte Jaya, dass sie gar nicht wusste, wie man überhaupt in Beziehung tritt. Sie war isoliert, fühlte sich von allen anderen getrennt. Wie sollte es ihr da gelingen, in ihren Mitmenschen schöne Zustände zu fördern und zu nähren?

Dass Jaya erkannte, wie ihr Leben wirklich war, ohne Maskierung oder den verzweifelten Versuch, es zu ändern, war der Anfang ihrer Metamorphose. Statt wie radioaktiver Müll zu sein, dessen Strahlung Jayas Geist schadet, ist ihre Kindheit heute nicht mehr als eine Erinnerung, die sicher in einem Ozean innerer Ruhe geborgen ist.

Andrew, ein anderes Mitglied unserer Gemeinschaft, hatte ebenfalls eine schwere Kindheit. In seinem Fall hatte der Vater ihm immer wieder großen Schmerz zugefügt – so sehr, dass Andrew ihn abgrundtief hasste. Aber das wollte er sich nicht eingestehen, weil er an dem Ideal festhielt, dass man seine Eltern nicht hassen durfte, wenn man ein guter Mensch sein wollte.

Während seiner Transformationsreise fragte ich Andrew, ob er bereit sei, sein Herz für eine innere Verbundenheit mit seinem Vater zu öffnen. Andrew lehnte das entschieden ab. Dann zog ich ihn ein wenig auf, indem ich sagte, wenn das seine bewusste Wahl sei, könne ich ihm sogar dabei helfen, seinen Vater noch mehr zu hassen.

Nach einem langen kontemplativen Spaziergang erkannte Andrew, dass er für den Rest seines Lebens in diesem frustrierten, wütenden Zustand gefangen bleiben würde, sollte er seinen Vater auch weiterhin ablehnen. Zum ersten Mal war er nun in der Lage, seine Gefühle gegenüber seinem Vater in Verbindung zu sehen mit der Wut, die alle seine Beziehungen zu anderen Menschen beeinträchtigte, auch zu den Menschen, die für ihn die wichtigsten waren.

Er dachte darüber nach, wie er seine Frau behandelte, schon wenn es um so unbedeutende Dinge ging wie die Frage, in welches Restaurant sie gehen wollten. Zwar fragte er sie, wo sie gerne essen wollte, aber was sie auch antwortete, stets reagierte er gereizt und unfreundlich.

Wenn sie ihm drei Vorschläge machte, wählte er prompt keinen davon aus, sondern ein ganz anderes Restaurant.

Wenn sie sagte: »Entscheide du«, wurde er wütend.

Und wenn sie entschied, wurde er auch wütend.

Was sie auch tat oder sagte, immer fühlte er sich von ihr dominiert und bevormundet, als würde sie ihm seine Freiheit nehmen.

Ich machte ihm klar, dass die Heilung seines Herzens nicht unbedingt bedeuten musste, sich mit seinem Vater zu versöhnen. Diese Entscheidung konnte er später treffen, wenn er sich selbst befreit hatte. Denn wenn der Versuch einer Aussöhnung zu schmerzhaft oder gefährlich für sein eigenes seelisches Wohlergehen oder das Wohl seiner Familie war, konnte es ein Ausdruck von Vernunft sein, diesen Weg nicht zu gehen. Bei der Reise der Vergebung, von der ich sprach, ging es darum, dass Andrew sein verletztes eigenes inneres Kind heilte und zum Zustand des glücklichen Kindes erwachte.

Vergebung bedeutet nicht, alles gutzuheißen oder zu entschuldigen, was ein anderer Mensch tat oder tut, oder weiter mit dieser Person zu leben, die Ihnen Schaden zufügt.

Vergebung bedeutet, dass Sie selbst sich von allem befreien, was Ihnen Schmerz zufügt.

An diesem Abend gelangte Andrew während einer von mir angeleiteten stillen Meditation an einen Ort tief in ihm, wo mehrere Erinnerungen an erlittene Enttäuschungen, an Sehnsucht und Schmerz sich ihm mit großer Klarheit und Intensität offenbarten. Er erkannte, dass sein verletztes Kind drei verschiedene Rollen entwickelt hatte, um von anderen Anerkennung zu erhalten: Manchmal wickelte Andrew andere mit seinem Charme um den Finger, um so ihre Zuneigung zu gewinnen, manchmal spielte er den draufgängerischen Tatmenschen und buhlte auf diese Weise um Anerkennung, und manchmal inszenierte er Gefühlsdramen, um Aufmerksamkeit zu erregen. Aber in allen Fällen war der Grund für sein Verhalten der gleiche: Er hungerte danach, geliebt und akzeptiert zu werden.

Auch wenn er dabei in unterschiedliche Rollen schlüpfte, steckte unter jeder dieser Masken dasselbe verletzte Kind, das sich einfach nur Liebe und Zuwendung wünschte.

Als er bereit war, Verletzlichkeit zuzulassen, öffnete er sich dadurch für seinen größten Augenblick der Erkenntnis. Er war nun in der Lage, die Wahrheit zu erkennen, warum er so lange an seiner Verbitterung festgehalten hatte. Tief in seinem Innern glaubte er, dass er, wenn er sich von seiner Wut befreie, damit all das entschuldigen würde, was sein Vater ihm mit seiner Ungerechtigkeit und Brutalität angetan hatte; dass es bedeutet hätte, die Jahre des Schmerzes und der Demütigung zu ignorieren, die er hatte erdulden müssen.

Als er seinen inneren Widerstand mit den Augen der Weisheit betrachtete, überwand er die letzte Barriere; seine Wut und Ver-

samkeit in all Ihre zwischenmenschlichen Beziehungen einfließen, in jede Ihrer Interaktionen. Dieser Schmerz kann auch von Generation zu Generation weitergegeben werden, weil Eltern unbewusst ihren Kindern beibringen, am Schmerz festzuhalten.

Wie können wir uns also aus diesem Griff befreien?

Durch Mitgefühl.

Wir können uns liebevoll und mitfühlend fragen: Will ich mir das wirklich antun? Will ich in diesem leidvollen Zustand leben?

Denn der Mensch, den ich verletze, bin ich selbst. Zwar stimmt es, dass mich vor zehn oder zwanzig Jahren eine andere Person verletzt hat, aber heute verletze ich *mich selbst*.

Sicherlich kann der Zustand des verletzten Kindes sich vertraut, vielleicht sogar tröstlich anfühlen. Wir können süchtig nach der Anerkennung werden, die wir erhalten, wenn wir darüber sprechen, wer uns Schmerz zufügte oder uns schlecht behandelte. Wir können damit angeben, was wir alles erdulden mussten. Aber zu wem werden wir durch diesen Prozess?

In welchem Zustand wollen wir leben?

Wenn wir es schaffen, uns diese Frage ehrlich und mutig zu stellen, erkennen wir, dass wir keinen Tag länger in diesem Leidenszustand leben wollen, ja, keine Stunde, keine Minute länger!

Selbst wenn Sie glauben, noch nicht bereit dafür zu sein, den Schmerz der Vergangenheit hinter sich zu lassen, geben Sie bitte nicht auf. Seien wir sanft zu uns, wenn diese Leidenszustände in uns aktiv werden, wenn wir uns gestresst oder einsam fühlen, wenn wir unseren Schmerz nicht loslassen wollen.

Stellen Sie sich für einen Moment Folgendes vor: Was würde

geschehen, wenn wir uns erlauben würden, zu dem schönen Zustand eines glücklichen Kindes zu erwachen?

Was würde geschehen, wenn wir uns erlauben würden, wieder zu lieben und zu vertrauen?

Wie sehr unser verletztes Kind uns auch bisher beherrscht haben mag, wenn wir zu passiven Beobachtern unseres inneren Zustandes werden – ruhig beobachten, wie die Vergangenheit Einfluss auf die Gegenwart nimmt –, verschwindet unsere innere Unruhe.

Bedenken Sie, dass aufgewirbelter Schlamm in einem Teich sich ganz von selbst wieder absetzt, wenn wir nicht eingreifen. Die Wunden unserer Vergangenheit heilen nicht, wenn wir sie ignorieren oder wenn wir sie zur Stärkung unseres Selbstwertgefühls uminterpretieren. Unsere Herzen heilen, wenn wir zu Zeugen unseres inneren Zustandes werden.

Denn dadurch erwachen wir zum schönen Zustand der inneren Ruhe. Wir fangen an, dem Leben zu vertrauen. Das Energiefeld um uns herum transformiert sich, und wir ziehen mehr Fülle und Wohlergehen in unser Leben.

Im Zustand des glücklichen Kindes haben wir das Gefühl, dass uns die ganze Welt gehört. Wir fühlen eine Verbundenheit und Liebe, die alle Kulturen, Sprachen und Ethnien transzendiert. Wir fühlen uns mit allen Menschen verwandt, ja freundschaftlich verbunden.

Erinnern Sie sich an die Geschichte von dem kleinen Löwen? Als wir sie zum ersten Mal hörten, hielten wir sie für eine der traurigsten Geschichten, die wir je gehört hatten.

Aber geben wir ihr nun einen anderen Schluss, ein Happy End.

II.

Das Zweite Heilige Geheimnis: Entdecken Sie Ihre innere Wahrheit

von Preethaji

Wir alle streben nach Großartigkeit – wir wollen großartige Eltern sein, großartig in unserer Partnerschaft oder Ehe, großartig im Beruf, großartige Sportler, großartig darin, Wohlstand zu erzeugen oder Veränderungen herbeizuführen. Doch ist es meine tiefe Überzeugung, dass zunächst unser Bewusstsein insgesamt aufblühen und sich entfalten muss, ehe das Universum beginnt, durch uns Großartigkeit zu manifestieren. Und diese authentische Transformation kann nur geschehen, wenn wir im Einklang mit unserer inneren Wahrheit leben.

Ohne innere Wahrheit ist alles spirituelle Wachstum bloß das Streben nach einem schönen Ideal; es ist leere Poesie, es sind bloße Worte, denen die strahlende Essenz fehlt, die notwendig ist, um echtes Wachstum zu ermöglichen.

Schauen wir uns dieses Geheimnis genauer an, indem wir uns mit der Lebensgeschichte Gandhis beschäftigen, des Vaters der indischen Nation, und zwar zu jenem Zeitpunkt, als sich seine Transformation von Gandhi zu Mahatma Gandhi vollzog. Mahatma, übersetzt »die große Seele«, ist der Ehrentitel, den Indien dem Mann verlieh, der einen zentralen Einfluss auf die Geschichte der Menschheit ausübte, indem er zum Symbol für den gewaltlosen Sieg der Schwachen über ihre Unterdrücker wurde.

1893 ging Gandhi nach Südafrika, um dort als junger Rechtsanwalt Karriere zu machen. Kurz nach seiner Ankunft musste Gandhi für eine Gerichtsverhandlung von Durban nach Pretoria reisen. Er hatte sich einen Fahrschein für die erste Klasse per Post schicken lassen.

Als der weiße Schaffner ihn beleidigte, indem er ihn abfällig als »Farbigen« und »Kuli« bezeichnete und ihn aufforderte, sich mit seinem Gepäck in die dritte Klasse zu setzen, weigerte Gandhi sich, weil er ja über einen gültigen Fahrschein verfügte. Der Schaffner ließ daraufhin den Zug anhalten und warf Gandhi kurzerhand hinaus. Er wurde auf dem kalten Bahnsteig des kleinen Bahnhofs Pietermaritzburg zurückgelassen.

Verlassen wir nun die historischen Fakten und schauen uns an, wie Gandhis innere Verfassung war, als er dort frierend und gekränkt in der Kälte saß. Lesen Sie, wie Krishnaji und ich deuten, was mit Gandhi während seines ersten, entscheidenden Transformationserlebnisses geschah.

Gandhi, der angesichts der erlittenen Demütigung vor Wut kochte, standen mehrere Optionen offen. Die erste Option war, seine ganzen Pläne für eine Karriere als erfolgreicher Anwalt in Südafrika zu begraben und nach Indien zurückzukehren, frustriert und wütend. Die zweite Option bestand darin, die Schmach herunterzuschlucken und seinen beruflichen Plänen weiter nachzugehen, wie zahllose andere es vor ihm getan hatten. Als dritte Option kam infrage, brennend vor Entrüstung in Südafrika zu bleiben, persönliche Rachepläne gegen den Schaffner zu schmieden oder eine wütende Rebellion gegen das britische Empire anzuzetteln.

II. Entdecken Sie Ihre innere Wahrheit

Gandhi entschied sich für die vierte Option: Er setzte sich bewusst mit seinen leidvollen Zuständen der Wut und Scham auseinander und löste sie auf. Und aus dem Zustand der Ruhe heraus, in den er dadurch gelangte, war es ihm möglich, sich innerlich zu öffnen und Kontakte zu zahlreichen Indern zu knüpfen, die täglicher Benachteiligung und Unterdrückung ausgesetzt waren.

Nicht persönlicher Hass gegen die Briten, sondern ein tiefes Mitgefühl für die Situation seiner indischen Landsleute in Südafrika veranlasste ihn, den gewaltlosen Widerstand gegen die Ungerechtigkeit zu organisieren. Vierundfünfzig Jahre nach diesem ersten intensiven Kontakt mit seiner eigenen inneren Wahrheit führte Mahatma Gandhi eine Nation von 390 Millionen Indern ohne Gewalt und Blutvergießen in die Unabhängigkeit von Großbritannien. Seine Kraft für diesen Kampf schöpfte er aus dem schönen Bewusstseinszustand, den er für sich entdeckt und manifestiert hatte.

Stürzen wir uns nun im Licht von Gandhis Geschichte mitten hinein in das Zweite Heilige Geheimnis.

So viele Menschen auf der Welt denken, man müsse, um zu persönlicher Größe zu gelangen, Strategien und Pläne entwickeln, die Pläne seiner Gegner kennen und sie besiegen. Aber was ist, wenn sich das als großer Irrtum erweist? Was, wenn nicht Strategie der erste Schritt zu Erfolg und Großartigkeit ist? Was, wenn wahre Größe damit beginnt, dass wir innehalten – und erst einmal Verbindung zu unserer inneren Wahrheit aufnehmen?

Viele von uns haben den Kontakt zu dem verloren, was in ihnen vorgeht. Wenn wir versuchen, die Wahrheit über unseren inneren Zustand herauszufinden, unterliegen wir häufig einem grundlegenden Irrtum: Wir verwechseln inneren Stress mit Leidenschaft, Sorge mit Liebe, Wut mit Inspiration und Angst mit Intelligenz.

Ich habe schon bei vielen Menschen erlebt, dass ihnen anfangs ein ziemlicher Schock bevorsteht, wenn sie lernen, ihre inneren Zustände klar zu identifizieren. Zu ihrer Überraschung entdecken sie dabei, dass sie an Stress erzeugenden Emotionen festhielten, obwohl sie auf der logischen Ebene längst erkannt hatten, wie unklug das ist. Sie waren daran gewöhnt, in gestörten inneren Zuständen zu leben, und erhielten diese aufrecht, weil sie entweder nicht wussten, wie man sie überwindet, oder sich eine andere Lebensweise schlicht nicht vorstellen konnten.

Dann gibt es unter uns jene, die süchtig danach sind, sich Sorgen zu machen. In diesem Zustand kennen wir nur einen Weg, unsere Liebe zu zeigen, nämlich dass wir uns in obsessiver Weise um Gesundheit, Zukunft und Erfolg geliebter Menschen sorgen. In vielen Familien ist es üblich, dass Eltern die Liebe zu ihren Kindern auf diese Weise zum Ausdruck bringen. Und so lernen viele von uns, wiederum auf solche Art unseren Lebenspartnern, Freunden und Kindern Liebe zu zeigen.

Dennoch ist und bleibt das ein leidvoller Bewusstseinszustand.

Wieder anderen Menschen wurde beigebracht, sich stärker auf den inneren Zustand anderer zu konzentrieren als auf ihren eigenen. Selbst wenn sie nach außen hin nicht anderen die Schuld an ihrem Leiden geben, besteht ihr erster Instinkt doch darin, zu versuchen, andere zu verstehen statt sich selbst. So zugewandt und einfühlsam diese Herangehensweise auch erscheinen mag, gilt doch, dass wir nicht wirklich in der Lage sind, Verbindung zu anderen aufzunehmen, solange es uns nicht gelingt, mit uns selbst in Kontakt zu sein.

Beratung benachteiligter Menschen gewidmet hatte. Als sie hörte, was Christina gesagt hatte, entgegnete sie: »Du hast gut reden, hier in diesem klimatisierten Raum, umgeben von reichen Leuten, die nach Parfüm riechen!«

Christina war so gekränkt, dass sie den Raum verließ.

Als ich ihr später am Abend begegnete, fühlte sie sich augenscheinlich wieder besser. Also fragte ich sie, was sich in ihr verändert hatte.

»Ich verstehe jetzt Lee und ihre Arbeit«, sagte sie. »In dem Moment, als ich das verstand, verschwand mein Leiden. Ich fühlte mich besser.«

»Du hattest heute diese Erkenntnis, Christina«, sagte ich. »Aber was ist, wenn jemand dir heute Abend unwiderlegbar beweist, dass Lee in Wahrheit eine arrogante Person ist? Wie würdest du dich dann fühlen? Wärst du dann wieder wütend und verletzt? Was würde mit dir passieren? Deine ›Freiheit‹ darf nicht davon abhängen, dass du einen anderen Menschen verstehst. Sie muss aus deiner inneren Wahrheit kommen. Sie muss damit beginnen, dass du den Zustand erkennst, der in dir ausgelöst wurde, als du dich durch Lee angegriffen fühltest. Was genau war das also für ein Zustand, der dich veranlasste, den Speisesaal zu verlassen?«

»Ich befand mich in einem leidvollen Zustand. Zuerst fühlte ich mich gedemütigt und schockiert. Daraus wurde langsam Wut«, sagte sie.

»Schaue dir diese Zustände noch etwas genauer an. Was hast du in diesen Augenblicken gedacht?«

Christina überlegte einen Moment, ehe sie antwortete. »Ich war wütend, weil ich es doch war, die sie vor ein paar Monaten finanziell unterstützte, als ihre Tochter krank wurde. Wie konnte sie es da wagen, mich vor allen so zu beleidigen! Sie hat meine Gutmütigkeit ausgenutzt. Wie undankbar von ihr! Das wird mir eine Lehre sein, nicht alles für bare Münze zu nehmen, was andere erzählen, und nicht mehr so blind zu vertrauen.«

»Christina, kannst du hier einen Moment innehalten und erkennen, dass du – ob du nun Kränkung, Schreck oder Wut empfandest – diesen stressvollen Zustand durch eine selbstbezogene Haltung verlängert hast? Wenn du die Wahrheit deiner Selbstbezogenheit in diesem leidvollen Moment erkennst, löst du dich auf natürliche Weise von diesem Leiden.«

Das war der Beginn von Christinas Reise zur inneren Wahrheit.

Es ist überhaupt nichts Falsches daran, wenn wir versuchen, die Sichtweise eines anderen Menschen zu verstehen.

Aber es ist nicht das Gleiche wie die innere Wahrheit.

Darin liegt ein großer Unterschied zwischen dem Heiligen Geheimnis der inneren Wahrheit und anderen Selbsthilfe-Praktiken. Wenn Sie merken, dass etwas Sie stört oder ärgert, versuchen Sie nicht, etwas zu verändern. Rechtfertigen Sie das, was Ihr Wohlbefinden beeinträchtigt, nicht, indem Sie nach Erklärungen suchen. Und verurteilen Sie es auch nicht.

Widerstehen Sie der Versuchung, nach Gründen zu suchen, die außerhalb von Ihnen selbst liegen.

Erkennen Sie einfach an, dass Ihr innerer Zustand dadurch aufrechterhalten wird, dass Sie gewohnheitsmäßig selbstbezogen, Ego-zentriert denken. Sie versuchen nicht, ein echtes Problem vernünftig zu lösen, sondern in Ihrem Leidenszustand kreisen Ihre Gedanken zwanghaft um die vermeintliche Ursache Ihres Leidens. Wenn Sie lernen, sich selbst dabei zu beobachten, wird

II. Entdecken Sie Ihre innere Wahrheit

die Macht der Wahrheit bewirken, dass Sie sich innerlich öffnen. Und dann werden Sie erleben, wie Synchronizitäten Ihnen positive Veränderungen ermöglichen.

Dass Sie sich für Ihre innere Wahrheit öffnen, bedeutet nicht, Ihre Emotionen zu verändern. Die innere Welt hat ihre eigenen Regeln und beugt sich keinen Aggressionen. Es wird Ihnen nicht gelingen, Ihre Angst oder Einsamkeit durch Aggressivität oder Tricksereien zu besiegen. Alles, was Sie tun können, ist, passiv zu beobachten, was immer in Ihnen an Empfindungen und Gedanken aufsteigt. Und genau dieses passive Beobachten wird Ihre leidvollen Muster durchbrechen. Stresszustände werden sich auflösen, und an ihre Stelle werden schöne Zustände des inneren Friedens und der Freude treten. Dafür ist nur erforderlich, dass Sie Ihren inneren Zustand beobachten, statt zu kämpfen, zu manipulieren oder zu manövrieren.

Sollen wir also versuchen, an den angenehmen Emotionen festzuhalten, wenn sie in uns aufsteigen? Sollen wir danach streben, immer perfekte, heilige und erfreuliche Emotionen zu erleben?

Haben Sie schon einmal einen alten Hindutempel gesehen? Sie sind mit transzendenten Bildern und Figuren andersweltlicher Götter, Meister und Heiliger geschmückt, die in Posen tiefer Versenkung und Verklärung gezeigt werden. Auch finden sich dort Darstellungen aus dem menschlichen Alltag: Hirten, die das Vieh auf die Weide führen, oder Mütter, die ihrem Kind die Haare kämmen. Doch werden in den Tempeln auch immer Männer und Frauen in provozierenden Posen dargestellt, und hässliche Dämonen mit dicken Bäuchen, Fangzähnen, wütenden Augen und grausamen Gesichtern.

Solche Bilder würde man an heiligen Stätten nicht unbedingt

erwarten, nicht wahr? Unsere Erwartung ist wohl eher, dort nur reine, transzendente, himmlische Darstellungen anzutreffen. Doch sind in einem Hindutempel bewusst Elemente des Heiligen und des Gewöhnlichen vereint, man sieht Begierde und Wunscherfüllung, Wut und Frieden, Mächtige und Schwache.

Fragen Sie sich, warum das so ist? Diese Gebäude repräsentieren die menschliche Lebenserfahrung in ihrer Gesamtheit.

Innere Wahrheit ist nur möglich, wenn Sie sämtlichen Inhalten Ihres Bewusstseins friedvolle Aufmerksamkeit widmen, nicht nur dem, was Sie als positiv empfinden. Innere Wahrheit zu praktizieren ist die höchste Form des Mitgefühls, die Sie sich selbst erweisen können.

Emotionen können entweder schwächend oder aufbauend wirken. Wenn wir uns selbstbezogen in unseren Emotionen ergehen, erstarren wir im Zustand unseres Leidens. Wir nähren unsere Wut, unsere Traurigkeit, unseren Schmerz und machen sie so zur Grundstimmung unseres Lebens.

Selbstbezogenheit ist wie eine Krankheit, die unsere Fähigkeit, die Welt zu verstehen, sehr beeinträchtigt. Sie zieht eine starke Verengung unserer Perspektive nach sich. Wie kann man in einem solchen Zustand intelligente Lösungen für Probleme finden?

Schauen wir uns an, was geschieht, wenn wir zulassen, dass die obsessive Beschäftigung mit uns selbst unser Verhältnis zu geliebten Menschen beherrscht.

Ein Paar nahm an einer Frage-und-Antwort-Sitzung teil, am ersten Tag eines unserer Wochenendseminare. Beide waren Anfang dreißig. Der Mann sagte: »Ich bin nicht wegen mir hier. Ich bin meiner Freundin zuliebe gekommen. Wir werden sehr glücklich sein, wenn Sie ihr helfen können. Ich bin ein mutiger Mann, der sich jeder Angst stellt. Ich bin Höhlenkletterer, Bungee-Springer und Paraglider. Ich liebe Herausforderungen. Meine Freundin dagegen ist ein sehr ängstlicher Mensch. Sie ist alles andere als abenteuerlustig. Können Sie ihr Mut einflößen und es ermöglichen, dass wir zusammen ein aufregendes Leben führen?«

Krishnaji ging nicht auf seine Frage ein. Er wusste, dass der Mann noch vor Ende des Seminars die Antwort selbst finden würde. Stattdessen fragte Krishnaji: »Denken Sie wirklich, Sie selbst hätten keine Angst? Ist Kühnheit und Freiheit von Angst das Gleiche? Warum nehmen Sie sich nicht etwas Zeit und beobachten die Wahrheit Ihres inneren Zustandes und wie dieser sich auf Ihre Partnerschaft auswirkt?«

Nach zwei Tagen berichtete dieser Mann, zu welcher Einsicht er gelangt war. Er sagte: »Ich hatte Angst davor, der Wahrheit ins Auge zu sehen. Ich hatte Angst vor dem, was ich dann sehen würde.«

Nun erzählte er Krishnaji, was er beim Beobachten seiner inneren Welt entdeckt hatte: »Während der vergangenen drei Jahre hielt ich mich für einen sehr leidenschaftlichen Liebhaber. Ich sagte mir immer wieder, niemand könnte sie so lieben wie ich. Doch als ich dann meine innere Wahrheit wirklich sah, erkannte ich, dass ich fast nur an mich gedacht habe. Meine Partnerin zu lieben, bedeutete für mich, obsessiv an sie zu denken und mir zu wünschen, dass sie ständig an mich denken würde. Ich wollte, dass sie alles toll fand, was ich tat. Selbst hier während des Seminars suchte ich immer nach Bestätigung von ihr. Wenn ich eine Frage beantwortete, schaute ich sie an und erwartete einen anerkennenden Blick. Ich griff oft nach ihrer Hand, und wenn sie manchmal nicht bereit war, meine Hand zu halten, machte mich das wahnsinnig: Warum war ihr meine Berührung in diesem Moment nicht angenehm?

Es war eine schmerzhafte Erkenntnis für mich, dass unsere Beziehung so sehr durch die leidvollen Zustände meiner Unsicherheit und meiner Besitzansprüche ihr gegenüber eingefärbt ist. Alles drehte sich immer nur um mich«, sagte er. »Ich habe solche Angst davor, dass sie sich verändert; ich will nicht, dass sie zur reifen Frau wird. Ich will, dass sie das junge Mädchen bleibt – das Mädchen, das mich weiterhin anhimmelt und alles toll findet, was ich tue. Jedes Mal, wenn sie mir gegenüber reif und erwachsen auftritt, bekomme ich Angst. Schlimmer noch: Ich bekomme auch Angst, wenn ich, was manchmal vorkommt, ihre Gesellschaft nicht angenehm finde. Ich fürchte, dass meine Liebe für sie nachlässt. Also versuche ich, sie mit einem Geschenk zu überraschen oder damit, dass ich etwas Unerwartetes tue – was aber in Wahrheit nur dazu dient, *mich selbst* zu überzeugen, dass ich sie immer noch liebe. Und *sie* zu überzeugen, dass sie mich noch liebt.«

In den folgenden Tagen und Wochen, während dieser Mann friedlich lernte, sich mit seiner inneren Wahrheit anzufreunden, wandelte sich seine Beziehung zu dieser Frau. Sie waren nicht länger zwei bedürftige, sich ängstlich aneinanderklammernde Menschen, die versuchten, künstlich ihre Leidenschaft anzufachen. Stattdessen entwickelten sie sich zu im Einklang mit sich selbst lebenden Individuen, die bewusst an einem Strang zogen, um eine liebevolle Familie zu gründen. Heute, nach sieben Jahren, leben sie weiterhin als liebendes Paar zusammen.

Wenn Sie das heilige Geheimnis der inneren Wahrheit praktizieren, können Sie oft eine schmerzhafte Trennung vermeiden.

um uns vom Leiden zu befreien. Aber in Wahrheit ist es genau umgekehrt: Wenn Sie sich von Ihren Problemen befreien wollen, müssen Sie zunächst zulassen, dass Ihr Leiden sich auflöst.

Vor einiger Zeit lud Krishnaji seinen Freund Diego zu einem Besuch in unserer Akademie ein. Diego hatte zwei Jahre zuvor seinen Sohn verloren, der sich mit einer Drogenüberdosis das Leben genommen hatte. Der Junge war erst neunzehn Jahre alt gewesen, hatte aber jahrelang unter Depressionen gelitten. Er hatte nicht akzeptieren können, dass sein Vater seine Mutter wegen einer anderen Frau verlassen hatte. Er verstand sich nicht mit seiner Stiefmutter, und es gab deshalb oft Streit zwischen ihm und seinem Vater. Diego wurde deshalb irgendwann so wütend auf seinen Sohn, dass er sich innerlich abschottete und emotional von ihm distanzierte.

Am Tag vor dem Selbstmord seines Sohnes aßen die beiden zusammen zu Abend. Während des Essens sagte er zu Diego: »Dad, wir werden uns nicht wiedersehen.«

Diego dachte, sein Sohn wolle wieder einmal einen Streit provozieren. Aber am nächsten Morgen erfuhr er, was geschehen war.

Verzweifelt und nicht bereit, sich selbst zu vergeben, quälten Diego von nun an schreckliche Schuldgefühle. Zu dem Zeitpunkt, als er uns in der Akademie besuchte, dachte er ebenfalls an Selbstmord. Er kümmerte sich kaum noch um seine Frau und seine drei jüngeren Kinder. Auch das Interesse an seinem Beruf hatte er verloren und war inzwischen arbeitslos. Er lebte von seinen rasch schwindenden Ersparnissen. Auch mit seiner Gesundheit ging es bergab. Als er Krishnaji von alledem erzählte, brach Diego weinend zusammen. Er sagte, er wolle sich selbst bestrafen und wolle deshalb ab jetzt bis zu seinem Tod nur noch leiden. Diego wartete regelrecht auf den Tod, weil er dann seinen Sohn wiedertreffen und ihn um Vergebung bitten konnte.

Krishnaji half seinem Freund, indem er Diego durch einen Heilungsprozess führte, der es ihm ermöglichte, frei zu werden. Während dieser Heilung erkannte Diego, dass all sein Schmerz, seine Wut und seine Schuldgefühle sich letztlich um sein eigenes Ego gedreht hatten. Bis zu diesem Moment hatte er geglaubt, seinen Sohn nur dadurch lieben zu können, dass er in ständigen Schuldgefühlen lebte. Er hatte beschlossen, dass es sein Schicksal sein musste, bis an sein Lebensende zu leiden.

Geschockt entdeckte Diego, dass dies keine Liebe war, sondern eine sinnlose Besessenheit. Weder konnte er sich friedlich an seinen Sohn erinnern, noch sich seiner Frau und seinen anderen Kindern zuwenden. All sein Denken kreiste nur um ihn selbst:

»Warum war ich so blind? Warum habe ich alle Signale ignoriert, die er mir gab? Wie konnte ich so selbstsüchtig sein? Ich verdiene es nicht, am Leben und glücklich zu sein. Ich war der Grund dafür, dass er sich umbrachte. Ich habe ein unschuldiges Kind auf dem Gewissen. Ich habe ihn in diese Welt gebracht und als sein Vater versagt. Dass er nicht mehr lebt, ist meine Schuld. Ich werde mir niemals vergeben ... Oh, warum war ich nur so blind?«

Monatelang hatten diese Gedanken sich in Diegos Kopf gedreht wie ein Karussell.

Als er die Wahrheit erkannte – dass dies Selbstbezogenheit war, keine Liebe –, verschwanden seine Schuldgefühle ganz von selbst. Diego begriff, wie sehr er sich von den lebenden Mitgliedern seiner Familie abgewandt hatte. Unbewusst wiederholte er ihnen gegenüber genau das gleiche Muster wie gegenüber seinem verstorbenen Sohn.

Nachdem Diego seine Schuldgefühle hinter sich gelassen hatte, überkam ihn eine große Ruhe. Das unaufhörliche, unnötige Geschnatter in seinem Geist hörte auf. In der darauffolgenden Meditation mit Krishnaji spürte er deutlich die Gegenwart seines Sohnes und erlebte sehr tief, dass ihm vergeben wurde für all die Situationen, in denen er unnahbar gewesen war und seinen Sohn alleingelassen hatte. Er spürte, wie sein Sohn und er auf der Herzensebene eins wurden. Nach diesem Erlebnis sagte Diego: »Ich muss nicht sterben, um mit meinem Sohn Verbindung aufzunehmen. Mein Sohn ist für immer ein Teil von mir.«

Damit endete Diegos Krieg gegen sich selbst.

Und ausgehend von diesem Gefühl der Verbundenheit mit seinem Sohn fragte er sich: »Gibt es etwas, das ich zum Andenken an meinen Sohn tun kann? Kann ich der Welt etwas geben, das ihn glücklich machen würde?«

Da musste er daran denken, wie gern sein Sohn DJ gewesen war. Er beschloss, in seiner Stadt jährlich einen DJ-Talentwettbewerb zu veranstalten und die Talente, die dabei entdeckt wurden, nach Kräften zu fördern. Das würde sein Geschenk an seinen Sohn sein.

Wir haben immer wieder erlebt, bei uns selbst und vielen unserer Schülerinnen und Schüler, dass dann, wenn wir uns von unserem Leiden lösen und befreien, wie durch Zauberei schöne Lösungen für unsere Probleme am Horizont erscheinen. Depression und Angst haben uns dann nicht länger im Griff.

Damit wir uns nicht missverstehen: Das Gefühl, frei von unserem Leiden zu werden, ist schon in sich selbst Lohn genug. Aber wenn wir die in diesem Buch beschriebenen Schritte unternehmen, um schöne Zustände der Liebe und Verbundenheit zu kultivieren, erfahren wir in oft geradezu unglaublicher Weise Unterstützung durch das Universum. Daher möchte ich Ihnen eine Übung vorstellen, die Ihnen helfen wird, aus der Selbstbezogenheit in einen schönen Zustand freudiger Gelassenheit zu gelangen.

Die Übung *Heitere Ruhe* wird von vielen Führungspersönlichkeiten und Suchenden in aller Welt praktiziert – sogar schon von Jugendlichen und Kindern. Wenn sie diese Übung regelmäßig anwenden, so berichten viele von ihnen übereinstimmend, lösen sich in ihrer Umgebung problematische Situationen wie durch Zauberhand, und sie sind in der Lage, Herausforderungen auf eine Weise zu meistern, wie sie es vorher niemals für möglich gehalten hätten.

Heitere Ruhe zu üben ist unglaublich einfach und verhindert doch höchst wirkungsvoll, dass einengende Zustände zu obsessiven Zuständen werden. Wenn Sie diese Übung in konflikthaften Situationen praktizieren, werden Sie aus der Verwirrung in die Klarheit geführt. Sie gelangen zu einer größeren inneren Ruhe, in der Sie dann offen sind für innere Einsichten im Hinblick auf die momentanen Herausforderungen in Ihrem Leben.

Übung: Heitere Ruhe

1. SCHRITT. Setzen Sie sich ruhig hin

2. SCHRITT. Atmen Sie dreimal mit bewusster Aufmerksamkeit in den Bauch.

3. SCHRITT. Beobachten Sie Ihren inneren Zustand, bis Sie genau sagen können, welches Gefühl Sie in diesem Moment empfinden.

4. SCHRITT. Beobachten Sie, in welche Richtung Ihr Denken fließt: Kreisen Ihre Gedanken zwanghaft um die Vergangenheit? Malen Sie sich sorgenvolle Bilder einer chaotischen Zukunft aus? Oder ist Ihr Denken auf die Gegenwart gerichtet?

5. SCHRITT. Stellen Sie sich vor, dass in der Mitte zwischen Ihren Augenbrauen eine winzige Flamme erscheint, und sehen Sie, wie diese Flamme nach innen wandert, bis in die Mitte Ihres Kopfes. Visualisieren Sie dann, dass die Flamme ins Zentrum der Leere schwebt.

Audioproduktionen dieser und anderer von Preethaji angeleiteten Meditationen in englischer Sprache finden Sie auf der Website www.pkconsciousness.com.

Das Beste an dieser wirkungsvollen Übung ist, dass sie **nur drei Minuten dauert** – und überall praktiziert werden kann, jederzeit. Sie können sie zur Selbstüberprüfung einsetzen, wenn Sie mit Ihrem Kind oder Partner in Streit geraten. Sie können sie zur Erfrischung nutzen, wenn Sie während eines Meetings merken, dass Ihre Konzentration nachlässt und Ihr Denken unscharf wird. Sie können sie durchführen, um Ihren inneren Widerstand gegen das regelmäßige Morgen-Yoga oder andere Fitnessübungen zu überwinden. Denken Sie daran, dass Sie dafür lediglich eine

Pause von drei Minuten benötigen. Anschließend werden Sie mit erfrischter Konzentration und Energie Ihren Alltag fortsetzen.

Sie wissen, dass Sie in die Heitere Ruhe gelangt sind, wenn Ihr Denken nicht mehr zwanghaft um die Vergangenheit kreist und Sie nicht länger Sorgen in die Zukunft projizieren. Sie sind dann bereit, mit Würde, Anmut und Leichtigkeit alles anzunehmen, was sich in Ihrem Leben in der Gegenwart manifestiert.

Nun wissen Sie, wie Sie Verbindung zu Ihrer inneren Wahrheit aufnehmen können. Damit sind Sie bereit, zu Ihrer zweiten Lebensreise aufzubrechen.

Kommen Sie, es geht los!

uns die innere Spaltung. Wir wurden zu konfliktbeladenen, selbstbezogenen Individuen. In vielerlei Hinsicht verstärkt unsere Gesellschaft dieses Gefühl innerer Zerrissenheit. Wer in einem Bildungssystem voller Noten und Bestenlisten aufwächst, lernt, sich mit anderen zu vergleichen, zu konkurrieren und zu urteilen. Man brachte uns bei, Gleichaltrige nicht als Freunde, sondern als Konkurrenten zu betrachten.

Der Kampf, den wir führten, richtete sich nicht nur gegen andere Leute. Man brachte uns auch bei, mit uns selbst im Kriegszustand zu liegen. Wir entwarfen ein geistiges Bild von der Person, die wir sein wollten. Und wenn wir unsere Erwartungen nicht erfüllten, waren wir frustriert. Unbewusst wurden wir entweder zu Menschen, die versuchten, die Erwartungen anderer zu erfüllen oder ständig zu beweisen, wie großartig sie sind. Wenn wir uns an den Erwartungen anderer orientieren, leben wir in ständiger Angst, die anderen könnten unzufrieden mit uns sein, weswegen unser ganzes Handeln darauf ausgerichtet ist, ihnen zu gefallen. Wenn wir glauben, uns ständig beweisen und andere übertreffen zu müssen, denken wir an früher erlittene Kränkungen, führen wütende innere Dialoge und wollen den Menschen, die uns verletzen, beweisen, dass sie im Irrtum sind. Wir sind daran gewöhnt, im ständigen Kriegszustand zu leben, und vergessen völlig, dass es auch ganz anders geht.

Aber wie konnte es überhaupt geschehen, dass wir uns so von dem schönen Zustand der Ganzheit entfernten? Warum haben wir aufgehört, das schöne Selbst zu sein, das unsere wahre Natur ist? Wie konnten wir zu derartig selbstbezogenen Individuen werden?

Warum bin ich unglücklich?

Wer ist der Mensch, der Ihnen morgens nach dem Aufwachen zuerst begegnet? Wer ist der Mensch, mit dem Sie jeden Augenblick Ihres Lebens verbringen, sogar in Ihren Träumen? Wer ist die Person, mit der Sie zusammen sind, wenn Sie allein sind und wenn Sie sich in Gesellschaft anderer befinden?

Sie selbst.

Lieben Sie diesen Menschen? Sorgen Sie gut für ihn? Oder kritisieren Sie ihn ständig und behandeln ihn schlecht? Sind Sie Ihre eigene beste Freundin, Ihr eigener bester Freund?

Überlegen Sie, was passiert, wenn Sie wütend auf einen Freund, Verwandten oder Arbeitskollegen sind. Sie versuchen, diese Menschen zu verändern. Sie geben ihnen Ratschläge oder sagen ihnen, dass Sie ihr Verhalten unerträglich finden. Vielleicht beten Sie sogar, um die betreffende Person zu einer Verhaltensänderung zu bewegen. Weigern sich die anderen, sich zu ändern, kann es sein, dass Sie zu ihnen auf Distanz gehen, Begegnungen eher ausweichen oder nicht mehr so schnell zurückrufen. Wenn Sie die Situation als unerträglich empfinden, beenden Sie möglicherweise die Beziehung ganz.

Aber was tun Sie, wenn der Mensch, mit dem Sie nicht klarkommen, Sie selbst sind?

Wenn der Mensch, den Sie nicht mögen, Sie selbst sind?

Wenn Sie der Mensch sind, den Sie hassen?

> Halten Sie hier einen Moment inne. Atmen Sie ein paarmal tief und langsam durch. Richten Sie Ihre Aufmerksamkeit sanft auf Ihre Beziehung zu sich selbst. Denken Sie an Mo-

> mente, während denen Sie sich in einem schönen Zustand der Fürsorge und Achtung sich selbst gegenüber befanden. Atmen Sie tief, und lassen Sie diese Momente Revue passieren.
>
> Denken Sie nun an Momente, während denen Sie sich in leidvollen Zuständen der Unzufriedenheit oder Abneigung sich selbst gegenüber befanden. Atmen Sie tief, und lassen Sie diese Momente Revue passieren.

Wir hoffen, dass es für Sie Momente einer schönen Verbundenheit mit sich selbst gab. In solchen Momenten haben Sie sich so geliebt, wie Sie sind.

Sehr wahrscheinlich gab es auch Zeiten, während denen Sie Schmerz und Unbehagen sich selbst gegenüber empfanden. In solchen Momenten haben Sie entweder nach Lösungen oder Ablenkungen in der Außenwelt gesucht oder Ihren inneren Zustand als »normal« akzeptiert und einfach vergessen, dass Sie gar nicht wirklich dieses mit sich selbst hadernde Selbst sind. Sie sind ein schönes Selbst. Sie sind kein Schaf, das um sein Überleben im Dschungel bangt. Sie sind ein Löwe.

Wenn wir keine schöne Beziehung zu uns selbst haben, ist alles an uns – die Art, wie wir gehen, reden, denken und auf Erfolge hinarbeiten – durch ein nagendes Gefühl des Selbstzweifels getrübt. Solange wir in diesem Leidenszustand feststecken, ist unser Potenzial für Erfolg und Erfüllung erheblich beeinträchtigt! Deshalb sollten wir diesen Zustand unbedingt auflösen.

Viele Menschen, denen ihre sich ständig verschlimmernde innere Spaltung schwer zu schaffen macht, versuchen verzweifelt, ihren Körper zu optimieren. Millionen nehmen Drogen, betäuben oder stimulieren sich mit Alkohol, quälen sich mit Selbstmordgedanken oder setzen diese gar in die Tat um.

Doch sosehr wir auch im Außen nach Lösungen und Hilfe suchen mögen, um besser mit uns selbst klarzukommen, es gibt keinerlei Beweis dafür, dass jemals auch nur ein Mensch Glück gefunden hat, während er mit sich selbst im Krieg lag. Denn wenn Sie den größten Teil Ihrer Zeit damit verbringen, gegen sich selbst zu kämpfen, wie viel Zeit bleibt Ihnen da noch, um sich an Ihren Beziehungen zu lieben Menschen, an Wohlstand, Freizeitaktivitäten oder Erfolgen zu erfreuen?

Was geschieht noch, wenn wir in einem Zustand inneren Unfriedens leben?

Haben Sie als Kind Fangen gespielt? Wir spielten es so: Jemand stand in einem Kreis und sagte: »Ene mene muh, und raus bist du.« Dann wurde ein Kind nach dem anderen gefangen. Das letzte Kind, das übrig blieb, war dann in der nächsten Runde der Fänger.

Was tun wir dabei? Statt eine klare Wahl zu treffen, ließen wir das Glück entscheiden. Niemand musste die Verantwortung für die Auswahl des Fängers übernehmen.

Wenn wir nicht in Harmonie mit uns selbst leben, treffen wir ziemlich oft sogar noch als Erwachsene wichtigste Entscheidungen auf diese Weise. Es fällt uns schwer, uns zu entscheiden, weil unsere inneren Leidenszustände bewirken, dass wir an uns selbst und unseren Entscheidungen zweifeln. Wir glauben nicht an uns. So spielen wir sogar bei der Partnerwahl, der Berufswahl und der Entscheidung, mit welchen Leuten wir geschäftlich zusammenarbeiten wollen, »Ene mene muh«. Uns fehlt einfach das Selbstvertrauen, um uns zu entscheiden oder eine bewusste Wahl zu treffen.

Und selbst wenn wir uns zu einer Entscheidung durchringen,

geht das Zweifeln weiter. Wir zweifeln, ob wir uns in den richtigen Menschen verliebt haben, und das mitunter, obwohl wir schon drei Jahre mit ihm zusammenleben. Noch ein Jahrzehnt, nachdem wir einen Beruf ergriffen haben, zweifeln wir die Richtigkeit unserer Entscheidung an. Selbst nachdem wir an der Universität erfolgreich ein Studium abgeschlossen haben, zweifeln wir noch an der Richtigkeit unserer Wahl. Wir verlieren uns im Wirrwarr unserer widerstreitenden Ansichten und vergessen darüber, dass das Leben schön sein kann.

Unfähig, das innere Chaos zu ertragen, rennen wir von einer Notlösung zur nächsten, immer auf der Suche nach Möglichkeiten, die wütenden, nagenden Stimmen in uns zum Schweigen zu bringen, die für diese innere Klaustrophobie verantwortlich sind. Und wenn nichts davon zu einer dauerhaften Veränderung führt, glauben wir, die Welt oder das Schicksal würden uns übel mitspielen.

»Dabei bin ich doch so ein guter Mensch!«, jammern wir. »Ich habe nie etwas Böses getan. Warum bin ich trotzdem so unglücklich?«

Drei Ausdrucksformen innerer Disharmonie

Im berühmten indischen Epos *Ramayana* steht der Bösewicht, König Ravana, vor einem einzigartigen Dilemma. Anders als die Schurken in vielen anderen Geschichten war er kein dummer oder bösartiger Herrscher. Ravana war ein großer Gelehrter. Er war literarisch sehr bewandert, und er hatte in seinem Königreich für großen Wohlstand gesorgt.

Wie konnte es dann so weit kommen, dass dieser in jeder Hinsicht als tugendhaft geltende Mann Dinge tat, die zum Tod seines Bruders, seines Sohnes und seines gesamten Clans führten? Was veranlasste ihn, die Frau des Helden Rama zu entführen – eine Handlung, die zur Folge hatte, dass Ravanas gesamtes Königreich niedergebrannt wurde? Wie konnte ein so hochgelehrter, gebildeter Mann so destruktiv agieren?

In der Erzählung wird Ravana als Mann mit zehn Köpfen beschrieben. Seine vielen Köpfe symbolisieren seine widersprüchlichen Wertvorstellungen und obsessiven Begierden, durch die er in seinem eigenen Kopf gefangen war. Seine ganze Gelehrigkeit war ihm keine Hilfe dabei, die inneren Konflikte zwischen seinen Wertvorstellungen und seinen Wünschen zu befrieden. Dieser Mann lag im Krieg mit sich selbst, und es dauerte nicht lange, bis dieser innere Krieg auf alle Menschen in der Umgebung des Königs übergriff.

Wenn Sie die Geschichte des Ravana lesen, werden Sie sich vermutlich eine Frage stellen, die heute noch genauso wichtig ist wie im alten Indien:

Wie ist es möglich, dass eigentlich gute Menschen böse Taten begehen?

Haben wir uns diese Frage nicht alle schon gestellt? Wir sehen, wie eine Schwester, ein Sohn oder Freund vom Weg abkommt, und denken: *Was ist da nur schiefgegangen?* Wir sehen Politiker oder Künstler, an die wir einst glaubten, und fragen uns: *Wie konnten sie so sehr gegen ihre eigenen Werte und Ideale verstoßen?*

Wenn Menschen sich in einen inneren Krieg verstricken, werden sie wie Ravana. Sie verhalten sich dann nicht nur selbstzerstörerisch, sondern können auch andere zerstören. Ein Mensch kann die besten Absichten verfolgen – doch wenn in seinem In-

II. Entdecken Sie Ihre innere Wahrheit

neren eine Schlacht zwischen einander widersprechenden Werten tobt, wird er seine Umwelt ins Chaos stürzen.

Das Feuer unseres inneren Krieges wird durch miteinander in Konflikt stehende Wünsche entfacht, zum Beispiel:

Ich will eine selbstlose Mutter sein, aber dafür muss ich meine Karriere opfern. ... Beides zusammen geht nicht.

Ich will diese Beförderung unbedingt, aber dann werde ich nicht in der Lage sein, herumzureisen und die Welt zu sehen. ... Ich muss sesshaft werden.

Ich wünsche mir eine glückliche Beziehung, aber ich möchte auch die Vorzüge des Singledaseins nicht aufgeben. ... Also werde ich so oder so unglücklich sein.

Unser innerer Kampf kann auch ein Konflikt zwischen unseren Idealen und unserer Alltagswirklichkeit sein. Wir sehnen uns danach, tugendhaft zu leben, fühlen uns aber zu ethisch problematischen Verhaltensweisen hingezogen. Wir sehnen uns danach, geduldig und gütig zu sein, doch in uns brodeln Wut und Intoleranz.

Doch wenn Sie keine Idee haben, wie Sie sich von solchen inneren Konflikten befreien können, spielt es keine Rolle, welchen Weg Sie einschlagen. Ihre Unzufriedenheit kann sich dann zur Depression zuspitzen und gar bewirken, dass Sie sich selbst und Ihre Welt zu hassen beginnen.

Genau das geschah mit Ravana. Obwohl er wusste, dass seine miteinander in Konflikt stehenden Wünsche sein Untergang sein würden und die Zukunft seines Königreichs auf dem Spiel stand, konnte er ihnen nicht widerstehen.

So viele von uns leben mit den gleichen inneren Qualen wie Ravana. Doch wenn unsere innere Welt ein Schlachtfeld ist, wie können wir dann je in schöne Zustände des Glücklichseins und der Freiheit gelangen?

Mag sein, dass Sie den Begriff »Schlachtfeld« übertrieben finden. Natürlich sind wir alle immer wieder einmal unzufrieden oder wünschen uns mehr Anerkennung. Das ist einfach Teil des Lebens.

Oder nicht?

Zwar mag es uns erscheinen, dass die Ursachen für diese Konflikte außerhalb von uns liegen, doch in Wahrheit sind wir selbst es, die eine zerstörerische Kraft freisetzen, indem wir uns eine der folgenden Ausdrucksformen des Krieg führenden Selbst zu eigen machen:

Die erste Variante unseres inneren Krieges ist ein »schrumpfendes Selbst«.

Das schrumpfende Selbst

Als Alex ungefähr zwölf oder dreizehn Jahre alt war, wurde er gehänselt, weil er dünner und viel kleiner war als seine Schulkameraden. Um mit dieser Demütigung fertigzuwerden, wurde er Turner. Als er später aufs College ging, war er einer der bestaussehenden Studenten auf dem Campus: Die Mädchen umschwärmten ihn.

Und von da an eilte er von Erfolg zu Erfolg. Er wurde ein herausragender Geschäftsmann, verdiente ein Vermögen und heiratete eine wunderschöne Frau.

Doch bis zum heutigen Tag ist Alex sehr gehemmt und leidet unter Minderwertigkeitskomplexen, weil er ständig dem Drang

II. Entdecken Sie Ihre innere Wahrheit

nachgibt, sich mit anderen zu vergleichen. Wenn seine Frau ihm zeigt, wie sehr sie ihn begehrt und von ihm geliebt werden will, verunsichert ihn das, weil er ihr Verhalten mit dem Verhalten seiner früheren Partnerinnen vergleicht.

Er hatte geglaubt, wenn er es auf allen Gebieten, denen er sich widmete, bis hinauf an die Spitze schaffte, würde er keinen Grund mehr haben, sich anderen gegenüber minderwertig zu fühlen. Als Kind hatte er entschieden, es im Leben so weit zu bringen, dass die anderen sich mit ihm vergleichen und sich ihm unterlegen fühlen würden – statt umgekehrt.

Doch als er sich bei uns auf die innere Reise begeben hatte, erkannte er die Wahrheit. Seine zwanghafte Neigung, sich mit anderen zu vergleichen, war so ausgeprägt wie früher, trotz all seiner Erfolge und des vielen Geldes, das er verdiente!

Diese inneren Leidenszustände führten bei Alex zu einem merkwürdigen Muster im geschäftlichen Bereich. Jeder Deal, den er abschloss, schien ihm nicht gut genug, selbst wenn er dabei einen ausgezeichneten Profit erzielte. Immer glaubte er, die anderen hätten einen größeren Vorteil. Auch war er überzeugt, dass sich Erfolg bei ihm nur einstellte, wenn er hart und schwer dafür arbeitete. Die anderen hatten es seiner Ansicht nach viel leichter.

Dieses Muster änderte sich erst, als seine innere Disharmonie sich auflöste. Während einer mystischen Meditation mit Krishnaji öffnete sich Alex für eine neue Art von Intelligenz. Er erwachte aus der Illusion des begrenzten Selbst und erlebte einen Bewusstseinszustand, bei dem er sich nicht mehr von anderen isoliert fühlte. Sein Drang, sich ständig vergleichen zu müssen, verschwand.

Nachdem Alex diese Bewusstseinstransformation erlebt hatte,

gelang es ihm viel besser, in schöne Zustände der Kreativität und geistigen Klarheit zu gelangen – und das ist jetzt die Basis für seine Erfolge.

Dieses schrumpfende Selbst, das Alex erlebte, ist weitverbreitet. Oft manifestiert es sich als starke Selbstzweifel, Schüchternheit oder Minderwertigkeitskomplexe. Manchmal, wie in Alex' Fall, machen unsere verzweifelten Versuche, unser schrumpfendes Selbst zu vergrößern, uns extrem aggressiv.

Doch was ist die Wahrheit des schrumpfenden Selbst?

Es wird genährt durch die suchthafte Angewohnheit, uns mit anderen zu vergleichen, und durch das Gefühl, weniger wert zu sein als sie.

Wir fühlen uns klein und unbedeutend. In Gegenwart von Menschen, die wir für intelligenter, schöner, talentierter halten, fühlen wir uns unwohl. Wir bilden uns ein, dass sie auf uns herabsehen, was uns gehemmt und unsicher macht.

Ein schrumpfendes Selbst erfüllt uns mit Selbstzweifeln und bewirkt, dass wir uns den Freuden des Lebens verschließen. Es fehlt uns der Mut, beherzt das anzustreben, wonach unser Herz sich sehnt.

Das destruktive Selbst

Die zweite Ausdrucksform unseres inneren Krieges ist ein »destruktives Selbst«.

Alicia und Greg, ein Paar aus der Schweiz, hatten seit über einem Jahrzehnt Eheprobleme, waren aber wegen ihres einzigen Kindes, einer Tochter, zusammengeblieben. Als dann ihre Tochter auszog, um zu studieren, beschlossen sie, sich scheiden zu lassen. Leider endeten ihre Probleme damit nicht.

Greg war stets ein vernünftiger Mensch gewesen, doch als die Scheidung kurz bevorstand, veränderte er sich. Er empfand starke Hassgefühle und ließ sich dazu hinreißen, ihnen nachzugeben. Von nun an tat er alles, um Alice das Leben schwer zu machen. Während ihrer Ehejahre war Alice laut und dominant gewesen, Greg unterwürfig und fügsam. Es war, als hätte die Trennung ihn dahingehend befreit, dass er nun der Wut und Aggression freien Lauf ließ, die sich jahrelang in ihm angestaut hatten. Ständig verglich er sein unglückliches und zerbrochenes Familienleben damit, wie es hätte sein können, und gab seiner Frau die Schuld.

Greg war gebildet und finanziell unabhängig – er verfügte also über die Mittel, ein friedvolles Leben zu führen –, doch stattdessen war er besessen davon, alte Rechnungen mit Alice zu begleichen.

Wenn wir dem destruktiven Selbst nachgeben, werden wir emotional instabil, handeln impulsiv und sprunghaft. Ein destruktives Selbst kann sich als Perfektionismus, übermäßiger Ehrgeiz und Unbarmherzigkeit manifestieren – oder als Vergnügungssucht, ungesunde Angewohnheiten oder Workaholismus.

Wenn wir uns in diesem Zustand befinden, sehen wir in anderen Menschen Konkurrenten oder Feinde. Sie zu dominieren oder unsere Macht zur Schau zu stellen, wird für uns wichtiger als unser eigenes Wachstum und Wohlergehen. Dadurch bringen wir Freunde und Angehörige gegen uns auf. Wir werden hartherzig und unsensibel – und wir finden in diesem Zustand nur sehr wenige Menschen, die wirklich zu uns halten. Außerdem neigen wir dazu, ungesunde Beziehungen einzugehen.

Angetrieben wird das destruktive Selbst von der Gewohnheit,

suchthaft unser Leben damit zu vergleichen, wie es unserer Meinung nach sein könnte oder sein sollte.

Aber wir vergleichen nicht nur – wir machen auch andere Menschen für unsere unerfreuliche Realität verantwortlich.

So wird das Leben zum Krieg.

Das träge Selbst

Die dritte Ausdrucksform unseres inneren Krieges nennen wir das »träge Selbst«.

Schon ihr ganzes Leben verglich sich Beth mit ihren Geschwistern und schnitt dabei jedes Mal schlecht ab. Ihre Schwestern galten als attraktiver, und alle hatten sie beruflich Erfolg, was Beth wegen einer Lernschwäche nicht möglich war. Die Situation wurde zusätzlich dadurch verschlimmert, dass Beth' Eltern sie als faul beschimpften, sodass in Beth ein heftiger innerer Krieg tobte.

Beth geriet in einen Teufelskreis: Sie aß mehr, bewegte sich zu wenig und saß tatenlos herum. Sie verlor auch noch ihr letztes bisschen Selbstvertrauen. Wenn sie einmal etwas Geld hatte, warf sie es für Unsinn aus dem Fenster. In Tagträumen malte sie sich das Leben aus, von dem sie wusste, dass es ihr eigentlich zustand, das ihr aber hoffnungslos unerreichbar schien.

Die vorherrschenden Merkmale eines trägen Selbst sind Gleichgültigkeit, Verantwortungslosigkeit, Faulheit und die Neigung, Dinge auf die lange Bank zu schieben. Es fehlt uns an Antriebskraft, wir sind demotiviert. Es gibt nur eine Aktivität, die für uns verlockend ist: das Tagträumen! Wodurch wird das träge Selbst getrieben? Auch hier ist es wieder die Gewohnheit, uns mit ande-

II. Entdecken Sie Ihre innere Wahrheit

ren zu vergleichen – doch während das schrumpfende Selbst durch den Vergleich zu einem Leben in ständigem Konkurrenzkampf animiert wird, gibt das träge Selbst sofort auf, ohne es auch nur zu versuchen. Es vermeidet jede Anstrengung.

Wir haben die Hoffnung aufgegeben, dass das Leben Gutes für uns bereithalten könnte.

Wenn wir feststellen, dass wir zu einer dieser drei Ausdrucksformen neigen, sind wir häufig versucht, sie sofort als schlechte Angewohnheiten oder Wesenszüge abzuqualifizieren, die behoben werden müssen.

Der Wunsch, uns von unserem schrumpfenden Selbst zu befreien, veranlasst uns vielleicht, uns mit Abenteuersportarten zu beschäftigen. Wir glauben dann, wir könnten unsere Minderwertigkeitsgefühle am besten überwinden, indem wir unser Image durch herausragende sportliche Leistungen aufpolieren – aber unbewusst verstärken wir damit unsere innere Spaltung noch mehr.

In einem Versuch, das destruktive Selbst zu transzendieren, bemühen wir uns, kultivierter zu werden, was unsere Umgangsformen und unsere Sprache angeht. Wir versuchen, uns selbst zu zähmen und zu beherrschen, aber oft tauschen wir dabei nur eine Sucht gegen eine andere aus.

Und um unsere innere Trägheit zu überwinden, schleppen wir uns ins Fitnesscenter oder entgiften unseren Körper, ohne uns je mit unserem Bewusstsein zu beschäftigen.

Sind das dauerhafte Problemlösungen? Wie kann es echte Transformation geben, solange wir nicht erkennen, dass es sich nur um Symptome eines tieferen inneren Krieges handelt?

Halten Sie an dieser Stelle bitte kurz inne. Atmen Sie tief. Beobachten Sie, was während Momenten des Missfallens, der Unzufriedenheit oder des Selbsthasses in Ihnen vorgeht. Als welches der drei beschriebenen Selbst manifestiert sich Ihr innerer Krieg?

Beobachten Sie passiv, wie sich das auf Ihr Leben auswirkt.

Die Suche nach der verlorenen Liebe

Der indische Großmogul Akbar war dafür bekannt, dass er intellektuell anregende Debatten liebte und seinen Ministern zum Zeitvertreib gerne lustige Aufgaben stellte. In einer der Geschichten über ihn heißt es, dass er sie einmal aufforderte, für ihn den größten Dummkopf im ganzen Königreich ausfindig zu machen und in den Palast zu bringen.

Birbal, ein besonders geistreicher Minister, brachte den ganzen Tag damit zu, überall nach einem solchen Riesennarren zu suchen, doch ohne Erfolg. Als der Abend hereinbrach, stand er kurz davor, mit leeren Händen in den Mogulpalast zurückzukehren. Doch da erblickte er plötzlich einen Mann, der im matten Lichtschein einer Laterne den Boden absuchte.

Birbal näherte sich ihm und fragte, wonach er suche.

Der alte Mann sah den königlichen Minister in seiner Amtstracht und antwortete ehrerbietig, dass er seinen Schlüssel suche. Mitfühlend half ihm Birbal. Nach ein paar Minuten fragte er den Alten, wo genau er denn den Schlüssel verloren habe. Der Mann zeigte in eine dunkle Ecke, ziemlich weit von der Stelle entfernt, wo sie suchten.

ben, dass wir uns schlecht fühlen, obwohl es doch *unsere eigenen* Gedanken sind, die sich obsessiv im Kreis drehen?

Vergessen wir also nicht, dass dieser um uns selbst kreisende Zustand der Nährboden für unser Unglücklichsein, unseren inneren Konflikt ist.

Solange wir nicht mit uns selbst Frieden schließen, wird unsere innere Welt weiterhin das Schlachtfeld für unsere selbst erschaffenen Konflikte sein:

Warum ist dieser Mensch beliebter als ich?

Warum kann ich nicht ein Leben wie meine Cousine führen?

Er ist so attraktiv und geistreich. Warum kann ich nicht sein wie er?

Warum bin nicht ich mit einem goldenen Löffel im Mund geboren? Warum er?

Immer weiter singen Sie vor sich hin: *Warum ich?* Oder: *Warum nicht ich?*

Unser innerer Kampf hat jedoch nichts mit äußeren Situationen zu tun. Dass Sie nicht so groß wie ihr Vater oder nicht so erfolgreich wie Ihre Studienkollegin sind, dabei handelt es sich einfach um Fakten des Lebens, die an sich weder gut noch schlecht sind. Solche Fakten können Unannehmlichkeiten oder Schwierigkeiten verursachen, aber es lassen sich für solche äußeren Probleme immer Lösungen finden.

Natürlich leugnen wir keineswegs, dass es im Leben Probleme gibt, die uns alle mehr oder weniger stark betreffen können. Unsere Zeit in unserem jetzigen Körper ist begrenzt. Nicht allen wird eine perfekte Gesundheit oder eine liebevolle Familie gewährt. Für viele Menschen auf der Erde ist das Leben weder leicht noch sanft.

Doch wenn wir oben auf die Härten des Lebens noch einen

Berg aus quälenden selbstbezogenen Gedanken schaufeln, fokussieren wir uns völlig darauf, wie ungerecht das Leben ist. Unser Denken lässt dann alles – unseren Körper, unser Leben, unsere Welt – unvollkommen und hässlich erscheinen. Wir leiden unter einem übertriebenen und schmerzhaften Gefühl der »Ungerechtigkeit«, als würde das Universum uns mit Absicht unser Glück vorenthalten. Wir klagen: »Wie kann ich bei alledem, was das Leben mir aufbürdet, jemals Frieden finden?«

Und ist Ihnen nicht auch schon aufgefallen, dass wir dann, wenn wir uns innerlich in einem solchen Leidenszustand befinden, Schwierigkeiten und Chaos geradezu magisch anziehen?

Wenn wir uns den um uns selbst kreisenden Gedankenkarussellen hingeben, versäumen wir es nämlich, unsere wirklichen Probleme anzupacken. Wir entwickeln eine permanente innere Unsicherheit und wittern überall Beleidigungen oder eine Missachtung unserer Rechte, obwohl in Wahrheit nichts dergleichen geschieht. Wir werden unzufrieden damit, wer wir sind, und beschäftigen uns besessen mit einem Bild, wie wir sein sollten. Im verzweifelten Versuch, psychologisch zu überleben, versuchen wir, uns an die Standards anderer Leute anzupassen, um deren Aufmerksamkeit und Zuwendung zu gewinnen.

So werden wir zu Menschen, die viele Masken tragen, während uns die wahre Macht des schönen Bewusstseinszustandes verborgen bleibt.

Vielleicht führen wir Gespräche über Selbstliebe und Selbstfürsorge, aber allzu oft greifen wir zu oberflächlicher Schadensbehebung, die nicht zum Kern des Problems vordringt: unserer zwanghaften Beschäftigung mit uns selbst.

Und wie gut sorgen wir denn wirklich für uns, wenn wir es

zulassen, dass unser inneres Selbst in leidvollen Zuständen feststeckt und wir seine Wunden nicht heilen können? Wie authentisch ist unsere Selbstliebe, wenn wir eine schöne Urlaubsreise unternehmen, aber unser inneres Geschwätz unaufhörlich weitergeht? In einem solchen Zustand sind wir desorientiert und einsam. Wir können das Leben nicht feiern.

Authentische Selbstliebe erfordert, dass wir uns aus der Selbstbesessenheit lösen und bewusst einen schönen Zustand herbeiführen.

Aber wie geht das?

Indem wir von der Selbstbesessenheit zu einer sanften Selbstbeobachtung übergehen.

Daniel J. Siegel, Professor für Psychiatrie, zufolge wandert, jedes Mal wenn wir in diesen beobachtenden Zustand wechseln, die neurale Aktivität in unserem Gehirn von der Amygdala, dem Zentrum für Angst und Wut, in den mittleren präfrontalen Kortex, den Sitz des intelligenten Denkens und eines erweiterten Gefühls von Verbundenheit.

Das ist die Sichtweise eines Wissenschaftlers. Ein Mystiker würde sagen, dass die Frucht des inneren Beobachtens darin besteht, dass unser drittes Auge aktiviert wird, wie es auf vielen bildlichen Darstellungen asiatischer Gottheiten zu sehen ist.

Unsere Reise zu einem schönen Selbst beginnt mit der Wahrheit, denn nur die Wahrheit kann uns befreien. Wenn wir die Wahrheit erkennen, dass wir Krieg gegen uns selbst führen und wie sehr dadurch unsere Sicht des Lebens verzerrt wurde, können wir diesen Zustand transformieren, ohne ihn zu verurteilen. Zu diesem Zeitpunkt überkommt uns ein schöner Zustand innerer Ruhe. Wenn wir, ohne dagegen anzukämpfen oder uns deswegen zu schämen, die Tatsache akzeptieren, dass wir uns ständig mit anderen vergleichen und wie sehr wir uns isoliert und vom Leben abgeschnitten haben, wird der schöne Zustand der Verbundenheit spontan in uns aufsteigen. Wenn wir, ohne uns zu verurteilen, das Chaos beobachten, das in unserem Leben dadurch entsteht, dass wir ständig unzufrieden mit uns selbst sind, wird unser Bewusstsein sich klären und ordnen.

Für diesen Prozess ist Maureen, eine aus Südeuropa stammende Frau, ein gutes Beispiel. Mutig hat sie ihr Selbstbild verändert.

Als wir Maureen kennenlernten, war sie Anfang vierzig, eine Geschäftsfrau, die sich nach außen hart und unbeugsam gab. Ihr Körper wirkte sportlich durchtrainiert, und sie lächelte wenig. Selbst die alltäglichsten Dinge sagte sie mit einer gewissen Angespanntheit. Doch als ich während eines Retreats eine innere Reise leitete, die dazu diente, Ganzheitlichkeit zu entdecken, erlebte Maureen eine echte Metamorphose.

Im Alter von acht oder neun Jahren war sie von einem Fremden vergewaltigt worden. Als es vorbei war, bespuckte er sie und sagte: »Du bist ein wirklich hässliches Mädchen.«

Im Lauf der Jahre war sie bei vielen Therapeuten gewesen, um ihre Wut zu überwinden und ihr quälendes Gefühl der Verachtung sich selbst gegenüber. Sie war zweimal verheiratet gewesen. Sie arbeitete mit großem Erfolg als Investmentbankerin und galt als knallhart und erbarmungslos, aber nie wurde ihr der Respekt entgegengebracht, nach dem sie sich sehnte, nicht von anderen und nicht von sich selbst.

Als wir sie in einen tiefen meditativen Zustand führten, erlebte sie ihre traumatische Kindheitserfahrung zum ersten Mal als passive Zeugin. Plötzlich war da kein Krieg führendes Selbst mehr, das schrie: »Das hätte niemals passieren dürfen! Mein Leben hätte anders verlaufen sollen!« Da war kein *hätte* oder *hätte nicht* mehr. Das Erlebnis *war* einfach da, es existierte. Alle Ereignisse ihres Lebens waren einfach da. Zum ersten Mal sah sie ihr Leben nicht durch die Brille ihres verwundeten Selbst.

Als Maureen tiefer in die Meditation des Grenzenlosen Feldes eintauchte, machte sie eine außergewöhnliche Erfahrung. Sie hatte das Gefühl, vom Universum umarmt zu werden. Es war, als wäre das Universum ein lebendiges Wesen, das sie in den Armen wiegen und ihr helfen wollte, diese tiefe Wunde zu heilen, die sie schon so lange mit sich herumtrug.

Sie erzählte uns hinterher, sie hätte den Eindruck gehabt, ihr Herz sei wie zersprungenes Glas, und während dieser transzendenten Erfahrung seien zum ersten Mal die Splitter wieder zusammengesetzt worden.

Ebenso wunderbar wie diese Erfahrung waren die Veränderungen, die sich danach in ihrem Leben ereigneten.

Ein traumatisches Erlebnis, das ihr Leben auf so schmerzhafte Weise geprägt und verdüstert hatte, war nun einfach ein Teil ihrer Vergangenheit geworden, auf den sie aus einem schönen Zustand innerer Ruhe zurückblicken konnte.

Seit dieser machtvollen transformativen Erfahrung ist Maureen in der Lage, sich selbst auf für sie ganz neue Art Liebe und Mitgefühl zu schenken. Der Zwang zu selbstbesessenem Denken und Handeln ist verschwunden. Als ihr die nächste einer langen Reihe von Beförderungen angeboten wurde, sagte sie zum ersten Mal Nein. Sie beschloss, ihre innere Reise fortzusetzen und das, was sie dabei herausgefunden hatte, in möglichst selbstloser Weise zu nutzen.

»Ich möchte mir Zeit dafür nehmen, andere zu heilen«, sagte sie.

Inzwischen hat Maureen für sich eine neue Aufgabe gefunden, die darin besteht, Mentorin für die jungen Newcomer in ihrem Unternehmen zu sein. Die Liebe, die sie in ihrem Leben entdeckt hat, erfüllt sie mit tiefem Frieden.

Um Maureens Schmerz verstehen zu können, müssen wir nicht selbst ein solches Trauma erlitten haben. Aber wir alle müssen uns von Erinnerungen befreien, die uns verfolgen wie Albträume. Wir müssen zu innerer Harmonie erwachen.

Wenn wir die Natur unserer inneren Kriegszustände beobachten, erkennen wir, dass es sich bei ihnen allen um innere Kritiker handelt, die uns zerrissen und unglücklich machen und uns unserer Lebensfreude und inneren Ruhe berauben. Wie immer unsere persönliche Geschichte aussehen mag, ob sie einfach oder kompliziert ist, solange dieser innere Krieg uns beherrscht, kritisieren wir uns andauernd: unser Aussehen, unseren beruflichen und gesellschaftlichen Status, unser Zuhause, unsere Familie, unser ganzes Leben. An der Wurzel unserer inneren Spaltung stoßen wir auf die Angewohnheit, ständig alles zu kommentieren und zu bewerten, wodurch jede Erfahrung, die wir machen, einsortiert wird unter »soll so sein« oder »soll nicht so sein«. Diese Gewohnheit treibt uns dazu, Vergleiche anzustellen, und ruft innere Konflikte hervor.

Wenn Sie Ihren Körper anschauen, sehen Sie ihn nicht so, wie er ist; Sie beurteilen ihn von Kopf bis Fuß danach, wie er *sein* oder *nicht sein sollte*. Wenn Sie Zeit mit Ihrer Familie verbringen, sehen Sie sie nicht, wie sie ist; Sie beurteilen jedes Familienmitglied danach, ob es so ist, wie es Ihrer Ansicht nach *sein müsste* oder *nicht sein dürfte.* Wenn Sie nach Hause kommen, genießen Sie Ihr Zuhause nicht; Sie bewerten es, finden es *zu groß oder zu klein*, denken, dass es nicht so ist, *wie es sein sollte.* Wenn Sie zur Arbeit gehen, sehen Sie Ihren Beruf nicht als Möglichkeit, Ihre Talente zu entfalten und kreativ zu sein; Sie bewerten jeden Arbeitstag, indem Sie zu sich sagen: *Ich sollte meine Zeit anders verbringen.* Oder: *Ich sollte nicht hier sein.*

Wenn Sie jedoch dazu übergehen, das Leben einfach zu beobachten, fallen all diese Bewertungen von Ihnen ab wie trockenes Laub, das auf dem Fluss der bewussten Wahrnehmung davonschwimmt. Eine tiefe innere Ruhe und Freude strahlt dann von Ihnen aus. In diesem großartigen Bewusstseinszustand wird jeder Fehlschlag einfach assimiliert, ohne das Bedürfnis, sich selbst oder einer anderen Person die Schuld zu geben. Jede Niederlage wird akzeptiert, ohne das Bedürfnis, sich zu rechtfertigen oder einen anderen Menschen zu verdammen. Wenn es darum geht, sich selbst und Ihren Körper zu betrachten, übernehmen Sie nicht die Worte oder Aussagen anderer Leute. Sie sind im Frieden mit Ihrem wütenden Selbst, Ihrem eifersüchtigen Selbst und Ihrem einsamen Selbst. Es gibt keinen Teil von Ihnen, den Sie ablehnen oder verurteilen. Sie leben im Frieden mit der Gesamtheit Ihres Selbst. In diesem Bewusstseinszustand, der es Ihnen ermöglicht, wertfrei zu beobachten, erkennen Sie, was Mitgefühl und Freiheit wirklich bedeuten.

Ohne den Drang, alles, was uns im Leben widerfährt, als gut oder schlecht, hässlich oder schön, erwünscht oder unerwünscht zu beurteilen, lassen wir Zustände von Stolz oder Demütigung hinter uns, gelangen an einen Ort jenseits von Schuld und Reue. Wir treten ein in das Reich reinen Bewusstseins, wo alles heilig ist. Alles einfach *ist*. Alle Menschen in unserem Leben sind, wie sie sind. Das Leben ist, wie es ist – Teil des Fließens unseres Universums.

Und wenn wir diesen inneren Krieg hinter uns lassen, werden wir aufwachen und unsere wahren Herzensanliegen und unsere Lebensbestimmung erkennen. Wir sind dann viel mehr für unsere geliebten Angehörigen da und können unserer Gemeinschaft und der Welt insgesamt viel mehr geben. Und es fließen uns dann wundervolle Inspirationen zu, wie wir das Leben der Menschen in unserer Umgebung positiv verändern können.

Wir haben einen großen Fortschritt gemacht: von »sollte« und »sollte nicht« zu »wahrnehmen, was ist«. Wir verlieben uns in das Leben. Wir lieben uns selbst. Das ist ein schöner Bewusstseinszustand.

> Halten Sie hier einen Moment inne. Kommen Sie zur Ruhe. Atmen Sie tief, und spüren Sie Ihren Körper. »Sollte« oder »sollte nicht« gibt es nicht. Ihr Körper ist da, existiert.
>
> Atmen Sie langsam, und schließen Sie bewusst Ihre Familie ins Herz. »Sollte« oder »sollte nicht« gibt es nicht. Das ist Ihre Familie. Sie ist da, existiert.
>
> Atmen Sie tief. Schauen Sie Ihr Zuhause an. »Sollte« oder »sollte nicht« gibt es nicht. Das ist Ihr Zuhause. Es ist einfach da, existiert.
>
> Beobachten Sie nun zum Abschluss liebevoll Ihre Neigung zur Selbstkritik. Seien Sie nicht wütend auf sich, weil Sie zum Kritisieren neigen. Lächeln Sie darüber. »Sollte« oder »sollte nicht« gibt es nicht. Es ist einfach das da, was existiert.

Wenn Sie in heiterer Gelassenheit beobachten, was ist, führt Sie das in die inneren Zustände der Ruhe und Ganzheit. Wenn Ihr Krieg gegen sich selbst endet, werden Sie ein neues Lied singen: Ich habe ein schönes Selbst.

Soul-Sync-Übung:
Die Transformation vom Konflikt-Selbst zum schönen Selbst

Sie können diese Soul-Sync-Übung damit beginnen, dass Sie sich lebhaft vorstellen, wie es sich anfühlt, sich in einem Zustand der Ruhe und völligen Harmonie zu befinden, frei von allen inneren Konflikten.

Wiederholen Sie nun die ersten fünf Schritte der Soul-Sync-Meditation wie auf Seiten 47–49 beschrieben.

Bei Schritt 6 imaginieren oder fühlen Sie sich als ein schönes Selbst: als ein Mensch, der nicht länger Krieg gegen sich selbst, gegen das Leben, gegen andere Menschen und seine Umwelt führt. Erleben Sie, wie es sich anfühlt, mit sich im Frieden zu sein, sich selbst voll und ganz zu akzeptieren, ganz so, wie Sie in diesem Moment sind.

Das Dritte Heilige Geheimnis: Das Erwachen der universellen Intelligenz in uns

von Preethaji

Der menschliche Körper besteht aus sechzig natürlichen Elementen. Nach heutigem Wert sind das pro Mensch nur etwa 160 Dollar.

Von diesen Elementen machen lediglich sechs – Sauerstoff und Wasserstoff, Kohlenstoff und Stickstoff, Kalzium und Phosphor – 99 Prozent unserer Körpersubstanz aus. Bemerkenswert ist, dass der Körper nicht einfach aus sechs oder sechzig Elementen besteht, die sozusagen planlos und zufällig in einer Kiste zusammengeschüttet wurden. Vielmehr werden mit unermesslicher Intelligenz aus diesen chemischen Bestandteilen Herz, Gehirn, Blut, Knochen und DNA geformt. Wie aus diesen sechzig Elementen die zweihundert verschiedenen Zelltypen werden können, aus denen sich ein menschliches Wesen zusammensetzt, ist ein unergründliches Wunder!

Hinter jedem Lebewesen, dem wir begegnen, ob Baum, Pilz, Amöbe, Wal oder Nashorn, ist eine universelle Intelligenz am Werk.

Was glauben Sie, wo befindet sich im Körper der Sitz dieser Intelligenz?

Die übliche Antwort auf diese Frage lautet: im Gehirn mit

seinen 100 Milliarden Neuronen, Billionen Hilfszellen und Billiarden Nervenverbindungen.

Wussten Sie, dass es in Ihrem Herzen fast 40 000 Neuronen gibt, die sehr stark denen im Gehirn gleichen und ebenfalls intensiv an Gefühlswahrnehmung, Intuition und Entscheidungsfindung beteiligt sind? Und in Ihrem Verdauungstrakt gibt es 500 Millionen Neuronen. Beide, Herz und Verdauungstrakt, nehmen also aktiv an unserem Fühlen und Entscheiden teil.

Bei dem Transformationsprozess, den wir an der O&O Academy unterrichten, haben wir immer wieder erlebt, wie bei den Teilnehmenden alte Erinnerungen aktiviert und geheilt werden, die an unterschiedlichen Stellen in den Neuronen des Rückenmarks sitzen. Befreit von der Last verdrängter Erinnerungen ändert sich der Umgang der Menschen mit ihrer Vergangenheit: Ihr Handeln und ihre Wortwahl werden positiver.

Es gibt also Gehirn-Intelligenz, Herz-Intelligenz, Bauch-Intelligenz und Rückenmark-Intelligenz.

Die Intelligenz nur in einem dieser Körperteile zu verorten, entspricht nicht der Wirklichkeit. So, wie wir im menschlichen Körper die Intelligenz nicht nur im Gehirn verorten können, lässt ihr Vorhandensein sich nicht auf Lebewesen eingrenzen, die ein Gehirn besitzen. Und so, wie die Intelligenzen von Gehirn, Bauch, Herz und Rückgrat nicht voneinander getrennt sind, sondern als eine gemeinsame, verbundene Intelligenz funktionieren, gibt es hinter diesem gewaltigen sichtbaren Universum vielfältiger Lebewesen eine unsichtbare universelle Intelligenz.

Ist es denkbar, dass wir mit ihr Verbindung aufnehmen können?

Ja, das können wir, jederzeit.

III. Das Erwachen der universellen Intelligenz in uns

Das Geschenk universeller Intelligenz

Für alle, die schon mit dem Gefühl zu kämpfen hatten, sich allein zu fühlen und keinen Ausweg aus ihren Problemen zu wissen, ist das Dritte Heilige Geheimnis ein wunderbares Geschenk. So viele von uns wurden schon mit überzeugenden Beweisen dafür konfrontiert, dass diese Welt ein kalter, unbarmherziger Ort ist – und gaben die Hoffnung auf, dass uns bei der Verwirklichung unserer Hoffnungen und Träume etwas oder jemand zur Seite steht.

Aber so muss sich das Leben nicht anfühlen.

Wenn Sie aufwachen und Ihre Verbindung zu dieser universellen Intelligenz erkennen, werden Ihnen neue Ideen und Inspirationen zufließen, und es werden sich glückliche Zufälle und Synchronizitäten ereignen, die eine neue Leichtigkeit und Mühelosigkeit in Ihr Leben bringen.

Srinivasa Ramanujan war einer der größten Mathematiker Indiens. Er arbeitete oft in einem Zustand größter geistiger Empfänglichkeit – und stellte fest, dass hoch komplizierte mathematische Formeln und Lösungen ihm aus einer Quelle universeller Intelligenz offenbart wurden. Dann wechselte er in einen normalen Bewusstseinszustand und arbeitete gewissermaßen rückwärts, indem er die Beweise für die Lösungen und Formeln niederschrieb, die ihm zuvor offenbart worden waren. Achtundneunzig Jahre nach seinem Tod werden seine Formeln genutzt, um das Verhalten schwarzer Löcher zu verstehen.

Und Sie werden sehen: Sobald Sie wirklich alle Sorge, Angst und Besessenheit hinter sich lassen und einfach die universelle Intelligenz um Hilfe bitten, kommt diese Hilfe in Minutenschnelle! Sie offenbart sich Ihrem Bewusstsein als Idee oder Ihrem Körper als plötzliche Heilung. Auf diese Weise werden uns für die Probleme des Lebens wunderbare, unerklärliche Lösungen geschenkt, die für die Außenwelt wie reiner Zufall aussehen.

Das erinnert uns an eine indische Fabel. Alle Tiere in einer kleinen Stadt beschlossen, einen Spaziergang in den Dschungel zu unternehmen. Pferde, Esel, Ratten, Schweine, Fledermäuse und Katzen machten sich gemeinsam auf den Weg.

Plötzlich fiel dem Hund auf, dass die Eidechse vom Rathaus fehlte. Also eilte er zum Rathaus und fragte die Eidechse, die bäuchlings auf dem Dach lag, warum sie nicht mitkommen wolle.

Die Eidechse machte ein besorgtes Gesicht.

»Es tut mir leid«, sagte sie. »aber das geht nicht. Wenn ich hinunterkomme, wird das Rathausdach, das ich auf meinem Bauch balanciere, einstürzen.«

Wenn wir uns in einem Zustand der Angst, Sorge oder Verzweiflung befinden, sind wir wie die dumme Eidechse. Unsere Angst hindert uns daran, eine größere Wahrheit zu sehen.

Im Zustand des Loslassens nehmen Sie Verbindung mit dem Universum auf und räumen die Hindernisse auf Ihrem Weg in eine bessere Zukunft beiseite.

Oft kommt die Lösung in Gestalt einer Idee, die unmittelbar vor dem Einschlafen in unserem Bewusstsein auftaucht, oder in Träumen. Beim Aufwachen empfindet man dann häufig ein Gefühl innerer Klarheit – oder eine Lösung offenbart sich uns in Gestalt eines Tipps, den uns ein Freund gibt, oder ein Kollege weiß genau, was in einer bestimmten Situation zu tun ist.

Die Verbindung zwischen dem Göttlichen und uns Menschen ist vielleicht die älteste bekannte Beziehung überhaupt. Wir spre-

Die dritte Lebensreise:
Der Weg zu einer seelenvollen Partnerschaft

von Preethaji

Die meisten Menschen möchten den richtigen Lebenspartner finden. Fast jeder wünscht sich Partnerschaft oder romantische Liebe.

Aber wie viele von uns haben wirklich herausgefunden, was es bedeutet, einander zu lieben?

Wenn wir in einem schönen Zustand der Liebe und Verbundenheit leben, werden wir nicht nur die richtigen Menschen anziehen, sondern es werden daraus lebenslange Verbindungen entstehen. Wenn wir aber nicht wirklich für die Liebe erwacht sind, wird sich selbst die Beziehung zu einem für uns richtigen Menschen früher oder später falsch anfühlen.

Diese Erkenntnis gilt nicht nur für Paarbeziehungen. Wie es wirklich um unseren inneren Zustand bestellt ist, offenbart sich in all unseren früheren und gegenwärtigen zwischenmenschlichen Beziehungen. Deshalb können wir durch genaues Hinschauen in allen diesen Fällen lernen, wie wir es vermeiden, immer wieder die gleichen einengenden oder schmerzhaften Erfahrungen zu machen.

Es geht darum, dass wir uns auf die Suche nach einem liebevollen Zustand machen, der es uns ermöglicht, all unsere Beziehungen zu anderen Menschen zu transformieren.

Die Liebe unseres Lebens

Wer von uns hat noch nicht gehofft, einem Menschen zu begegnen, in dessen Gegenwart wir vollkommen verletzlich sein können? Wer hätte noch nicht von einer Beziehung geträumt, in der es keinen Druck gibt, etwas Bestimmtes sein oder tun zu müssen, sondern in der wir uns einfach an der Gegenwart des anderen erfreuen und einander zutiefst wertschätzen? Wer sehnte sich noch nie nach der Art von Liebe, die unsere Seele mit Musik erfüllt?

Solche Liebe entsteht nicht, weil zwei Menschen gemeinsame Vorlieben, Leidenschaften oder Interessen teilen. Sie entsteht, wenn zwei Menschen zum schönen Zustand der Verbundenheit erwachen.

Was ist diese Verbundenheit?

Als ich neun Jahre alt war, machte ich die erschreckende Entdeckung, dass die anderen das Leben nicht so empfanden wie ich. Solange ich mich erinnern kann, habe ich immer gefühlt, was meine Mutter, mein Vater oder meine Schwester fühlten. Ich fühlte sogar, was meine Lehrer und Freundinnen fühlten.

Es war nicht so, dass ich ihre Gedanken lesen konnte, aber ich fühlte ihre Gefühle, so als gäbe es keine Trennung zwischen uns. Und ich reagierte auf die anderen aus diesem Wissen heraus. Bis zum Alter von neun Jahren hatte ich angenommen, alle Menschen seien so wie ich.

Verbundenheit war und ist mein natürlicher Seinszustand, und recht viele Menschen in meinem Leben haben mir eine Verbundenheit auf der Herzensebene angeboten. Aber ich möchte Ihnen hier von meiner Mutter und von Krishnaji erzählen.

Ich verlebte eine ziemlich glückliche und behütete Kindheit. Meine Eltern kümmerten sich sehr fürsorglich um meine ältere Schwester und mich. Ich sage immer wieder scherzhaft, dass es in meiner Kindheit nur einen Grund für Unzufriedenheit gab: Meine Mutter liebte meine Schwester mehr als mich. Aber ich hatte das Gefühl, dass mein Vater mich mehr liebte, und das sorgte für Ausgeglichenheit!

Meine Mutter opferte viel für uns. Sie sorgte dafür, dass wir die bestmögliche Erziehung erhielten, und sie vermittelte uns einen Sinn für Bildung und Kultur. Sie sorgte gut für uns und nährte uns, und niemals fügte sie uns Schmerz zu. Bis ich Krishnaji begegnete, war sie für mich die Verkörperung wahrer Liebe.

Als ich Krishnaji heiratete, lernte ich eine neue, erweiterte Form von Verbundenheit kennen. Er sorgt nicht nur für meine Bedürfnisse, sondern nimmt auch Verbindung zu meinem inneren Sein auf. Lassen Sie es mich so ausdrücken: Er sorgt für mich wie meine Mutter – er ist nährend und unterstützend –, aber mit ihm erlebe ich noch etwas anderes: Er interessiert sich dafür und sorgt sich darum, was ich *fühle*.

Wenn ich traurig oder gestresst bin, weicht er nicht vor mir zurück. Er nimmt sich meiner unglücklichen Gefühle an und hilft mir, wieder aus diesem Zustand herauszukommen. Wenn ich mich freue, distanziert er sich nicht von meiner Freude, sondern feiert sie als seine eigene.

Es ist eine Sache, geliebt zu werden, wenn man guter Dinge ist, aber es bedeutet so viel, sich auch dann uneingeschränkt akzeptiert zu fühlen, wenn man mal unleidlich oder griesgrämig ist. Es kommt vor, dass Krishnaji sich für ein paar Augenblicke über mich ärgert, aber dann nimmt er schnell Verbindung zu meinen Gefühlen auf. Das ist eines seiner kostbarsten Geschenke.

Und auch heute, nach zweiundzwanzig Jahren Ehe, ist das immer noch so. In seiner Gegenwart empfinde ich eine große innere Ruhe und Leichtigkeit, weil er nicht von mir erwartet, dass ich ihm gegenüber auf eine bestimmte Art sein oder mich verhalten soll. Er hat diesbezüglich keine Erwartungen. Und dieses Gefühl entspannter, ruhiger Verbundenheit fließt dann auch auf ganz natürliche Weise von mir zu Krishnaji und unserer Tochter zurück.

Ich fühle, dass diese liebevolle Verbundenheit und Empfindsamkeit unsere Akademie durchströmt und hier als ganz natürliche Praxis gelebt wird. Die meisten unserer Schüler erfahren hier, was der Begriff Familie wirklich bedeutet. Sie sagen uns, dass sie sich bei uns zu Hause fühlen; tatsächlich hat die einfühlsame Zuwendung seitens unserer Lehrer es ihnen ermöglicht, ihre Herzen für die Möglichkeit eines schönen Lebens zu öffnen.

Ein solch offen miteinander geteilter Zustand der Verbundenheit, frei von allen Erwartungen, ist das Elixier des Lebens. Er ist die stille Kraft, die uns hilft, schwierigste Herausforderungen durchzustehen und zu meistern. Dieser schöne Zustand der Verbundenheit steht uns allen offen, wenn wir Frieden mit uns selbst, unserer Vergangenheit und Gegenwart schließen.

Wie gelingt es uns also, aufzuwachen und diesen Zustand zu verwirklichen?

Wir können und müssen uns aus dem Würgegriff der Selbstbesessenheit befreien. Entscheidend dafür ist, dass wir uns von ganzem Herzen unserer gemeinsamen Evolution widmen. Das bringt unsere intimen Beziehungen zum Blühen. Nur wenn wir uns selbst voll und ganz akzeptieren, sind wir in der Lage, eine andere Person zu akzeptieren und uns von ihr akzeptiert zu fühlen. Nur wenn Sie sich von Ihrer Scham aus der Vergangenheit befreit haben, können Sie sich in Gegenwart eines anderen Menschen wirklich wohlfühlen. Nur wenn Sie Frieden mit Ihrer Gegenwart geschlossen haben, können Sie den Respekt spüren, den Ihr Gegenüber für Sie hegt. Nur wenn Sie sich heil und ganz fühlen, können Sie dem anderen Ihre ungeteilte Aufmerksamkeit schenken und mit Spontanität und Liebe auf sie oder ihn reagieren. Nur in einem solchen Zustand können Sie und Ihr Partner Eltern sein, die ihren Kindern den Weg in ein schönes Leben weisen.

Das Märchen verstehen

Sicherlich kennen Sie das Märchen *Der Froschkönig*. Es wurde als Disney-Zeichentrickfilm verfilmt, und Anne Sexton beschäftigte sich in ihren Gedichten mit ihm. Seine reiche Symbolik wurde vom Mythenforscher Joseph Campbell beleuchtet.

Einer einsamen Prinzessin fällt ihre goldene Kugel in einen Brunnen. Daraufhin bietet ein sprechender Frosch ihr an, die Kugel für sie zurückzuholen, wenn sie ihm dafür ihre Gunst gewährt. Die Prinzessin ist von ihrem glitschigen neuen Freund wenig angetan – bis er sich in einen wunderschönen Prinzen verwandelt.

In unserer Welt ist es offenbar allzu oft so, dass wir uns in eine schöne Prinzessin oder einen edlen Prinzen verlieben, nur um dann zu unserem Schrecken zu erleben, wie unsere große Liebe sich zu einem nervigen, ungehobelten Wesen zurückentwickelt, das überall im Haus schlammige Fußabdrücke hinterlässt und kein Wort von dem versteht, was wir sagen!

Viele von uns wissen, wie aufregend die Anfänge einer Beziehung sein können. Aber früher oder später holt uns die Realität ein, und wir sehen unsere Partner so, wie sie *wirklich* sind. Wie ein Kind, das sich eine Puppe aus Lehm formt, zerstören wir die Beziehung, sobald sie uns keinen Spaß mehr macht, und begeben uns wieder auf die Suche: Bestimmt, so glauben wir, wird die nächste Person, in die wir uns verlieben, die richtige sein.

Was geht hier vor? Warum entpuppt sich jemand, in den wir uns Hals über Kopf verliebten, später als unsensibel, nervtötend oder langweilig? Warum versandet eine Beziehung, die mit großen Liebesgefühlen verheißungsvoll begann, in Frustration? Wie kommt es, dass unser Traum von der erfüllten Liebe zum Albtraum wird, aus dem wir so schnell wie möglich erwachen wollen?

Dann reden wir uns ein, dass der Grund, warum unsere Beziehungen scheitern, auf der Hand liegt: Selbstverständlich sind die anderen schuld, nicht wir selbst! Wäre die andere Person etwas fürsorglicher, verantwortungsbewusster, romantischer gewesen, hätte die Beziehung gewiss fortbestanden.

Erkennen Sie dieses gewohnte Muster?

Es ist an der Zeit, das Märchen unseres Lebens zu entschlüsseln. Lassen wir unsere alten Denkmuster hinter uns, und begeben wir uns auf die Suche nach einer tieferen Wahrheit.

Ich möchte Ihnen vom Erlebnis einer Schülerin unserer Akademie erzählen, die überlegte, sich von ihrem Freund zu trennen.

Moon war gereizt und angespannt. Eine hektische Arbeitswoche in ihrem Beruf als Yogalehrerin lag hinter ihr, in der sie kaum Zeit für Privates gefunden hatte, und für die kommende Woche sah es nicht besser aus. Frustriert und unruhig trat sie auf einem freien Stück Landstraße das Gaspedal durch. Zu spät bemerkte sie, dass ein anderer Wagen ihr rasend schnell entgegenkam. Sie wich aus, um einen Zusammenstoß zu vermeiden, und landete im Straßengraben.

Zum Glück wurde ihr Airbag ausgelöst, sodass sie unverletzt blieb. Dank ihrer jahrelangen Yogapraxis hielt sich der körperliche Schock in Grenzen.

Ihr Wagen dagegen war schwer beschädigt. Moon begab sich ziemlich benommen zur nächsten Polizeiwache und meldete den Unfall. Sie wollte den Polizisten nicht die Kontaktdaten ihrer Eltern geben, weil sie keine Lust auf eine Predigt über sicheres Autofahren hatte.

Während sie nach einer anderen Kontaktadresse suchte, hörte sie plötzlich hinter sich die vertraute Stimme ihres Freundes. Ungläubig und erleichtert drehte sie sich um, und da stand er vor ihr. Er sagte, dass er auf dem Weg zu einem Termin an der Polizeistation vorbeigekommen war und ihren arg verbeulten Wagen gesehen hatte.

Zunächst fragte er sie, ob sie verletzt sei, und dann schimpfte er über ihren Leichtsinn und ihre Unkonzentriertheit. Während er für sie alle Formalitäten mit der Polizei erledigte, ließ er sie trotzdem weiterhin seinen Ärger spüren.

Moon brach in Tränen aus, wütend und hilflos und verletzt durch sein unsensibles Verhalten und die Vorwürfe, mit denen er sie überschüttete. Sie saß auf dem Stuhl in der Polizeiwache und dachte: *Welchen Sinn hat unsere Liebe, wenn er unfähig ist, sich emotional auf mich einzustellen, gerade wenn ich das besonders brauche? Wie kann ich mein Leben mit einem solchen Mann verbringen? Das ist nicht der Mann meiner Träume.*

In diesem Moment kam sie zu dem Schluss, dass sie nicht mit einem Mann zusammenleben wollte, der offenbar nicht wusste, was Einfühlsamkeit bedeutete. Als sie dort auf der Polizeiwache saß, ihre Tränen hinunterschluckte und ernsthaft an eine Trennung von ihm dachte, veränderte sich plötzlich etwas. Einige Monate zuvor hatte Moon an einem Kurs in unserer Akademie teilgenommen. Während einer Meditationsübung war ihr damals eine Erkenntnis gekommen, die sie sehr verwirrend gefunden hatte:

Deine Leidenszustände werden durch deine Selbstbesessenheit aufrechterhalten und immer wieder angefacht.

Plötzlich wurde ihr klar, dass sie das Leck in ihrem sinkenden Schiff gefunden hatte. Statt ihrem Freund die Schuld zu geben, erkannte sie jetzt, wie selbstbesessen ihr eigenes Denken war. Sie entdeckte die Macht der inneren Wahrheit, des Zweiten Heiligen Geheimnisses.

Moon war verletzt darüber, wie ihr Freund sich hier auf der Polizeiwache ihr gegenüber verhielt. Ihr war nicht bewusst geworden, wie sehr er ihr dennoch gerade half und beistand. Weil er sich nicht so verhielt, wie sie es erwartete, hatte sie ernsthaft in Erwägung gezogen, sich von dem Mann zu trennen, der voller Sorge herbeigeeilt war, um ihr zu helfen. Tief betroffen fragte sie sich, wie sie in ihrer Wut und Enttäuschung so dumm sein konnte. Sie selbst war es, die sich ihm gegenüber verschlossen hatte!

III. Das Erwachen der universellen Intelligenz in uns

Als Moon die Augen schloss und innerlich Verbindung zu ihrem Freund aufnahm, konnte sie nachempfinden, was in ihm vorging. Er stand genauso unter Stress wie sie. Als er ihr beschädigtes Auto erblickte, hatte er große Angst empfunden, dass ihr etwas zugestoßen war. Ihr wurde klar, dass sie beide die gleiche Angst durchlebten. Nur reagierten sie unterschiedlich darauf. Als sie Verbindung zu ihm aufnahm, sich in ihn hineinversetzte, erkannte sie unter all dem Ärger, den er zum Ausdruck brachte, seine große Sorge um sie und seinen Wunsch, sie zu beschützen. Plötzlich spürte sie ihm gegenüber ein starkes Gefühl der Verbundenheit, des Einsseins.

Als sie die Augen wieder öffnete, sah sie, wie er dem Polizisten die Hand gab. Unter Tränen schaute sie ihm in die Augen, als er lächelnd zu ihr kam. Moon wusste, dass von nun an ihr Leben von Tag zu Tag immer schöner werden würde, denn die innere Wahrheit hatte Moons Herz dafür geöffnet, Verbundenheit zu erfahren.

> Halten Sie hier einen Moment inne. Atmen Sie tief und langsam, und entspannen Sie sich. Reisen Sie in der Zeit zurück zu einem Zeitpunkt, als Sie in Ihrem Leben Verbundenheit erlebten, einer Situation, in der Sie den inneren Zustand eines anderen Menschen spürten oder den Eindruck hatten, dass der andere Sie spürte.
>
> Diese Verbundenheitserfahrung kann sich in einer intimen Beziehung ereignet haben, aber es kann auch eine andere Form von zwischenmenschlichem Kontakt gewesen sein. Rufen Sie diese Erinnerung für einen Moment wach, und gehen Sie in dieses Gefühl hinein. Wenn Sie sich gerade

> nicht an ein solches Erlebnis erinnern können, machen Sie sich deswegen keine Sorgen. Die Erinnerungen werden sich früher oder später einstellen. Denn wir alle haben solche Erfahrungen schon gemacht, sei es in Gesellschaft eines geliebten Menschen, mit einem Fremden, mit einem Haustier oder draußen in der Natur.

Wir werden oft gefragt, warum die anfängliche Anziehung in einer Liebesbeziehung mit der Zeit nachlässt. Vielleicht ist die Natur nur am Erhalt unserer Spezies interessiert und hat deshalb unsere neurale Chemie so ausgerichtet, dass Attraktivität und Faszination nur für eine gewisse Zeit andauern. Danach muss unsere Fähigkeit, uns innerlich weiterzuentwickeln, den Fortbestand einer Partnerschaft sichern.

Partnerschaften zerbrechen nicht, weil die gegenseitige Attraktivität nachlässt, sondern weil wir uns einen Bewusstseinszustand angewöhnen, der selbstbesessen ist und schnell Distanz herstellt. Der Schritt von romantischer Attraktivität zu dauerhafter Liebe und Verbundenheit ist nur möglich, wenn wir unser Bewusstsein transformieren – von trennender Selbstbesessenheit zu Verbundenheit. Wenn wir unsere gewohnheitsmäßige Beschäftigung mit uns selbst überwinden, erwachen wir für die Kraft der »Konnektivität«. Statt Ich-zentriert zu denken, fokussieren wir uns auf unsere Verbundenheit mit anderen Menschen und dem Leben insgesamt. Dann sind die anderen für uns keine Fremden mehr, denn wir beginnen zu fühlen, was sie fühlen, und das löst in uns eine spontane Reaktion aus: Liebe.

III. *Das Erwachen der universellen Intelligenz in uns*

Wonach suchen wir?

Was erwarten wir von unseren Beziehungen zu den Menschen, die uns besonders wichtig sind?

Sollen sie angenehm und tröstlich sein? Wollen wir akzeptiert werden? Wollen wir Spaß und Freude erleben? Auf diese Frage gibt es viele Antworten, aber auf einer sehr grundlegenden Ebene sehnen sich unser Gehirn und unser Herz nach dem schönen Zustand der Verbundenheit. Verbundenheit ist das für unser Gehirn überlebenswichtige Elixier. Ohne schöne, für unsere Seele nährende Zustände der Liebe und Verbundenheit ist unser Leben traurig und trostlos.

Ohne Liebe sind wir wie Wanderer in der Wüste, die vergeblich der Fata Morgana eines schönen Lebens nachlaufen. Solange wir nicht zum schönen Zustand der Verbundenheit erwachen, können wir keine dauerhafte Liebe erleben. Ja, anfangs mag es uns erscheinen, als wäre unser neuer Partner all das, was wir uns erhoffen: Ganz bestimmt wird diese Person uns nähren, sehen, wie besonders wir sind. Sie wird unser Leben wieder schön machen.

Doch kann die Euphorie frischer Verliebtheit oft Warnsignale überdecken, die darauf hinweisen, dass wir unsere alten Leidenszustände in die neue Liebesbeziehung mitnehmen. Sobald der Feenstaub der ersten Leidenschaft schwindet, genügt schon ein unbedachtes Wort, eine nachlässige Handlung des neuen Partners, um die Nähte aufzureißen, von denen wir hofften, sie würden unseren Schmerz zurückhalten. Umso mächtiger bricht der Schmerz dann hervor, überwältigt uns, und der Zyklus von Herzschmerz und Trennung beginnt von Neuem.

Obendrein fällt es uns nach jeder zerbrochenen Liebe schwerer, zu vertrauen und Nähe und Verletzlichkeit zuzulassen. Wir zweifeln an unserer Fähigkeit, die für uns richtige Person zu finden – und immer mehr zweifeln wir auch an uns selbst. Vielleicht verbergen wir diese Zweifel hinter der Maske der Selbstgenügsamkeit und Unabhängigkeit. Doch hinter dieser tapfer aufrechterhaltenen Fassade steckt ein Mensch, der so tief verletzt wurde, dass er es nicht mehr wagt, sich zu öffnen und erneut einen solchen Schmerz zu riskieren.

Natürlich sind wir alle einfach nur Menschen, die ihr Bestes tun, um möglichst unbeschadet durch komplizierte zwischenmenschliche Beziehungen zu navigieren. Niemand verurteilt uns für die erlittenen Schmerzen und Enttäuschungen.

Aber es bringt merkwürdige und unvorhersehbare Probleme mit sich, wenn wir unseren schmerzvollen, enttäuschten Gefühlszustand von einer Beziehung in die nächste tragen. Wenn wir uns nicht vom Schmerz früherer Beziehungen befreien, laufen wir Gefahr, diese Muster immer wieder auszuagieren und damit weitere Dramen heraufzubeschwören. Wenn bestimmte Verhaltensweisen oder Situationen schmerzhafte Erinnerungen in uns wecken, können wir in eine sehr gefährliche, destruktive Spirale geraten.

Die zwei Fundamente

Der vielbeschäftigte CEO eines internationalen Konzerns fragte uns einmal: »Wie schaffe ich es, die Distanz und Entfremdung zu überbrücken, die zwischen mir und meiner Partnerin durch meine vielen Reisen entsteht?«

Kann man die wachsende Distanz in einer Partnerschaft dadurch überwinden, dass man seine Termine anders plant oder sich mehr Zeit für einen gemeinsamen Urlaub nimmt? Braucht es dafür nicht eine tiefer gehende Veränderung?

Haben Sie sich je ernsthaft und aufrichtig gefragt, warum Sie eine bestimmte Beziehung eingegangen sind?

Wenn Sie für das Zusammensein in Ihrer Paarbeziehung eine spirituelle Vision entwickeln, werden Sie auf ganz natürliche Weise Lösungen für die meisten Probleme finden, die im Beziehungsalltag auftauchen. Sie werden dann genau wissen, was das richtige Maß an gemeinsam verbrachter Zeit ist und wie viel Zeit jeder für eigenständige Aktivitäten benötigt. Sie werden erkennen, was Sie mit Ihrem gemeinsamen Leben anfangen wollen. Gemeinsam werden Sie die Weisheit finden, um anstehende Probleme zu lösen und eine dauerhafte Partnerschaft aufzubauen.

> Halten Sie hier einen Moment inne. Denken Sie über eine aktuelle oder frühere Beziehung nach. Das kann eine Paarbeziehung sein oder die Beziehung zu einem Kind oder Elternteil, einem Freund oder einer Arbeitskollegin – jede Beziehung, die Ihnen wichtig ist.
>
> Fragen Sie sich: Warum bin ich diese Beziehung eingegangen? Was ist die Grundlage unserer Beziehung? Welches Fundament gibt ihr Halt? Beruht sie allein auf Vergänglichem und Oberflächlichem wie Schönheit, Vergnügen, Reichtum oder Status, oder gibt es in ihr eine tiefere Qualität? Befinde ich mich in dieser Beziehung, weil ich mich vor dem Alleinsein fürchte und mich verzweifelt nach Sicherheit

> und Akzeptanz sehne, oder beruht sie auf einem reichen Gefühl der Verbundenheit?
> Beurteilen und kritisieren Sie sich nicht. Nehmen Sie einfach wahr, was das Fundament dieser Beziehung zu einem anderen Menschen ist.

Wenn unsere Beziehungen auf äußeren Faktoren beruhen, sind sie zerbrechlich und kollabieren bei der kleinsten Erschütterung. Jedes Alltagsproblem wird dann zur Belastungsprobe, und wir zweifeln ständig, ob wir uns für den richtigen Partner entschieden haben. Da der die Seele nährende Zustand der Verbundenheit fehlt, haben wir das Gefühl, wir würden unsere Schönheit und Jugend, unseren Reichtum oder unsere Zeit an die andere Person verschwenden.

Selbst die, denen es nicht um materielle Annehmlichkeit geht, haben in ihren Beziehungen oft dennoch diesen Zustand innerer Armut kennengelernt. In einer solchen Beziehung finden wir keine Stabilität und Ruhe, und es fehlt an Gefühlstiefe. Wir beurteilen den anderen und fühlen uns von Partnerin oder Partner ebenfalls ständig beurteilt. Wenn wir unseren Status gefährdet sehen, stirbt die Beziehung einen schnellen Tod. Oder unsere Zuneigung flattert unruhig zur nächsten uns begehrenswert erscheinenden Person weiter, die den Eindruck macht, uns mehr von dem geben zu können, was wir ersehnen. Solche kurzlebigen Liebesbeziehungen sind meistens mit ständigen Zweifeln belastet, ob wir uns für die richtige Person entschieden haben.

Wollen wir damit sagen, dass wir uns nicht an Reichtum und Schönheit erfreuen sollen? Dass wir uns keine Freuden gönnen sollen? Nein. Doch wenn das zum Fundament der Beziehung wird, wenn sie sich nicht zu etwas Größerem weiterentwickelt, ist vorprogrammiert, dass wir in ihr unglücklich werden.

Manchmal gehen wir nur deshalb eine neue Beziehung ein, weil wir am Schmerz einer früheren Beziehung festhalten oder weil wir uns einsam und gelangweilt fühlen. Der Reiz des Neuen verdrängt für eine Weile Einsamkeit und alte Wunden, aber es ist nur eine Frage der Zeit, bis der gleiche Seinszustand auch in der neuen Beziehung wieder zum Vorschein kommt. Die Erklärung dafür ist, dass wir unser Unglücklichsein nicht dadurch beenden können, dass wir eine neue Beziehung eingehen. Glücklich kann eine neue Liebesbeziehung nur werden, wenn wir sie eingehen, um die Gesamtheit unseres Seins mit dem Partner zu teilen.

> Halten Sie hier einen Moment inne. Denken Sie an einen geliebten Menschen, dessen Wohl Ihnen sehr am Herzen liegt. Atmen Sie ein paarmal tief durch, während Sie diesen Menschen vor Ihrem inneren Auge erscheinen lassen. Schließen Sie die Augen, und werden Sie für einen Augenblick innerlich still; lassen Sie alle Gefühle zu, die in Ihnen aufsteigen, ob es sich um schöne Zustände von Verbundenheit, Frieden und Freude handelt oder um belastende Gefühle von Einsamkeit, Schmerz, Langeweile und Gleichgültigkeit. Lächeln Sie, während Sie ruhig Ihren inneren Zustand erkennen und wahrnehmen.

Das Erste Heilige Geheimnis, die spirituelle Vision, haben wir Ihnen in diesem Buch bereits vorgestellt. Dieses Geheimnis ist nicht nur für den einzelnen Menschen von Interesse. Auch Beziehungen erblühen, wenn sie auf einem so starken Fundament erbaut wurden.

Dass eine Beziehung gut gedeiht und Enttäuschungen und Herausforderungen meistert, gelingt nur, wenn beide Partner eine Vision ihres gegenseitigen inneren Seinszustandes miteinander teilen. Die Weisheit einer spirituellen Vision hat schon viele Ehen und Freundschaften gerettet, die Herzen von Eltern und Kindern geheilt und in vielen Organisationen eine Kultur wahrer Kooperation erzeugt.

Wenn unsere Beziehungen nicht auf dem Fundament einer spirituellen Vision ruhen, gibt es zwei Schatten, die sich im Dunkeln an uns heranschleichen und Distanz und Trennung erzeugen: den Schatten des Schmerzes und den Schatten der Langeweile.

Lassen wir die Fesseln dieser beiden Schatten nun hinter uns, und gehen wir ins Licht der spirituellen Vision. Setzen Sie mit uns diese Reise zu Wahrheit, Freiheit und Verbundenheit fort.

Der Schatten des Schmerzes

Eine alte indische Fabel offenbart uns, welchen langen Schatten der Schmerz auf unser Leben wirft.

Einmal gingen vier Freunde durch einen Wald. Sie verstanden sich alle auf viele Künste und Wissenschaften. Sie kamen an einem Haufen aus Knochen vorbei.

Der Erste sagte zu den anderen: »Schaut, dank meiner Gelehrtheit weiß ich, wie ich diese Knochen zu einem Skelett formen kann.«

III. Das Erwachen der universellen Intelligenz in uns

Der Zweite aus der kleinen Gruppe sagte: »Seid vorsichtig. Wir wissen nicht, welche Folgen das hat.«

Der Erste hörte nicht auf ihn. Und ehe die anderen sich's versahen, hatte er das Skelett eines riesigen Tieres rekonstruiert.

Der dritte der vier Freunde sagte: »Schaut, dank meiner Gelehrigkeit kann ich dafür sorgen, dass auf den Knochen Fleisch und Haut wachsen.«

Wieder sagte der zweite Freund: »Seid vorsichtig. Wir wissen nicht, welche Folgen das hat.«

Aber der dritte Freund hörte nicht auf ihn. Und ehe die anderen sichs versahen, lag der Kadaver eines riesigen Löwen vor ihnen.

Nun war der Vierte an der Reihe. Er sagte: »Schaut, dank meiner Gelehrigkeit kann ich diesem Kadaver Leben einhauchen.«

Der zweite versuchte, auch seinen vierten Freund zu warnen, aber seine Worte fanden kein Gehör.

Also kletterte der zweite Freund auf einen Baum, um sich in Sicherheit zu bringen. Sobald der vierte Freund dem Kadaver Leben eingehaucht hatte, sprang die Bestie auf und tötete die drei hochgelehrten Narren!

So werden aus schmerzhaften Erfahrungen in hohem Maße zerstörerische innere Zustände der Distanz und Trennung. Wir versäumen es, sofort, wenn wir uns verletzt fühlen, innezuhalten und den Schmerz aufzulösen. Und deshalb kann es so weit kommen, dass unser gestörter innerer Zustand uns und unsere Beziehungen zugrunde richtet.

Wie oft geschah es schon, dass Sie mit einem geliebten Menschen einen schönen Abend verbrachten, sich dabei aber plötzlich scheinbar grundlos Ihre Stimmung verfinsterte? Oder Sie kannten den Grund für Ihren Stimmungsumschwung genau: Wieder einmal hatte Ihr Partner eines dieser Dinge getan, die Sie wahnsinnig machen:

Er gab wieder mal ein viel zu hohes Trinkgeld ...
Sie blieb viel zu lange im Büro ...
Er hat Ihre Tochter dieses schreckliche Videospiel spielen lassen ...
Sie sitzt im Bett und ist mit dem Handy in den sozialen Medien unterwegs ...

Was auch immer Ihren Ärger auslöste, wenn Sie merken, dass Sie unfähig sind, mit Ihrem Partner Kontakt herzustellen, gibt es ein tiefer liegendes Problem:

Ihre Selbstbesessenheit kommt Ihnen in die Quere und hindert Sie daran, Verbundenheit zuzulassen.

Streit in der Partnerschaft beginnt oft mit einer kleinen Meinungsverschiedenheit oder einem Missverständnis. Aber solange wir unsere Aufmerksamkeit nicht auf unsere *inneren* Zustände richten, können kleine Verletzungen zu quälenden emotionalen Obsessionen werden, die es uns unmöglich machen, Verbundenheit mit dem Beziehungspartner herzustellen.

Die drei Stadien des Getrenntseins

Stellen Sie sich das Getrenntsein wie das Wurzelgeflecht eines Unkrauts vor. Für das Auge sichtbar sind eine unschuldige kleine Blume oder ein paar Blätter, aber die Wurzeln sind so stark und zäh, dass sie in der Lage sind, Ihren ganzen Garten für sich zu erobern.

III. Das Erwachen der universellen Intelligenz in uns

Erstes Stadium: Verletztheit

Die meisten seelischen Verletzungen beginnen klein: Ihr Partner macht eine unnötige Bemerkung. Bei Ihnen entsteht das Gefühl, dass Ihre Ansichten nicht respektiert oder Ihre Bemühungen nicht anerkannt werden. Wenn wir dann nicht innehalten und dem Gefühl unsere Aufmerksamkeit widmen, verwandelt sich der Schmerz und geht ins nächste Stadium über.

Wenn Ihr Bewusstsein nun in den Beschwerdemodus schaltet – »sie ist so rücksichtslos« oder »er ist so sarkastisch« –, zeigt das, dass Sie den Schmerz-Weg eingeschlagen haben.

Die meisten von uns kennen diese Art von Schmerz, aber nur wenigen wurde gezeigt, wie sie sich davon befreien können. Deshalb wissen wir nicht, was zu tun ist, wenn wir uns verletzt fühlen. Entweder suhlen wir uns regelrecht in diesem Leidenszustand, oder wir ignorieren ihn. Aber es bringt uns nicht weiter, unseren Schmerz möglichst tief unter den Teppich zu kehren.

Wir müssen innehalten und ihn wahrnehmen und beobachten; tun wir das nicht, machen wir zwangsläufig aus dem Knochenhaufen ein Skelett.

Zweites Stadium: Urteilen

Wenn wir nicht innehalten und unseren Schmerz, das Gefühl, verletzt worden zu sein, auflösen, geraten wir ins nächste Stadium des Getrenntseins: Wir beginnen zu urteilen.

Wir fangen an, Schlüsse zu ziehen und den geliebten Menschen zu beurteilen: Wir sehen ihn mit kritischen Augen.

Meine Partnerin ist ein wütender Mensch. Sie hat überhaupt keine positiven Wertvorstellungen.

Mein Partner ist dümmlich, unfähig oder verantwortungslos. Er ist ein Angsthase und wird das immer bleiben.

Nun haben Sie Ihr facettenreiches Gegenüber auf einige wenige Merkmale reduziert. In diesem Stadium konzentrieren wir uns häufig auf das, was uns voneinander unterscheidet; vor allem fixieren wir uns auf unsere vermeintlich unterschiedlichen Vorstellungen von Liebe. Zum Beispiel reden wir uns ein, romantischer oder attraktiver zu sein als der Partner. Oder wir denken, dass unsere Familie viel höflicher und großzügiger ist als seine Familie. Oder dass wir selbst viel mehr in die Partnerschaft investieren. Und so weiter und so weiter. Damit versuchen wir, uns zu beweisen, dass wir anders und überlegen sind.

Aber wie können wir noch Fühlung aufnehmen und Verbundenheit herstellen, wenn wir so im Bewerten und Vergleichen gefangen sind?

Wenn wir anfangen zu urteilen, geht es mit der Beziehung ein weiteres Stück bergab. Wenn Partner einander beurteilen, hören sie sich nicht mehr zu. Der Respekt schwindet dahin. Was Sie zuvor süß und charmant fanden - ihre Albernheit, seine kleinen selbst gemachten Liedchen, die Kosenamen, die er für Sie erfand -, wird nun zum Ärgernis.

Der innere Zustand des Bewertens und Urteilens kann sich manchmal sogar in gefühllosen Worten Bahn brechen und uns Entscheidungen treffen lassen, die einen Angriff auf Selbstachtung und Selbstvertrauen des Partners darstellen.

So werden beide nur immer trauriger, enttäuschter und einsamer.

III. Das Erwachen der universellen Intelligenz in uns

Der Schatten des Schmerzes ist dichter und mächtiger geworden. Nun haben Sie dem Skelett Fleisch und Haut hinzugefügt.

Drittes Stadium: Abneigung

Bewerten und Urteilen liefert den perfekten Nährboden für das dritte Stadium des Getrenntseins: Abneigung.

In diesem Stadium bewirkt schon die bloße Anwesenheit des Partners, dass wir uns gereizt fühlen oder Schmerz empfinden. Wir können seine Denkweisen und sein Verhalten nicht mehr ertragen.

In diesem Zustand hat sich Ihre Gehirnchemie so verändert, dass Sie den anderen Menschen nur noch in einem negativen Licht sehen, und diese Negativität erscheint extrem verstärkt. Seine guten Eigenschaften nehmen Sie nicht mehr wahr. Es ist eine stark verzerrte Wahrnehmung. Sie haben völlig Ihre Achtung für diese Person verloren.

In diesem Stadium wird es schmerzhaft für Sie, sich noch länger vorzustellen, Sie und dieser Mensch würden zusammengehören. Das macht Ihre Entscheidungen und Handlungen nicht nur unsensibel; sie sollen beim anderen sogar gezielt Schmerz hervorrufen.

Was kann man in diesem Stadium tun?

Wenn Sie sich so wie viele andere Leute verhalten, wird Ihre Reaktion in etwa so aussehen:

Ich bin verletzt. Ich bin enttäuscht. Ich fühle mich nicht wertgeschätzt. Ich fühle mich einsam. Zeit für einen starken Kaffee oder einen doppelten Martini oder Schokoladen-Cookies!

Solche Dopamin freisetzenden kleinen Fluchten können zwar bewirken, dass wir uns besser fühlen, doch das hält nicht lange an. Die Verbitterung kehrt schnell wieder zurück. Wenn Sie sich nicht um Ihre Enttäuschungen und ungestillten Sehnsüchte, Ihre Wut und nervöse Unruhe kümmern, wird es Ihnen kaum gelingen, Freude, Dankbarkeit und Verbundenheit zu erleben. Denn Sie sind dann so sehr damit beschäftigt, gegen Ihren seelischen Schmerz anzukämpfen, dass Sie einfach keine Energie mehr haben, um sich für den schönen Zustand der Liebe zu öffnen. Nun haben Sie dem Kadaver Leben eingehaucht.

In diesem Stadium würde unser schmerzvoller Zustand der Einsamkeit selbst dann bestehen bleiben, wenn wir den romantischsten Liebesurlaub aller Zeiten erlebten. Der Schatten des Schmerzes hat nun unsere Liebesgefühle völlig verdrängt. Entweder harren wir passiv in der leidvoll gewordenen Beziehung aus, oder wir machen uns auf die Suche nach einem neuen Partner. Oft verlieren wir alle Hoffnung und glauben nicht mehr daran, jemals eine dauerhafte glückliche Liebe erleben zu können. Stattdessen stürzen wir uns in oberflächliche Flirts und Affären. Gleichzeitig erleben wir eine schmerzliche innere Leere; unbewusst sehnen wir uns nach wahrer Liebe.

Das Wissen um die drei Stadien des Getrenntseins kann Ihnen helfen, sich Ihres inneren Zustandes rechtzeitig bewusst zu werden, bevor Sie zu tief in das dritte Stadium der Abneigung gelangen. Denken Sie daran, dass Sie in jedem Stadium stets die Macht haben, sich für Verbundenheit zu entscheiden.

Eines der wichtigsten Geheimnisse für ein Leben in Verbundenheit ist die Weisheit und Fähigkeit, sich aus dem Zustand des

Schmerzes zu befreien. Selbst in den besten Partnerschaften sind Enttäuschungen unvermeidlich. Welche Gründe es dafür auch jeweils geben mag, für ein erfülltes Leben in Verbundenheit und Liebe ist es entscheidend, dass Sie lernen, Ihren Schmerz aufzulösen.

Im ländlichen Indien haben die Dorfbewohner eine raffinierte, aber einfache Methode, lästige Affen zu fangen, die in Häuser eindringen und Lebensmittel stehlen. Sie stecken aromatische, saftige Leckereien in kleine Baumlöcher. Aufgeregt quetschen die Affen dann ihre Pfote in das enge Loch, um sich die verlockende Speise zu beschaffen. Doch die Öffnung ist zu klein, um die geschlossene Faust mit der Leckerei wieder herauszuziehen. Die Affen, die von ihrer Beute nicht lassen mögen, können dann von den Männern des Dorfes regelrecht eingesammelt werden. Man schafft sie weit weg in den Dschungel, von wo aus sie das Dorf nicht mehr behelligen.

Wenn wir krampfhaft an Schmerz und Enttäuschung festhalten, sind wir gefangen wie diese Affen. Mag uns der Leidenszustand, in dem wir uns befinden, auch noch so gerechtfertigt erscheinen, sollten wir uns doch fragen: Was ist wichtiger, am Schmerz festzuhalten oder unsere Beziehungen zu anderen Menschen zu nähren und zu stärken?

Der Schatten der Langeweile

Hierzu möchte ich Ihnen von einem Paar erzählen, das sich für ein Seminar in unserer O&O Academy angemeldet hatte. Die Akademieleitung wartete darauf, die beiden zu begrüßen, doch sie kamen nicht. Schließlich erhielt eines der Fakultätsmitglieder einen Anruf mit der Mitteilung, dass sie noch im Taxi vom Flughafen zur Akademie unterwegs waren. Und in diesem Taxi hatten sie ihren bislang schlimmsten Streit.

Sie brüllten sich an. Sie schimpften und weinten und beschlossen, wieder nach Hause zu fliegen. Das Fakultätsmitglied hörte sich die Sache am Telefon ruhig an und schlug vor, dass sie dem Ganzen doch wenigstens eine Chance geben sollten, wo sie doch schon so weit gereist waren, um Versöhnung und Liebe zu finden. Also setzten sie die Fahrt fort und trafen schließlich auf dem Campus ein.

Die Situation der beiden, Doris und Clark, sah so aus, dass sie sich ständig nach Liebesbeweisen von ihm sehnte und sich völlig vernachlässigt fühlte; Clark zweifelte ebenfalls an der Beziehung. Während der letzten Monate kreiste sein Denken obsessiv darum, möglicherweise nicht der richtige Partner für Doris zu sein – nicht männlich genug. So war auch er ziemlich unzufrieden.

Clark machte geschäftlich gerade schwere Zeiten durch. Der ständige Stress um die sinkenden Umsatzzahlen hatte bei ihm zu einer starken Gewichtszunahme geführt, und dazu bekam er ziemlich rasant eine Glatze. Er litt unter starken Selbstzweifeln – wegen seines Aussehens, seines geschäftlichen Misserfolgs und seiner vermeintlichen Liebesunfähigkeit.

Am vierten Tag des Seminars hatten Clark und Doris sich so weit beruhigt, dass sie fähig waren, sich ihre innere Wahrheit anzuschauen. Clark erkannte, dass nicht Doris sein Problem war. Er wurde sich intensiv der Tatsache bewusst, dass er in Wirklichkeit gegen sich selbst kämpfte. Und weil er völlig mit seinen persönlichen Problemen beschäftigt war, vernachlässigte er Doris. Er sah

III. Das Erwachen der universellen Intelligenz in uns

ein, dass er geradezu in Verzweiflung und Minderwertigkeitskomplexen ertrank. Und dieser innere Zustand war für die Kluft zwischen ihm und Doris verantwortlich.

Während Clark von Krishnaji und mir durch die Meditation des Grenzenlosen Feldes geführt wurde, erwachte er zum Zustand der Ganzheit. Er spürte, wie die Macht der universellen Intelligenz sein Bewusstsein durchströmte. Und als diese mystische Erfahrung sich in ihm entfaltete, wusste er ohne jeden Zweifel, dass sein Leben schön werden und sein berufliches Geschick sich zum Besseren wenden würde. Als er sich für die Weite des universellen Bewusstseins öffnete, endete sein innerer Kampf. Und er erkannte Doris' wahre Schönheit. Es war, als sähe er sie nach langer Zeit zum ersten Mal wieder so, wie sie wirklich war.

Doris erkannte, dass sie innerlich getrennt und einsam war – und nicht wusste, wie man liebt. Seit ihrer Teenagerzeit hatte sie Liebe mit Sehnsucht nach Liebe gleichgesetzt. Im Verlauf des Seminars bei uns akzeptierte sie die Wahrheit ihrer Selbstbesessenheit. Ein tiefes Gefühl der Demut entfaltete sich in ihrem Bewusstsein, und sie verzieh sich, dass sie Clark und sich selbst so viel Schmerz zugefügt hatte.

Nach dem Heilungsprozess, den die beiden in unserer Akademie durchliefen, fanden Clark und Doris wieder zueinander. Ihre romantische Partnerschaft erblühte neu, und es entwickelte sich zwischen ihnen eine authentische Freundschaft. Seither sind sie ein glückliches Paar, das tiefe gegenseitige Wertschätzung empfindet.

Auch wenn der Schatten des Schmerzes bei Ihnen weniger dunkel sein mag als bei Clark und Doris, können sich unsere Beziehungen doch schmerzhaft hohl anfühlen, solange wir nicht im schönen Zustand der Verbundenheit leben. Warum finden wir nicht die Erfüllung, die wir suchen?

Manchmal kommt dieses Problem gar nicht aus der Partnerschaft. Es ist das Leben selbst, mit seinen Herausforderungen, das uns zu schaffen macht. Wir fühlen uns überfordert und gefangen in einem dumpfen Zustand der Sorge, Gereiztheit oder Nervosität. Zwanghaft versuchen wir, Probleme zu lösen, die wir uns nur einbilden oder zumindest stark übertreiben. Wir werden empfindlich, sind rasch beleidigt und ständig dabei, uns zu rechtfertigen und zu verteidigen. Das macht uns unfähig, Situationen realistisch einzuschätzen und so mit ihnen umzugehen, dass mehr Glück und Wohlbefinden für alle Beteiligten möglich wird.

Unser innerer Zustand macht uns müde und wenig belastbar. Unsere Sinne stumpfen ab. Wir entwickeln ein gealtertes Bewusstsein, dem es an Frische und Neugierde mangelt. Wir nehmen unseren Partner nicht länger als aufregend wahr und empfinden unsere Beziehung als freudlos. Sie stagniert und wird langweilig. Vermutlich gibt sie uns noch ein Gefühl der Sicherheit und Annehmlichkeit, aber es fehlt der innere Reichtum. Wir klammern uns besitzergreifend aneinander, nicht weil wir das gemeinsame Leben lieben, sondern weil wir uns vor dem Alleinsein fürchten.

Das erinnert uns an eine alte Geschichte aus China. Dort lebte ein Mann, der sich vor seinem Schatten fürchtete und vor dem Geräusch seiner eigenen Schritte.

Als er eines Tages seines Weges ging, teilten sich die Wolken, und im Sonnenlicht warf der Mann einen langen Schatten. Er geriet in Panik und rannte davon, um seinem Schatten zu entkommen. Doch so schnell er auch lief, seinen Schatten und seine Schritte konnte er niemals abschütteln. Schließlich brach er vor Erschöpfung zusammen und starb.

Wenn doch dieser Mann nur innegehalten und sich unter einen Baum gesetzt hätte. Dann hätte er seine Schritte nicht mehr gehört und seinen Schatten nicht mehr gesehen.

Wenn wir sehen, dass unser zweiter Schatten – der Schatten von Stagnation und Langeweile – sich drohend erhebt, versuchen wir, vor ihm davonzulaufen. Wir gehen ins Fitnesscenter, lenken uns mit Unterhaltungsangeboten ab oder werden zu Workaholics, Alkoholikern, Kaufsüchtigen oder Redesüchtigen (Leute, die sich vom Leben enttäuscht in zwanghaftes Geplauder und Getratsche flüchten).

Manchmal versuchen wir, dieser beunruhigenden inneren Leere zu entkommen, indem wir uns in Beziehungen stürzen, die für Dopamin-Kicks sorgen. Könnten wir doch, statt vor diesem Schatten wegzulaufen, innehalten und wahrnehmen, was es wirklich mit ihm auf sich hat! Dann würden wir nämlich das Licht entdecken, uns weiterentwickeln, statt zu stagnieren, und so in den schönen Zustand der Verbundenheit gelangen.

> Darf ich Sie etwas fragen? Denken Sie bitte gründlich über meine Frage nach. Angenommen, Ihr Leben wäre ein Kinofilm, was wäre gegenwärtig das zentrale Thema dieses Films? Würde sich die gesamte Handlung um Sie selbst drehen?
> Sehen Sie die Aufgabe der anderen in dem Film auftretenden Charaktere ausschließlich darin, Sie zu unterstützen, sodass Sie in der Hauptrolle glänzen können? Oder sehen Sie Ihre Rolle darin, das Leben aller anderen Charaktere zu

verschönern und damit den Film des Lebens insgesamt reicher und wunderbarer zu machen?

Das Labyrinth der Selbstbesessenheit

Wenn wir zwanghaft mit uns selbst und unseren Problemen beschäftigt sind, neigen wir dazu, aus der Gegenwart gedanklich in Vergangenheit oder Zukunft abzuschweifen. Wir können uns ganz in unseren Erinnerungen verlieren, sodass unser Denken ständig um Dinge kreist, die vor einer halben Stunde oder vor einem Jahr passierten, vielleicht aber auch schon Jahrzehnte zurückliegen. Wir können uns auch darin verlieren, uns angstbesetzte Bilder möglicher zukünftiger Entwicklungen auszumalen.

In der antiken griechischen Mythologie wird erzählt, dass man auf der Insel Kreta Sklaven dem Minotaurus opferte, einem riesigen Ungeheuer mit dem Kopf eines Stieres und dem Körper eines Menschen. Man warf sie in ein Labyrinth, aus dem es kein Entrinnen gab. In den Tiefen des Labyrinths überwältigte der Minotaurus die Sklaven und fraß sie auf.

Wenn wir gewohnheitsmäßig in der Vergangenheit oder der Zukunft leben, steigen wir in dieses endlose Labyrinth hinab, in dem wir von unseren eigenen Leidenszuständen der Angst oder Reue aufgefressen werden.

Wir werden zu verbitterten Menschen, die nicht mehr fähig sind, sich wirklich auf andere einzulassen und füreinander in der Gegenwart präsent zu sein. Wir verlieren uns in Erinnerungen an frühere Beziehungen oder in Gedanken darüber, wie eine glückliche Beziehung sein sollte.

Um Enttäuschungen zu überwinden, suchen wir verzweifelt nach Stimulation und Vergnügen. Aber ein nach Vergnügungen suchender Mensch ist schnell gelangweilt, denn er ist ständig auf der Jagd nach mehr und neueren Erlebnissen.

Verletztheit und Langeweile sind beides selbstbesessene innere Zustände. Unser Denken kreist nur um uns selbst. Andere Menschen nehmen wir kaum wahr, als existierten sie gar nicht wirklich.

Uns ist bewusst, dass das, was Sie hier über diese Lebensreise lesen, bei Ihnen einige unbequeme Erkenntnisse über die wichtigsten zwischenmenschlichen Beziehungen in Ihrem Leben zur Folge haben wird. Viele Menschen, die sich auf diese innere Reise begeben, entdecken zu ihrer Überraschung, dass ihre Partnerschaft und andere wichtige Beziehungen auf ziemlich unsicherem Grund stehen. Andere fürchten, sich bereits so weit von ihrem Lebenspartner, dem sie einst so nahestanden, entfernt zu haben, dass es zu spät ist, um die Beziehung noch zu retten.

Sie fragen uns: Wenn unsere Beziehung auf einem viel zu schwachen Fundament steht, können wir sie trotzdem heilen? Können wir einen Weg zu einer tieferen Verbindung finden? Und wenn es bereits eine tiefe spirituelle Verbundenheit mit dem Partner gibt, was können wir tun, um diese Flamme lebendig zu erhalten?

Das Licht der spirituellen Vision

Wie können wir uns aus diesem leidvollen inneren Winter befreien?

Es genügt nicht, dass wir uns mit dem Leiden arrangieren, die

Langeweile managen, die wir in der Ehe oder Partnerschaft erleben, und Ablenkung von Schmerz und Unsicherheit suchen.

Wie gelangen wir zu tiefer Verbundenheit mit dem Partner, und was lässt uns aus diesen beiden sich selbst immer wieder verstärkenden Alltags-Albträumen aufwachen? Die Antwort liegt darin, dass wir für unsere Partnerschaft eine spirituelle Vision entwickeln.

Kehren wir für einen Moment zum Ersten Heiligen Geheimnis zurück. Eine spirituelle Vision kann eine machtvolle Rolle beim Aufbau echter Verbundenheit zu anderen Menschen spielen. Menschen haben spirituelle Visionen für Geschäft und Karriere, für ihre Gesundheit. Denken Sie daran, dass wir mit dem Begriff »spirituelle Vision« eine Vision unseres inneren Zustandes meinen, die alles berührt, was wir tun und erschaffen.

Denken Sie über folgende Frage nach: Möchten Sie einfach nur Partner, Freund, Führungskraft sein – oder ein *lebensfroher und erfüllter* Partner und Freund, eine *einfühlsame, die Mitarbeiter inspirierende* Führungskraft?

Das ist eine ernste und höchst wichtige Frage. Denn ohne eine solche spirituelle Vision werden Sie mit allem, was Sie tun, Stress erzeugen. Dann können Sie noch so tolle Erfolge erzielen und Begegnungen mit wunderbaren Menschen haben – das alles wird Ihnen keine Freude bringen.

Denn, um es noch einmal zu betonen, wir alle können nur in zwei Seinszuständen leben: entweder in einem Stresszustand oder in einem schönen Zustand. Denken Sie daran: Wenn Sie sich nicht in einem schönen Zustand befinden, dann ist Stress Ihr Normalzustand.

Die wichtigste Entscheidung, die Sie für Ihre Partnerschaft tref-

Es bedeutet, dass Sie Getrenntheits-Zustände sofort auflösen, wenn sie entstehen, worauf Sie dann ganz natürlich wieder in den Verbundenheits-Zustand gelangen.

Im schönen Zustand der Verbundenheit ist es eine Freude, zueinander in Beziehung zu treten; das Leben an sich ist dann eine freudige Erfahrung. Wenn wir diese Art Liebe in unser Leben einladen, fühlen wir uns nicht mehr voneinander getrennt. Wir sind unterschiedliche Menschen, das ist wahr, aber wir fühlen uns zutiefst verbunden. Wenn der Partner leidet, geht Ihnen das nahe. Und wenn der geliebte Mensch sich freut, freuen Sie sich mit ihm. Sie beide sind von ansteckender Freude erfüllt und inspirieren sich gegenseitig durch Ihre völlige Präsenz.

Wir möchten betonen, dass Liebe und Verbundenheit keineswegs auf Liebespaare beschränkt sind. Diesen schönen Seinszustand können Sie auch mit einem Freund, einem Kind oder Enkelkind, einem Klienten und sogar mit einer völlig fremden Person erleben.

Sunil kam für ein persönliches Coaching mit Krishnaji auf unseren Campus. »Ich bin ein sehr liebevoller Mensch«, sagte er zu uns kurz nach seiner Ankunft. »Ein sehr liebevoller Sohn. Meine Eltern wohnen direkt neben uns.«

Als er während des Trainings tiefer in sich hineinschaute, erkannte er, dass er sich, trotz seines verantwortungsbewussten und fürsorglichen Verhaltens, in einem Zustand des Getrenntseins befand. Er konnte es nicht ertragen, seinem Vater länger als zehn Minuten zuzuhören: Es ging ihm auf die Nerven.

Als Teenager hatte Sunil beschlossen, die Schule abzubrechen und in Mumbai Arbeit zu suchen. Sein Vater war damit überhaupt nicht einverstanden und wollte, dass Sunil weiter in die

Schule ging. Schließlich gab der Vater nach, unter der Bedingung, dass der Sohn die Hälfte seines Monatslohns nach Hause schickte.

Sunil machte in Mumbai keine guten Erfahrungen. Die Leute behandelten ihn unfreundlich. Er fühlte sich dort überhaupt nicht wohl. Nach kurzer Zeit rief er seinen Vater an und sagte: »Ich will nach Hause zurück.« Doch der Vater bestand darauf, dass Sunil in der Stadt blieb. In den folgenden sechs Monaten rief Sunil jeden Tag zu Hause an und flehte, dass der Vater ihn wieder aufnahm. Schließlich, verbittert darüber, dass der Vater sich weigerte, ihm zu helfen, rief er nicht mehr an, schickte aber weiter das Geld.

An Sunils einundzwanzigstem Geburtstag überreichte ihm sein Vater ein Geschenk. »Ich habe das Geld, das du in den vergangenen Jahren geschickt hast, für dich investiert«, sagte er.

Sunil nahm den Scheck und warf ihn auf den Tisch. »Ich brauche das Geld nicht«, sagte er. »Ich kann zehnmal so viel verdienen.«

Sunil hatte nie verwunden, dass seine Eltern ihm damals ihre Hilfe verweigert hatten. Und von diesem Schmerz angetrieben, war er besessen davon, seinem Vater zu beweisen, wie erfolgreich er sein konnte. Er entschied, dass er seine Eltern finanziell unterstützen würde. Das war seine Art zu sagen: »Ich bin kein schlechter Junge.«

Als er sich in die Frau verliebte, die er später heiratete, betrachtete er auch das unter dem Blickwinkel, »Sieger« zu sein. Sie war sehr geduldig mit ihm – bis ihre Tochter zur Welt kam.

»Jetzt ist Schluss mit deinem unsteten Leben«, sagte sie. »Ich will, dass du zu Hause bleibst und dich an der Erziehung beteiligst.«

III. Das Erwachen der universellen Intelligenz in uns

Sunil gefiel es nicht, sich von seiner Frau kontrollieren zu lassen, also weigerte er sich. Schließlich ließen sie sich scheiden, und sie zog in einen anderen Teil des Landes. Seitdem versuchte er, seinen Vaterpflichten bei seiner Tochter nachzukommen, wenn sie ihn alle paar Monate besuchte. Aber es war genau das: eine Pflicht.

Die größere Erkenntnis über seine Beziehungen zu anderen Menschen stand ihm noch bevor.

In einem Zustand tiefer Stille sah Sunil im Anschluss der Meditation des Grenzenlosen Feldes, die Bestandteil seines Kurses war, eine Krabbe über den Fußweg huschen.

Plötzlich wurden sein Herz und Gehirn von intensiven Gefühlen des Mitgefühls und der Liebe regelrecht überflutet. Er verspürte eine enge Verwandtschaft zu allem Leben, ein Gefühl des Dazugehörens und der Fürsorge gegenüber den Bäumen, den Fischen im Meer, den Kindern, deren Lachen auf der anderen Seite des Gartens erklang. Sein Herz erwachte für die Liebe.

Oh, mein Gott, dachte er. *So fühlt es sich an, wenn man liebt! Jetzt weiß ich, was es bedeutet, zu fühlen und zu lieben!*

Dieses Erlebnis bewirkte bei ihm eine grundlegende Veränderung. Die Intensität der Erfahrung verblasste nach ein paar Tagen, aber er war für immer verwandelt. Er beschloss, zusätzlich eine Wohnung in der Stadt zu beziehen, in der seine achtjährige Tochter mit ihrer Mutter lebte. So konnte er jeden Monat eine Woche mit ihr verbringen.

An ihrem ersten gemeinsamen Tag war sie ihm gegenüber sehr zurückhaltend – so wie sie sich bisher immer verhalten hatte.

Aber diesmal wusste er, wie er Verbindung mit ihr aufnehmen konnte. Er ließ sich von seinem inneren Zustand der Liebe leiten, interessierte sich nun aufrichtig für die Wünsche und Gedanken seiner Tochter und für ihre Probleme mit den Mitschülerinnen. Nach ein paar Stunden gemeinsam verbrachter Zeit konnte sie endlich ganz vergnügt und unbefangen mit ihrem Vater plaudern.

Als er uns von der verwandelten Beziehung zu seiner Tochter erzählte, sagte er: »Jedes Mal, wenn ich sie von der Schule abhole, bin ich ganz gerührt, weil sie von Weitem angelaufen kommt und in meine Arme springt.«

Auch hat er eine schöne Partnerin gefunden, die sich glücklich schätzt, einen solchen Mann getroffen zu haben. Bei der Arbeit schaut er nicht nur auf den Profit, sondern achtet auch auf das Wohlergehen seiner Angestellten.

Sunils Geschichte ist der klassische Fall eines Menschen, der für die Liebe erwacht – und der nun fähig ist, jeden Menschen zu lieben. Diese Reise zur Wahrheit erfordert Mut und Leidenschaft. Sie ist nichts für halbherzige Leute, die auf schnelle Befriedigung aus sind. Es ist ein Weg für die, die aufrichtig ihr Bewusstsein transformieren wollen.

Wir sollten darauf hinweisen, dass nicht alle, die sich auf diese Reise einließen, sich anschließend dafür entschieden, ihre gegenwärtige Partnerschaft fortzusetzen. Ja, es stimmt, dass es eine tiefe Wirkung auf die Ihnen nahestehenden Menschen hat, wenn Sie beginnen, in einem schönen Zustand zu leben. Ihre Beziehungen zu anderen werden ganz natürlich harmonischer und froher werden. Und Sie werden gutherzige und liebevolle Menschen in Ihr Leben ziehen.

Aber diese Entscheidung, der inneren Wahrheit zu folgen, hat auch vielen Menschen dabei geholfen, mit der Tatsache Frieden

III. Das Erwachen der universellen Intelligenz in uns

zu schließen, dass ihr Weg ein anderer ist als der ihres bisherigen Partners. In einem schönen Zustand zu leben ist nicht damit vereinbar, in unglücklichen oder gar gefährlichen Situationen auszuharren. Vielmehr geht es darum, die innere Stille zu kultivieren, sodass Sie in der Lage sind, Entscheidungen auf der Grundlage von Verbundenheit und Liebe zu treffen.

Wenn einiges von dem, was Sie hier lesen, für Sie beunruhigend klingt, lassen Sie sich bitte nicht entmutigen: Dieser innere Zustand der Liebe und Verbundenheit steht jedem Menschen offen, der bereit ist, sich auf die Reise zum Zweiten Heiligen Geheimnis zu machen, zur inneren Wahrheit.

> Für diese Übung ist es notwendig, dass Sie sich etwas Zeit zum Alleinsein nehmen. Machen Sie einen Spaziergang, oder setzen Sie sich an einen ruhigen Ort. Richten Sie nun Ihre Aufmerksamkeit auf Ihr Herz. Stellen Sie sich vor, dass Sie Ihren Atem in Ihr Herz lenken. Atmen Sie eine Weile auf diese Weise. Meditieren Sie darüber, wie es wäre, befreit von allem emotionalen Schmerz zu sein.
>
> Visualisieren Sie, dass Sie Ihrem Partner in die Augen schauen, als sähen Sie diese Augen zum ersten Mal. Fühlen Sie, wie es wäre, jeden Morgen mit einem Lächeln aufzuwachen und für die Menschen in Ihrem Leben wirklich präsent und zugewandt zu sein, weil Sie sich nicht länger in Ihren problembeladenen Gedanken verlieren. Lassen Sie diese Leidenschaft, in einem schönen Zustand zu leben, in Ihnen Wurzeln schlagen.

Die Essenz des Menschseins

Haben Sie sich je gefragt, was es bedeutet, ein Mensch zu sein? Beschränkt es sich darauf, den Lebensunterhalt zu sichern, ein paar Ziele zu verwirklichen, sich fortzupflanzen, zu altern, und ... zu Staub zu werden?

Was bedeutet es, wirklich lebendig zu sein? Wir verfügen über das Potenzial, außerordentliche Bewusstseinszustände zu erleben, Verbundenheit mit anderen Menschen zu erfahren, ja, uns mit *allem* verbunden zu fühlen. Voll ehrfürchtigem Staunen teilzuhaben am Fluss des Lebens.

Das ist das Potenzial des menschlichen Bewusstseins: Verbundenheit herzustellen, zu lieben, eins zu sein. Grenzenlose Liebe zu erleben; einen Zustand vollkommenen Einsseins zu erfahren. Das ist das Potenzial und die Bestimmung des menschlichen Lebens, des menschlichen Gehirns und des menschlichen Körpers.

In einem Gefühl der Verbundenheit zu leben bedeutet, sich von der Selbstbezogenheit zu lösen und nach liebevoller Vereinigung, nach Einssein zu streben. Das ist authentische Transformation. Dann sind Sie wirklich lebendig. Sich einzulassen auf die Traurigkeit und Freude anderer Menschen, für die anderen präsent zu sein, ist das nährendste Geschenk, das Sie ihnen machen können.

Wenn Ihr Partner fühlt, dass Sie mit ihm mitfühlen, ist das der Beginn der Heilung Ihrer Beziehung. Dann spielt es keine Rolle, ob Sie einander in der Vergangenheit verletzt haben. Im schönen Zustand der Verbundenheit schwindet die Distanz. Wenn Sie Ihrem Kind, Ihrem Freund, Mutter und Vater und Geschwistern mit dieser Präsenz begegnen, ist das die Essenz einer in Verbundenheit lebenden Familie.

Wenn Sie für die Menschen, mit denen Sie zusammenarbeiten, eine spirituelle Vision aufrechterhalten und nähren, fühlen Sie sich untrennbar mit Ihnen verbunden. Es gibt dann Ihrerseits keine Ausbeutung, und Sie haben keine Angst, selbst ausgebeutet zu werden. Sie haben nicht den Wunsch, andere zu dominieren, und Sie haben keine Angst, selbst dominiert zu werden. Es gibt kein übles Nachreden und keine Entfremdung. Sie fühlen sich zu Hause; Sie fühlen die Sorgen und die Wünsche der anderen, ihren Ärger und ihr Bedürfnis, akzeptiert zu werden. Dieser schöne Zustand der Verbundenheit ermöglicht eine neue Kultur der Unterstützung und Kooperation.

Wenn Sie einer spirituellen Vision folgen, entsteht in Ihnen ein neues Gefühl der Verbundenheit mit der Erde. Die Erde ist keine Schlammkruste, auf der Sie herumtrampeln. Die Erde ist ein Teil von Ihnen, und Sie sind ein Teil der Erde, und Sie entwickeln Mitgefühl für alle Lebensformen. Und diese spirituelle Vision wird Ihr Denken, Ihren Umgang mit Beziehungen und Ihr ganzes Verhalten transformieren. Ihr Leben wird wunderschön.

Soul-Sync-Übung:
Partnerschaft aus dem Herzen

Es gibt mehrere Möglichkeiten, wie Sie Soul Sync nutzen können, um den Zustand der Liebe in Ihrem Leben willkommen zu heißen. Sie können das Universum darum bitten, oder Sie erklären und bekräftigen Ihre Absicht, beständigere, liebevollere Beziehungen aufzubauen.

Diese Soul-Sync-Übung können Sie auch zu zweit praktizieren. Erklären und bekräftigen Sie Ihre Absicht, jeden Morgen vor dem Aufstehen und jeden Abend vor dem Einschlafen bewusst gegenseitig Verbundenheit zum Partner herzustellen.

Praktizieren Sie zunächst die Schritte eins bis fünf des Soul-Sync-Prozesses, wie auf Seite 47 beschrieben.

1. Acht bewusste Atemzüge.

2. Acht bewusste Atemzüge und beim Ausatmen summen.

3. Acht bewusste Atemzüge und die Pause zwischen Einatmen und Ausatmen beobachten.

4. Acht bewusste Atemzüge und leise »Ah-hum« oder »Ich bin« chanten.

5. Acht bewusste Atemzüge und sich dabei vorstellen, dass Ihr Körper ins Licht hinein expandiert.

Fühlen Sie nun bei Schritt 6, dass Ihr Herz zum schönen Zustand der Verbundenheit erwacht, in dem Sie Ihren geliebten Partner spüren können, als gäbe es keine Grenzen zwischen Ihnen. Fühlen Sie, dass von Ihrem Herzen eine tiefe Liebe ausstrahlt, die Ihren Partner heilt und mit dem schönen Zustand der Liebe erfüllt.

IV.

Das Vierte Heilige Geheimnis: Die Praxis des spirituellen richtigen Handelns

von Krishnaji

Wie gelingt es uns, an schwierigen Herausforderungen zu wachsen, ohne Narben davonzutragen?

Wir haben bereits darüber gesprochen, wie das Geheimnis universeller Intelligenz uns in schweren Zeiten helfen kann. Doch unser Ziel beschränkt sich nicht darauf, Ihnen bei der Lösung Ihrer Lebensprobleme zu helfen. Wir möchten Ihnen auch zeigen, wie Sie mithilfe der heiligen Geheimnisse sich selbst transformieren können.

Das vierte und letzte Geheimnis ist geeignet, das gesamte Gewebe des Lebens zu verändern.

Denn hierbei geht es um die Kraft des spirituellen richtigen Handelns.

Als sechzehnjähriger Highschool-Schüler hatte ich die Angewohnheit, mit dem Fahrrad auf der jeweils schnellsten Route so rasant zur Schule zu fahren, dass ich stets vor meinen Freunden eintraf. Eines Tages fuhr ich dabei durch eine Straße, die ich noch nie benutzt hatte, und dabei kam es zu einem kleinen Unfall. Ich prallte gegen eine Wanderarbeiterin, die plötzlich unerwartet die Straße überquerte. Wir fielen beide hin. In Indien passiert es dann typischerweise, dass sich sofort eine große Menschenmenge am Unfallort versammelt. Fast immer sympathisieren sie mit dem ärmeren Unfallbeteiligten, in diesem Fall also der Wanderarbeiterin. Wer wirklich schuld ist, spielt keine Rolle. Ich hatte mich bei dem Sturz verletzt und bekam Angst vor dem zusammenströmenden Mob. Die Frau stand schnell auf und rief ihnen zu, sie sollten verschwinden und sich um ihre eigenen Angelegenheiten kümmern. Dann kam sie zu mir und half mir auf. Auch beim Aufrichten meines Fahrrades half sie und führte mich dann zu ihrer einfachen Hütte auf der anderen Straßenseite. Sie reinigte meine Schürfwunden und fragte, ob ich es zur Schule schaffen würde. Dann segnete sie mich herzlich und liebevoll und sagte, ich solle ein gebildeter Mann werden und später viel Gutes in der Welt bewirken.

Ich war zutiefst berührt. Das Ideal der Gerechtigkeit war für diese Frau in dem Moment unwichtig. Sie wollte mich nur vor dem Mob beschützen. Ich bedankte mich schüchtern, und während ich zur Schule weiterradelte, fragte ich mich: Wie war es möglich, dass sie einem völlig fremden Menschen so viel Liebe entgegenbrachte? Sie hatte nicht nach Moral gefragt oder wer vor dem Gesetz schuld an dem Unfall war. Sie sorgte sich ausschließlich um mein Wohlergehen.

Der Vorfall beschäftigte mich noch lange. Zum ersten Mal dachte ich darüber nach, was die Natur unseres Handelns ist.

Wie schaffen wir es, in jeder Situation richtig zu handeln? Diese Frage stellt sich im Kleinen wie im Großen. Woher wissen wir, was jeweils falsch oder richtig ist? Gibt es dafür eine Formel?

Das Wort »Formel« werden wir bewusst nicht verwenden, um Ihnen das heilige Geheimnis des spirituellen richtigen Handelns zu erklären, weil dieses Wort zu starrem, unflexiblem Denken verleitet. Die Frau, die mich vor der wütenden Menge schützte, folgte keinem Handbuch; sie handelte spontan aus tiefem Mitgefühl heraus.

Aber wie oft handeln wir auf diese Weise? Selbst einige der wunderbarsten Menschen haben in bestimmten Situationen Schwierigkeiten, angemessen zu reagieren und zu handeln. So wie bei dem zehnköpfigen König Ravana, von dem in diesem Buch schon die Rede war, gibt es in ihnen so viele widerstreitende Wünsche und Überzeugungen, dass schon kleinste Handlungen zum großen Problem werden können.

Heute definieren Preethaji und ich in der Akademie »spirituelles richtiges Handeln« folgendermaßen: Es ist eine Kommunikation mit dem Universum. Wir senden unaufhörlich Informationen über unseren inneren Zustand an das grenzenlose universelle Bewusstsein. Jedes Mal wenn wir in schöne Zustände gelangen, deren Essenz ja immer Verbundenheit ist, entsteht eine großartige Harmonie zwischen uns und dem vereinten Gewebe allen Bewusstseins.

Wir stellen Ihnen nun bestimmte Prinzipien richtigen Handelns vor, die Ihnen helfen werden, Unterstützung aus dieser mächtigen Quelle des universellen Bewusstseins zu empfangen. Wenn das Universum uns als Resultat unseres spirituellen richtigen Handelns eine Lösung anbietet, können Sie darauf wetten, dass eine unerwartete Kette von Ereignissen eintreten wird, die in Ihrem Leben großartigen Fortschritt bewirken.

Ganz praktisch bedeutet spirituelles richtiges Handeln, dass wir nicht länger verzweifelt versuchen, den Fluss des Lebens zu kontrollieren, sondern stattdessen auf das Leben reagieren, wie es sich natürlich entfaltet, wenn wir uns in einem machtvollen Bewusstseinszustand befinden.

Schauen wir uns drei grundlegende Prinzipien spirituellen richtigen Handelns an. Diese Prinzipien können bei jeder großen oder kleineren Lebensentscheidung eine Hilfe sein. Denken Sie aber daran, dass Sie diese Prinzipien nicht als starre Gesetze betrachten sollen, sondern eher als Inspiration. Je mehr Zeit Sie damit verbringen, einen schönen Zustand zu kultivieren, desto natürlicher wird das heilige Geheimnis des spirituellen richtigen Handelns für Sie.

ERSTES PRINZIP: *Spirituelles richtiges Handeln kann erst praktiziert werden, nachdem wir unsere inneren Konflikte aufgelöst haben, nicht während wir uns noch in ihnen befinden.*

Allzu oft beschließen wir, eine Beziehung zu beenden oder zu beginnen, während wir wütend oder einsam sind. Wir kündigen unsere Arbeit, während wir zutiefst verunsichert oder frustriert sind. Wir kaufen oder verkaufen in einem inneren Zustand der Angst vor einer Wirtschaftskrise oder Armut. Wie können wir klug und besonnen handeln, solange wir uns in solchen inneren Zuständen befinden?

Leidenszustände sabotieren unsere Intelligenz. Sie verzerren unsere Realitätswahrnehmung. Sicher haben Sie schon bemerkt, dass Ärger oder Frustration uns zu unnötiger Hast verleiten, während dumpfes Brüten, Sorge und Einsamkeitsgefühle uns entweder handlungsunfähig machen oder uns überstürzte Entscheidungen treffen lassen, die wir später bereuen.

Manche Menschen leben stunden-, wochen-, monate- oder gar jahrelang in einem inneren Zustand von Verwirrung und Aufruhr. Es ist, als würden wir mit einer heißen Kartoffel in der Hand einen Tanz aufführen. Wir treffen verzweifelte Entscheidungen,

IV. Die Praxis des spirituellen richtigen Handelns

nicht aus einem Gefühl der Fülle heraus, sondern indem wir mit unserer Bürde so lange hektisch herumjonglieren, bis es nicht mehr geht und wir sie fallen lassen.

Der Pfad spirituellen richtigen Handelns beginnt damit, dass wir innehalten, uns Zeit lassen und unseren Leidenszustand auflösen, indem wir *Heitere Ruhe* praktizieren. Denn nur, wenn Ihr Stress sich aufgelöst hat, sind Sie in der Lage, klar zu sehen und richtig zu handeln.

Das zeigt sich am Beispiel eines jungen Mannes. Er nahm an einem der Schulungsprogramme teil, die unsere Stiftung für junge Menschen durchführt. Dieser Mann Anfang zwanzig hasste jeden Aspekt seines Lebens. Die jüngste Ergänzung auf seiner Hass-Liste war sein neuer Job, der darin bestand, in einem Callcenter am Telefon Gewürzgurken und andere Glaskonserven zu verkaufen. Er hasste einfach alles an dieser Tätigkeit, von dem Headset, das er dabei tragen musste, bis zu den Reaktionen der Leute, wenn sie merkten, dass er sie anrief, um ihnen etwas zu verkaufen. Er hasste seine armselige Bezahlung. Aber er konnte nicht kündigen, weil er zum Einkommen der Familie beitragen musste. Er wollte sich nicht die Belehrungen und Vorwürfe seines alten Vaters anhören.

Es frustrierte ihn, in einer Großstadt, in der niemand Notiz von ihm nahm, ein gesichtsloses Dasein führen zu müssen. In sein Dorf konnte er nicht zurückkehren, weil er sich nicht mit seinem Vater verstand. Der Vater war Töpfer gewesen und hatte ein bescheidenes Einkommen damit erzielt, Wasserkrüge für die Dorfbewohner herzustellen. Mehr wurde dort nicht von ihm erwartet, und deshalb hatte der Vater seine Handwerkskunst nie verfeinert. Die Mutter des jungen Mannes war Hausfrau. Sie kochte für die

Familie und verdiente etwas dazu, indem sie auf den Feldern eines reichen Bauern arbeitete. Er hasste die ärmlichen Verhältnisse in seinem Elternhaus. Und so hatte er das Gefühl, nirgendwo hingehen zu können, und wusste nichts Sinnvolles mit seinem Leben anzufangen.

Bei einem seiner Versuche, am Telefon Gurken zu verkaufen, geriet er an einen ehrenamtlichen Helfer unserer Stiftung. Sie hatten ein langes Gespräch, und unser Mitarbeiter lud ihn zu einer unserer Veranstaltungen für Jugendliche ein. Während dieses Seminars wurde dem jungen Mann klar, dass er dabei war, mit seinem Selbsthass sein Leben zu ruinieren. Bei den geführten Meditationen erlebte er eine tiefe innere Wandlung. Er fühlte, wie sein Hass gegen seinen Vater und sich selbst von ihm abfiel.

Als er am nächsten verlängerten Wochenende in sein Dorf fuhr, saß er schweigend bei seiner Mutter in der Küche, während sie Essen kochte. Zum ersten Mal im Leben fühlte er eine tiefe Verbindung zu ihr. Er half ihr, die Mahlzeit für die Familie zuzubereiten. Er war so glücklich wie schon seit Jahren nicht mehr, während er diese einfachen häuslichen Aufgaben erledigte. An den folgenden Tagen half er seiner Mutter bei jeder Mahlzeit, und er freute sich am Geschmack des Essens, das sie gemeinsam zubereiteten. Er berichtete später, dass er Duft und Geschmack der Speisen ganz neu für sich entdeckte. In seinem Herzen erwachte die Begeisterung für das Kochen. Mit großer Klarheit und enormem Mut kündigte er seinen Callcenter-Job, kehrte in sein Dorf zurück und erlernte dort unter Anleitung seiner Mutter und anderer Dorfbewohnerinnen die traditionelle heimische Kochkunst mit ihren zahlreichen Familienrezepten. Heute arbeitet er als Chefkoch auf einem unserer Campusse. Er scheut keine Mühen,

ten Mann in den Kerker zu werfen, weil er gestohlen hatte, um seine Familie zu ernähren.

Wir hoffen, Sie verstehen, wie wichtig und wirkungsvoll dieses letzte heilige Geheimnis sein kann. Spirituelles richtiges Handeln ist keine formelhafte Anleitung, wie man Entscheidungen trifft. Wie bei den anderen heiligen Geheimnissen geht es dabei darum, einen inneren Konflikt aufzulösen, die Selbstbesessenheit zu überwinden und mithilfe der unglaublichen universellen Intelligenz angemessen auf das Leben zu reagieren.

Richtig zu handeln bedeutet, dass Sie nicht Ihre Gesundheit, Ihren Wohlstand und Ihr Glück für eine Idealvorstellung opfern, wie das Leben »sein sollte«. Sie kümmern sich aktiv um Ihr Glücklichsein und wertschätzen es. Richtiges Handeln beginnt bei Ihnen selbst und wirkt sich dann zwangsläufig positiv auf das Leben anderer Menschen aus. Sich gut um sich selbst zu kümmern, ist oft der erste Schritt, die Voraussetzung, um Großes in der Welt zu vollbringen.

Ein schönes Leben zu führen, gelingt Ihnen, wenn Sie einer spirituellen Vision folgen.

Leiden aufzulösen und zu einem schönen inneren Zustand zu erwachen, gelingt Ihnen, wenn Sie Ihre innere Wahrheit leben.

Spirituelles richtiges Handeln, das zu großartiger individueller und kollektiver Entfaltung und Erfüllung führt, gelingt Ihnen, wenn Sie zu einem schönen inneren Zustand erwacht sind.

Und je mehr Sie in Kontakt mit der universellen Intelligenz stehen, desto reicher und wunderbarer wird Ihr Leben!

ckung und den Wunsch motiviert, die Welt an Ihren Talenten und Fähigkeiten teilhaben zu lassen?

Entscheidend ist, dass wir uns selbst keine Vorwürfe machen, wenn wir uns im Leidenszustand der Angst befinden. Ganz im Gegenteil: Wir sollten uns beglückwünschen, denn die Reise aus der Unwahrheit in die Wahrheit ist der Schlüssel zu einem glücklichen Zustand!

Wir können uns aus dem Niemand-Zustand befreien. Ja, das müssen wir sogar! Denn ein solcher Leidenszustand bewirkt, dass um uns herum ein negatives Energiefeld entsteht.

Das haben wir alle schon erlebt, nicht wahr? Wir haben beobachtet, dass Menschen, die in finanziellen Schwierigkeiten stecken, oft haarsträubend unkluge Entscheidungen treffen, die sich nachteilig auf alle Leute auswirken, die mit ihnen zu tun haben. Wir haben erlebt, dass der Niemand-Zustand sich als Arbeitssucht oder Depression manifestiert. Der Umgang mit Menschen, die sich in einem solchen Zustand befinden, ist nicht einfach. Oft sind sie so sehr durch Wutgefühle oder Scham blockiert, dass sie die Liebe, die andere ihnen schenken möchten, gar nicht fühlen können.

Auf der Makro-Ebene wird der Niemand-Zustand zu einer Kraft, die verhindert, dass wir ein Bewusstsein für Wohlstand entwickeln. Er hindert uns daran, intelligent zu handeln. Er macht uns blind für Glücksmomente und gute Gelegenheiten. Er sperrt Lakshmi, die hinduistische Göttin des Reichtums, aus unserem Leben aus.

Aber wir können uns aus ihm befreien.

Erinnern Sie sich an Mike, den Architekten und Unternehmer?

Seine innere Reise bewirkte nicht, dass er sein Streben nach finanzieller Sicherheit aufgab. Aber er gab etwas anderes auf. Er handelte nicht länger aus dem Bestreben, eine innere Leere füllen zu müssen. Er war nicht mehr von Wut auf all jene getrieben, die sich über ihn lustig gemacht und die geschäftliche Zusammenarbeit mit ihm aufgekündigt hatten. Auch der verzweifelte Wunsch, sein verlorenes gesellschaftliches Ansehen wiederherzustellen, war nicht mehr Triebfeder seines Handelns.

Mike erwachte zu einem schönen Zustand von innerer Ruhe und persönlichem Mut. Er sah dem Schaden, den er durch seinen Zustand und sein Verhalten angerichtet hatte, ins Auge. Die Transformation seines Bewusstseins verlieh ihm die Kraft, seinem Leben einen neuen Sinn zu geben: die Leidenschaft, sein Wissen zu nutzen, um höheren Werten zu dienen.

Heute hat er ein neues Team um sich versammelt. Während wir diese Zeilen schreiben, bietet seine neue Firma im Internet Kurse und Beratungen für Menschen an, die Gebäude nach eigenen Vorstellungen verwirklichen wollen. Getragen von schönen Zuständen des Friedens und der Leidenschaft unterstützen Mike und sein Team sie dabei, Stein auf Stein ihren Traum zu verwirklichen. Diesmal fühlt sich für Mike der Weg nach oben freudig und mühelos an.

Werden Sie zum bewussten Schöpfer

Wohlstand zu erschaffen gehört zu den weltweit meistdiskutierten Themen. Bestimmt haben Sie schon von vielen Methoden gehört, mit denen man reich werden kann.

aufwuchsen, doch erst nachdem wir begonnen hatten, den Lehrplan für die O&O Academy ins Dasein zu träumen, wurde uns die enorme Bedeutung dieser uralten Weisheit bewusst:

Jedes dieser vier Lebensziele – und, umfassend betrachtet, *alle* menschlichen Sehnsüchte – kann man entweder aus einem schönen Zustand oder aus dem leidvollen Niemand-Zustand anstreben.

Erforschen wir nun gemeinsam, was das bedeutet, indem wir uns als Erstes mit dem Dharma beschäftigen.

Wir alle haben unsere Verantwortlichkeiten: als Kinder gegenüber unseren Eltern, als Partner in einer Paarbeziehung, als Bürger in der Gesellschaft. Doch wenn wir diese Rollen in gestresster Art und Weise auszufüllen versuchen, werden sie zu Belastungen und Bürden. Dann erfüllen wir angestrengt unsere Pflicht, weil wir von Idealen angetrieben werden oder weil wir versuchen, im System zu funktionieren. Aber wir sind nicht wirklich mit dem Herzen dabei.

Wenn wir in uns einen schönen Zustand herbeiführen, dessen Essenz ja die Verbundenheit ist, wird unser Dharma zu unserer Leidenschaft. Wir sind dann gerne bereit, das Gefüge unserer Familie und der Gesellschaft zu behüten und zu nähren. Bereitwillig bringen wir all unsere Fähigkeiten ein, um zum Wohle des Ganzen beizutragen. Wir erkennen, dass alles miteinander verknüpft ist, und werden uns bewusst, dass unser innerer Zustand und unsere Handlungen weitreichende Auswirkungen auf das Gewebe des Lebens haben. Wenn wir uns darüber klar werden, dass unser Einfluss sich ganz natürlich um uns herum ausbreitet wie die Wellen, die ein ins Wasser geworfener Stein verursacht, kann sich dann irgendjemand von uns wirklich noch für einen Niemand halten?

Ebenso kann auch die Suche nach Liebe – Kama – aus dem Niemand-Zustand betrieben werden. Ist das der Fall, wird der Wunsch nach Liebe zu einer nie endenden Sehnsucht. Verzweifelt versuchen wir, anderen zu gefallen, oder suchen nach Menschen, die uns gefallen sollen. Dieses verzweifelte Streben nach Befriedigung wird zu einer unkontrollierbaren Obsession.

Wenn wir dagegen Kama aus einem schönen Zustand heraus anstreben, führt es uns zu einer Liebe, die nährt, inspiriert und befreit.

Und wenn gar Mukti, unsere spirituelle Suche, aus dem Niemand-Zustand erfolgt, wird daraus ein ehrgeiziger, aggressiver Prozess, in dem wir Wissen und spirituelle Fähigkeiten erwerben, um uns damit zu brüsten. Wir versuchen, den Alltagsanforderungen zu entkommen, indem wir uns an ein hochfliegendes, mystisch verklärtes Selbstbild klammern – doch im Ergebnis führt uns das in innere Verzweiflung, Isolation und Konflikt. Deshalb können selbst sehr fromme Menschen das Gefühl haben, sich im Krieg gegen die Welt zu befinden. Und noch die Großzügigsten unter ihnen können diese Stimme in ihrem Inneren nicht zum Schweigen bringen, die leise ruft: *Warum haben alle anderen es leichter als ich?*

Ein klassisches Beispiel für einen Menschen, der versuchte, aus dem Niemand-Zustand einen spirituellen Weg zu gehen, war Devadatta, ein Cousin des Buddha. Devadatta war gut aussehend und brillant, und manchen galt er sogar als der bessere Redner von beiden.

Als sie noch Kinder waren, schoss Devadatta einen fliegenden Schwan an. Der von Devadattas Pfeil getroffene Vogel fiel dem Buddha vor die Füße. Der Buddha verarztete seine Wunden und

IV. Die Praxis des spirituellen richtigen Handelns

pflegte ihn gesund. Devadatta sagte, der Schwan müsse ihm gehören, denn er hätte ihn geschossen, aber die Ältesten entschieden, dass der Buddha den Schwan behalten durfte, weil er dem Vogel das Leben gerettet hatte.

Vielleicht war das bei Devadatta der Beginn des Niemand-Zustandes, vielleicht lag das auslösende Erlebnis aber auch noch weiter zurück. Als der Buddha schließlich im Anschluss an seine Erleuchtungserfahrung nach Hause zurückkehrte, schloss sich Devadatta der Mönchsgemeinschaft seines Cousins an – jedoch nur, weil er sich insgeheim für den besseren Lehrer hielt und den Buddha übertrumpfen wollte. Er unterzog sich strenger Askese, starb aber als sehr unzufriedener Mensch.

Sosehr wir in dieser Geschichte gerne Buddha sein möchten, ist es gar nicht so schwierig, auch Verständnis für Devadatta zu empfinden. Wer von uns hätte nicht schon diese Art von Eifersucht verspürt, wenn wir uns angesichts großer Leistungen von Verwandten oder Freunden klein und unbedeutend fühlen? Wer hätte nicht schon innerlich gegen Geschwister oder Freunde aufbegehrt, die scheinbar unfair vom Leben begünstigt werden?

Das ist die unglückselige Wirkung des Niemand-Zustandes, die wir niemals unterschätzen sollten. Er kann sehr verführerisch sein, zieht uns aber hinab ins Leiden.

Damit kommen wir zur vierten menschlichen Bestrebung. So, wie wir den Dharma nicht als Bürde begreifen sollten, werden wir keine Fülle erlangen, wenn wir von der Gier nach Artha, Reichtum, besessen sind.

Eine höhere Form von Artha – die bewusste Erschaffung von Wohlstand – können wir nur verwirklichen, wenn wir uns in einem schönen Zustand befinden. In einem schönen Zustand sind wir nicht vom Drang getrieben, immer siegen zu müssen, oder von der Angst, Verlierer zu sein. Dann ist die Erschaffung von Wohlstand für uns kein Krieg mehr. Erfolg ist nicht länger eine Frage von Leben und Tod. Unsere Reise zur Erfüllung bekommt etwas Spielerisches. Wenn wir uns in einem solchen Bewusstseinszustand befinden, erleben wir wahre Ausbrüche von Kreativität. Dann kommt der Wohlstand ganz wie von selbst, er findet uns.

Wenn wir diesen Zustand der Verbundenheit und Kreativität in uns verwirklicht haben, erwachen wir zu einer größeren Bestimmung, die, so ist zu hoffen, uns selbst und unsere Generation überdauern wird. Die Entdeckung dieser Bestimmung beginnt damit, dass wir unsere Intelligenz und unsere Fähigkeiten und Talente nicht bloß als Werkzeuge zur Mehrung unseres selbstbezogenen Einflusses und Reichtums begreifen, sondern als Hilfsmittel, um eine Person, eine Situation oder unsere Umwelt zu transformieren.

Doch was tun wir, wenn wir das Gefühl einer großen Bestimmung haben – und trotzdem nicht in der Lage sind, uns von Stress und Leiden zu befreien?

Aus dem schönen Zustand der Verbundenheit die eigene Lebensaufgabe erkennen und verwirklichen

Lassen Sie mich Ihnen die Geschichte eines jungen Koreaners erzählen, der ein Unternehmen gegründet hatte mit dem Ziel, die Lebensbedingungen von Tieren zu verbessern. Als er uns aufsuchte, war er deprimiert und hatte Selbstmordgedanken, weil er glaubte, als Firmenchef zu versagen.

Viele von uns glauben, die Ursache, warum uns die Arbeit keine Freude macht, liege darin, dass wir in ihr keinen höheren Sinn finden. Aber dieser junge Unternehmer hatte doch einen solchen Sinn, eine echte Bestimmung gefunden: Immer schon hatte er Technologie nutzen wollen, um das Leben von Tieren zu verbessern. Bereits während seines Studiums hatte er als Pionier diese neue Technologie entwickelt.

Oder vielleicht denken wir, der Grund dafür, dass ein Mensch in beruflicher Hinsicht unglücklich ist, liege darin, dass es ihm nicht gelingt, das zu verwirklichen, was er als seine Bestimmung erkannt hat. Aber die Firma dieses jungen Koreaners war erfolgreich – und wuchs unaufhörlich.

Vielleicht denken Sie nun, eine schlechte Führungsstruktur sei der Grund für die Unzufriedenheit. Aber auch die Führung und Organisation seines Unternehmens funktionierten sehr gut.

Was also steckte hinter seiner psychischen Verfassung? Warum fühlte er sich als Versager, obwohl er eine erfolgreiche Firma aufgebaut hatte, die im Einklang mit seiner von ihm gewählten Lebensaufgabe stand?

Während der spirituellen Reise, die er mit unserer Hilfe und Anleitung unternahm, berichtete er uns mehr über seine Situation. Wie er sagte, hatten in den letzten fünf Jahren fast hundert seiner Angestellten kündigen wollen. Nur mit viel Überredung war es ihm gelungen, sie zum Bleiben zu bewegen. Aber er bezweifelte, dieser Anstrengung noch länger gewachsen zu sein. Er fühlte sich erschöpft vom ständigen Motivieren, Locken und Überzeugen.

Während einer geführten Meditation wurde ihm klar, dass seine Erschöpfung gar nicht auf die beruflichen Anforderungen zurückzuführen war, sondern auf seinen inneren Zustand. Er fühlte sich wie in einem Hamsterrad, aus dem es für ihn kein Entrinnen gab: Er versuchte, seinem Vater zu imponieren, und er versuchte, sich gegenüber seinen leitenden Angestellten, die über mehr Berufserfahrung verfügten als er, keine Blöße zu geben, sondern ihren Respekt zu gewinnen.

Er erkannte, dass er bei seinen sämtlichen beruflichen Erfolgen von der Angst getrieben war, den Maßstäben anderer nicht zu genügen. Er fühlte sich einsam und isoliert und brachte seinen Angestellten keinen wirklichen Respekt entgegen. Seine Beziehung zu ihnen war zweckmäßig und unpersönlich, beruhte auf Leistung und Gegenleistung.

Als dieser junge Unternehmer nach innen blickte, empfand er plötzlich große Dankbarkeit gegenüber seinen Angestellten, erkannte, welchen großen Beitrag sie für den Erfolg des Unternehmens leisteten. Endlich war er in der Lage, sich in sie hineinzuversetzen, und verstand, wie frustrierend der Umgang mit diesem unnahbaren, distanzierten Chef für sie sein musste.

Neun Monate nachdem er diese spirituelle Transformationsreise in unserer Akademie unternommen hatte, berichtete er uns, dass sich die Energie in seinem Unternehmen schon spürbar verändert habe. Nach und nach sei es ihm gelungen, mehr Teamgeist zu wecken und harmonischere Arbeitsbedingungen zu schaffen.

Wie dieses Beispiel zeigt, können stressvolle Zustände unseren Erfolg selbst dann untergraben, wenn wir das starke Gefühl haben, mit unserer Arbeit einer höheren Bestimmung zu dienen. Wenn Sie bei Ihren beruflichen Zielen von Stresszuständen angetrieben werden, wird Ihre Karriere zum Kriegsschauplatz für Ihr destruktives Unterbewusstsein.

IV. Die Praxis des spirituellen richtigen Handelns

Ist Ihre Arbeit dagegen von einem schönen Zustand inspiriert, schaffen Sie damit einen Raum, in dem die universelle Intelligenz sich auf spielerische Weise entfalten kann.

Ihr Seinszustand ist vergleichbar mit einem Pferd, das einen Wagen in die von Ihnen gewählte Richtung zieht. Dieser Wagen kann Ihre berufliche Karriere, Ihre Beziehungen zu den Menschen, mit denen Sie zusammenarbeiten, oder die Wirkung sein, die Ihre Tätigkeit auf das gesamte Ökosystem hat.

Ihr innerer Zustand gibt die Richtung vor, und Ihr Leben folgt diesem Weg.

Wohin sind Sie unterwegs?

Wenden wir uns einigen sehr wesentlichen Fragen zu: Wohin sind Sie unterwegs? Und wovon lassen Sie sich dabei leiten? Welcher innere Zustand herrscht in dem Team vor, in dem Sie mitarbeiten? Welche Arbeitskultur wünschen Sie sich für Ihren Unternehmensalltag? Einen stressvollen Zustand oder einen schönen Zustand? Einen Zustand der Verbundenheit oder einen Zustand der Distanz?

> Halten Sie bitte einen Moment inne. Was ist zurzeit Ihre berufliche Motivation? Spielt Angst dabei eine Rolle? Ist Ihre Arbeit einfach nur dazu da, Ihr Überleben zu sichern? Würden Sie Ihren momentanen Job sofort kündigen, wenn Sie genug Geld hätten?
>
> Oder lassen Sie sich von Frustration und Wut leiten? Dient Ihre Arbeit Ihnen dazu, sich selbst, Ihrem Partner,

Ihren Eltern, Ihren Geschwistern, Ihren Gegnern oder Ihrer Gefolgschaft Ihren Wert zu beweisen?
Oder dient Ihnen die Arbeit als Mittel gegen Langeweile? Vertreiben Sie sich damit die Zeit, weil Sie sonst nichts mit sich anzufangen wissen?
Was leitet Sie, was motiviert Sie?
Welches Ziel verfolgen Sie?
Schauen Sie sich bitte aufrichtig und ohne sich dagegen zu sträuben Ihre innere Wahrheit an.

Was haben Sie bei dieser Innenschau über sich herausgefunden? Lassen Sie sich von Freude, Dankbarkeit oder Mitgefühl leiten? Oder haben Sie zugelassen, dass Angst und Sorge sich Ihrer bemächtigten und nun Ihren Weg zu wahrem Wohlstand blockieren?

Wenn Sie zum Wohlstandsbewusstsein erwacht sind, bereitet Ihnen der gesamte Schöpfungsprozess Freude. Sie sind sich bewusst, was Sie mit Ihrer Arbeit im Leben anderer Menschen bewirken und was deren Arbeit in Ihrem Leben bewirkt.

Denn diese Wirkungen sind *da*, auch wenn Sie noch nie bewusst darüber nachgedacht haben.

Ich habe eine Geschichte gehört, die diese wichtige Wahrheit veranschaulicht.

Eines Tages war ein Mann mit seinem Auto unterwegs. Er fuhr auf der gleichen kurvenreichen Straße, die er immer benutzte, aber diesmal prallte sein Wagen gegen einen Felsbrocken, der von einem der steilen Hänge herabgerollt war. Der Wagen kam von der Straße ab, überschlug sich, und der Fahrer starb.

Aber die Geschichte ist noch nicht zu Ende. Dank der Wunder

IV. Die Praxis des spirituellen richtigen Handelns

Dass Sie und ich heute einen angenehmen, komfortablen Tag verbringen können, verdanken wir den über die Jahre erbrachten Arbeitsleistungen und Erkenntnissen von Millionen Menschen. Und jeder Einzelne von uns gehört zu diesen Millionen, die diese Welt lebendig erhalten! Jeden Morgen, wenn wir unsere Arbeit antreten, wirken wir an einer Mission mit, die »Harmonische Welt« genannt wird.

Jedes Mal wenn Sie etwas in Ihren Mac tippen ... jedes Mal wenn Sie Ihre Schutzkleidung anlegen, um riskante Laborarbeit zu verrichten ... jedes Mal wenn Sie über eine neue Geschäftsidee nachdenken ... jedes Mal wenn Sie den Schülern Ihrer Klasse ein Gedicht vorlesen ... jedes Mal wenn Sie die dreihundert Passagiere an Bord Ihres Jets sicher ans Ziel bringen ... jedes Mal wenn Sie einer der Myriaden Tätigkeiten auf der Welt nachgehen ... helfen Sie damit der Welt, in Harmonie zu bleiben, und vollbringen etwas, was für den Erhalt von Leben und Harmonie auf diesem wunderschönen Planeten von unschätzbarem Wert ist.

Wenn wir zu diesem Zustand wechselseitiger Verbundenheit erwachen, steigert sich unsere Wirksamkeit in der Welt ganz enorm. Wir werden dann nicht nur auf der persönlichen Ebene erfolgreich, sondern auch was unseren Beitrag für den Erfolg des Unternehmens oder der Organisation angeht, für die wir tätig sind, und für die Welt insgesamt.

Eine unserer Schülerinnen arbeitete als Friseurin in einem beliebten Damensalon. Am Ende ihres Arbeitstages überkam sie oft ein dumpfes Gefühl der Sinnlosigkeit. Sie hielt ihre Kundschaft mit cleveren Sprüchen bei Laune, fühlte sich aber innerlich leer. Warum kam ihr jeder Tag, an dem sie Haare färbte und schnitt, gleichförmig und eintönig vor?

Nachdem wir sie sanft durch einen unserer Meditationsprozesse geführt hatten, gelang es ihr, sich für einen Zustand tiefer Liebe zu öffnen. Von diesem Moment an wandelte sich ihre Arbeitseinstellung völlig. Heute nimmt sie Verbindung zum inneren Zustand ihrer Kunden auf. Sie spürt, wie sehr eine berufstätige alleinerziehende Mutter sich tagelang über ihr Haarstyling freut. Sie erlebt bewusst, wie das Selbstvertrauen eines Jugendlichen Auftrieb bekommt, wenn er mit cooler Frisur sein College-Studium antritt. Unsere Schülerin hat gelernt, eine tiefe Verbundenheit zu ihren Kunden herzustellen. Was früher vor allem notwendige Arbeit zur Sicherung des eigenen Überlebens war, ist für sie heute eine bewusste liebevolle Tätigkeit, die im Leben ihrer Kunden Wirkung zeigt.

Aber sie entdeckte für sich noch eine andere Dimension. In Wirklichkeit sehnte sie sich danach, etwas für andere zu tun, das weit über einen Haarschnitt hinausgeht – und ihre Unzufriedenheit mit ihrem Beruf war ein Weckruf für dieses größere Potenzial in ihr. Durch die Meditationserfahrung in unserer Akademie gewann sie den Mut, ihre eigene Serie ökologischer Haarpflegeprodukte auf den Markt zu bringen.

Wenn wir einen bewussten Pfad der Wohlstandserschaffung verfolgen, erwacht in uns die Liebe zu den Menschen, mit denen wir zusammenarbeiten und deren Leben wir durch unser Wirken beeinflussen. Unser Herz erwacht. Das ist notwendig, denn solange uns die Gefühle unserer Mitarbeiter oder Kunden gleichgültig sind, werden wir uns zutiefst allein fühlen und in unseren stressvollen Zuständen gefangen bleiben. Nur wenn wir uns miteinander verbunden fühlen, können wir Gefühle der Sicherheit, Geborgenheit und Fürsorge empfinden.

einem Zustand tief empfundener Verbundenheit erwachen, finden Sie ganz natürlich zu einem höheren Lebenssinn. Dann werden Sie erkennen, was wahre Kooperation bedeutet.

Warum ist diese Form der Verbundenheit auf der Herzensebene wichtig für die Kultur eines Unternehmens? Und wie können Firmenchefs und Vorgesetzte sie fördern und nähren?

Verbundenheit von Herz zu Herz ist nicht einfach eine Einstellung oder Aktivität, die Sie gemeinsam praktizieren. Sie ist ein Bewusstseinszustand, in dem Sie gewahr werden, dass Ihr eigenes Wohlbefinden nicht vom Wohlbefinden anderer Menschen zu trennen ist. Es gibt in Ihnen ein natürliches Bestreben, zu Lebensfreude und Wohlergehen der Menschen in Ihrem Umfeld beizutragen.

Manche von Ihnen, die auf mehr Lebenszeit zurückblicken als unser Freund Scott, fragen sich jetzt vielleicht: *Warum soll ich jetzt, nach all diesen Jahren, noch meine Haltung ändern? Ist das wirklich nötig?*

Bei unserer Arbeit erhalten Preethaji und ich Einblicke in viele Gruppen und Organisationen auf allen Ebenen – von Paaren und Familien über kleine Geschäfte und Institutionen bis hin zu internationalen Konzernen, politischen Bewegungen und staatlichen Strukturen. Und da wir selbst ein Unternehmen leiten, kennen wir den Wert fortschrittsoffener und intelligenter Systeme.

Doch welches System Sie auch erschaffen und nach welchen Regeln Sie es führen, solange das Bewusstsein der Menschen, aus denen das System sich zusammensetzt, begrenzt bleibt, kann es niemals seine größere Vision verwirklichen. Ein selbstbesessenes Bewusstsein wird auch noch die effizientesten äußeren Systeme sabotieren. Deshalb ist der Fokus auf Bewusstseinstransformation ein Muss für alle Führungskräfte, die Einfluss ausüben und die Welt zum Besseren verändern wollen.

Und immer wieder berichten diejenigen unserer Schüler, die Führungspositionen innehaben, dass, wenn sie selbst sich ernsthaft der Transformation ihres Bewusstseins widmen, die Mitarbeiter in ihren Unternehmen oder Institutionen davon inspiriert werden und sich ebenfalls für die Verbundenheit öffnen. Im Gegensatz zu dem Versuch, mit aller Macht bestimmte neue Management-Methoden durchzusetzen, geht es bei der Erschaffung einer wirklich bewussten, Verbundenheit erzeugenden Unternehmenskultur um die Entwicklung der Fähigkeit, Leidenszustände aufzulösen, tragfähige Entscheidungen zu treffen, einfühlsam das Wohlergehen aller Mitarbeiter Ihres Unternehmens zu fördern und Ihren Wunsch in die Tat umzusetzen, etwas Positives zum großen Ganzen beizutragen.

Die meisten Führungskräfte sprechen darüber, was sie zum Wohl der Erde erreichen wollen, aber sie geben wenig über ihren eigenen Seinszustand preis. Doch solange keine tiefgreifende Revolution in unserem Bewusstsein stattfindet, durch die wir vom Getrenntsein zu Verbundenheit und Einssein, vom Leiden in einen schönen Zustand gelangen, wie können wir da eine klare Vision für die Zukunft der Menschheit entwickeln?

Ohne eine fundamentale Revolution unseres Bewusstseins sind all unsere Resolutionen, Beschlüsse und Veränderungen nur kosmetischer Natur; sie werden sich als nicht wirklich fruchtbar und tragfähig erweisen und in neuen Konflikten enden. Denken Sie immer daran: zuerst Bewusstheit, dann Entscheidung und Aktion.

Wir befinden uns an einem Wendepunkt in der Geschichte

IV. *Die Praxis des spirituellen richtigen Handelns*

der Menschheit. Entweder heben wir unsere kollektive Evolution auf die nächste Ebene, oder wir führen uns selbst und andere Lebensformen auf einen Weg der Zerstörung und Auslöschung.

Die Macht liegt jetzt bei jedem Einzelnen von uns. Das Schicksal zukünftiger Generationen und der vielen Lebensformen auf Erden hängt von dieser Evolution unseres Bewusstseins ab. Wollen Sie zulassen, dass Ihr Bewusstsein degeneriert, hin zu mehr Leiden, Trennung und Isolation, oder werden Sie sich bewusst zu schönen Zuständen hin entwickeln?

Wohin soll die Reise für Sie gehen?

Soul-Sync-Übung:
Bewusste Wohlstandsschöpfung

Ob es Ihnen darum geht, Ihren inneren Niemand-Zustand zu transzendieren, eine für Sie schönere, sinnvollere Arbeit zu finden, die Wirksamkeit Ihrer jetzigen Tätigkeit zu steigern, mehr Fülle und Wohlstand für sich selbst und Ihre Lieben zu manifestieren oder eine gute Sache zu unterstützen, Soul Sync kann Ihnen helfen, mit größerem Selbstvertrauen und mehr Zuversicht bewusste Wohlstandsschöpfung aktiv zu betreiben.

Wiederholen Sie die ersten fünf Schritte der Soul-Sync-Meditation wie auf den Seiten 47–49 beschrieben.

Als Schritt sechs stellen Sie sich bitte lebhaft vor oder fühlen Sie, dass Sie einen schönen Zustand ruhiger, gelassener Zuversicht erleben. Imaginieren Sie, dass Sie tief empfunden und leidenschaftlich zum Wohl der Menschen in

Ihrer Umgebung beitragen. Fühlen Sie, wie reiche Fülle in Ihr Leben strömt.

Stellen Sie sich vor, was das für Sie, Ihre Lieben und die Welt bedeuten wird.

deren Zentrale sich in Indien befindet. Wir bieten Kurse für Menschen unterschiedlicher Altersgruppen aus allen Ländern in der jeweiligen Landessprache an. Der Lehrplan ist mehrstufig aufgebaut, und die Lehrenden widmen sich ganz der Aufgabe, diese Transformation in den Schülern herbeizuführen.

Natürlich besuchen die meisten Menschen zunächst Kurse, die von der Akademie außerhalb Indiens angeboten werden. Preethaji bereist viele große Städte in aller Welt und bietet dort das viertägige Programm **Field of Abundance** (Feld der Fülle) an. Außerdem unterrichtet sie die beiden zweitägigen Online-Workshops **Source & Synchronicities** (Quellen und Synchronizitäten) und **Being Limitless** (Grenzenlos sein).

Weitere Informationen über unsere Kurse finden Sie auf www.oo.academy.

Frage: Was macht die Angebote Ihrer Akademie so anziehend für viele Menschen?
Antwort: Die alten Weisen Indiens halten uns dazu an, Dwijas zu werden, zweimal Geborene, was bedeutet, dass wir erwachte Individuen mit einem transformierten Bewusstsein werden sollen: Menschen, die sich von ihren einengenden Konditionierungen befreit haben und zu einem Bewusstsein erwacht sind, dessen Potenzial grenzenlos ist.

Ist ein solches Erwachen die Bestimmung eines jeden Menschen? Ja. In jeder alten Kultur ist von tiefgehenden spirituellen Reisen die Rede – und viele dieser Kulturen haben die Geheimnisse solcher abenteuerlichen Reisen in Form von Symbolen, Mythen, Sakralkunst und Architektur der Nachwelt hinterlassen. Nehmen Sie die Sagen vom Sieg der Griechen über Troja und die

Rückkehr des Odysseus nach Ithaka. Denken Sie an Jonas Reise im Bauch des Wals, die Glaubenskrise des Prinzen Arjuna, als er sich auf die Schlacht vorbereitete, oder die chinesische Sage von der Schlange, die in eine dunkle Höhle kriecht, um dann als Drache wieder ins Tageslicht zurückzukehren. Solche Geschichten sind kein bloßes Entertainment; sie sind Blaupausen für Transformation und enthalten tiefe Weisheiten.

Übergangsriten waren und sind in vielen Kulturen der Schlüssel zur Evolution – und doch haben so viele Menschen die Verbindung zur transformierenden und heilenden Kraft solcher Feuerprüfungen verloren. Wenn uns Schicksalsschläge heimsuchen oder wenn unser Leben nach und nach bitter und enttäuschend wird – durch den Tod von Mutter oder Vater, das Zerbrechen einer Partnerschaft, den allmählichen Zerfall großer Pläne und Träume –, erleben wir das gleiche Leiden, das Menschen seit Anbeginn der Zeit durchmachen. Doch trotz all unserer Ehrfurcht gebietenden technologischen Fortschritte ist die moderne Gesellschaft nicht in der Lage, uns mit dem notwendigen Rüstzeug auszustatten, um diese Krisen zu meistern und mit dem erweiterten und verwandelten Bewusstsein aus ihnen hervorzugehen, das wir für das nächste Kapitel unseres Lebens benötigen.

Unsere hier an der O&O Academy entwickelten Techniken helfen Menschen, jedes Stadium des Lebens in größerer Harmonie zu durchlaufen und zu dem Potenzial tiefer Transformation zu erwachen, über das wir alle verfügen. Wir sagen oft, dass die Kursangebote unserer Akademie die Teilnehmer zu Individuen transformieren, die nicht länger hilflos den Launen des Schicksals ausgeliefert sind, sondern sich selbst ein neues Schicksal, eine Bestimmung, erschaffen. Die Übungen, die wir Ihnen vermitteln, werden Ihnen helfen, Ihr Leben, Ihre Beziehungen und Ihre Gewohnheiten in einem neuen Licht zu sehen.

Seit wir unsere Akademie eröffneten, haben wir Hunderttausenden geholfen, nicht nur Antworten auf die Grundfragen des Lebens zu finden, sondern ein Leben zu führen, das nur wenige von ihnen für möglich gehalten hätten. Wir haben Zwölfjährige unterrichtet und Menschen über achtzig. Unsere Schüler kommen aus aller Welt, von Südkorea bis Nordkalifornien.

Manche haben einen Traum, den sie verwirklichen wollen, oder leiden an einer traumatischen Erfahrung, die sie hinter sich lassen wollen. Manche ringen mit großen Fragen: Was bedeutet es, sich selbst und andere Menschen wirklich zu lieben? Was bedeutet es, wirklich lebendig zu sein? Besitzt das Universum Bewusstsein? Verfüge ich über die Macht, den Kurs meines Lebens zu ändern?

Andere stehen vor schwerwiegenden Entscheidungen: Soll ich diese Partnerschaft fortsetzen oder nicht? Soll ich in eine andere Stadt ziehen? Bleibe ich in meinem jetzigen Job, oder wage ich etwas Neues, das ich faszinierend und aufregend finde, von dem ich aber noch nicht weiß, ob es gelingen wird?

Wieder andere Suchende setzen sich die vollständige Befreiung von allem Leiden und der Illusion des Getrenntseins zum Ziel.

Und da sind die Suchenden, die eine direkte Erfahrung der universalen Intelligenz oder Quelle anstreben.

Die Leute kommen aus vielen verschiedenen Gründen zu uns, aber sie alle sind Suchende. Sie sehnen sich nach etwas, das nah scheint und für sie doch nicht greifbar ist. Sie alle stellen, in vielen Variationen, die gleiche grundlegende Frage: Wie kann ich dieses schwer Fassbare erlangen, nach dem ich suche? Natürlich sind das keine Fragen, die wir beantworten – aber wir helfen Ihnen, Ihre eigenen Antworten zu finden. Wir helfen Ihnen, ans Ziel Ihrer Suche zu gelangen, indem wir wichtige Einsichten vermitteln und wirkungsvolle mystische Methoden und leicht zu erlernende Meditationen unterrichten.

Frage: Was ist Ihre Vorstellung von Gott?
Antwort: Gott ist eine subjektive Erfahrung. Die Menschen haben unterschiedliche Definitionen von Gott. Wir helfen den Suchenden, sich ihrer ganz persönlichen Wahrnehmung von Gott bewusst zu werden. Von da an ist »Gott« für sie nicht mehr bloß ein Wort.

Abhängig von ihrem kulturellen Background erleben sie die göttliche Gegenwart als ein Wesen, zu dem sie persönlich in Beziehung treten, oder sie erleben die universelle Intelligenz als Liebe, Wohltätigkeit und Kraft. Je mehr Zeit wir in schönen inneren Zuständen verbringen, desto mehr wächst unsere Verbundenheit mit der universellen Intelligenz, die in unser Leben strömt. An der Akademie werden zahlreiche Methoden entwickelt, die Menschen dabei helfen, zu erwachen und diese göttliche Gegenwart bewusst zu erleben.

Frage: Und was ist Bewusstsein?
Antwort: Bewusstsein ist alles, was existiert. Es gibt nichts, was kein Bewusstsein ist. Auch Sie bestehen daraus. Sie existieren darin. Sie sind es. Bewusstsein ist das, was der Verstand begreifen kann, und zugleich ist es das Mystische. Bewusstsein ist Materie und zugleich Ihr Erleben dieser Materie.

Entschuldigen Sie, wenn das zu esoterisch klingt. Worte sind nur ein schwacher Ersatz für das Mystische; lassen Sie es mich so ausdrücken: Wenn der Sonnenaufgang der physische Aspekt des Bewusstseins ist, dann sind Schönheit und Glanz – oder der Mangel daran – der Erfahrungsaspekt des Bewusstseins. Sagen wir, Ihr neugeborenes Baby ist der physische Aspekt des Bewusstseins; dann besteht der Erfahrungsaspekt des Bewusstseins in der Liebe oder in der Angst vor der Verantwortung, die Sie empfinden, während Sie es in Ihren Armen halten.

Das für uns mittels der fünf Sinne wahrnehmbare Universum ist der physische Aspekt des Bewusstseins, während unser subjektives inneres Erleben dieses physischen Aspekts die Erfahrungsdimension des Bewusstseins ist. Die Aufmerksamkeit der Wissenschaft richtet sich hauptsächlich auf die Erforschung des physischen Aspektes des Bewusstseins, während im Mittelpunkt authentischer Spiritualität die Erforschung und Transformation der inneren oder Erfahrungsdimension des Bewusstseins steht. Die Essenz der Transformation ist es, aus einem selbstbesessenen Seinszustand, den wir Ich-Bewusstsein nennen, zum bewussten Einssein zu gelangen.

Frage: Können Sie uns mehr über diese beiden Zustände, Ich-Bewusstsein und bewusstes Einssein, verraten?
Antwort: In den alten Mythen der Menschheit – im Osten wie im Westen – wird von einem Krieg berichtet. Ein Krieg zwischen Göttern und Dämonen. Ein Krieg zwischen dem Licht und der Dunkelheit. In diesen Erzählungen gewinnen manchmal die Götter und manchmal die Dämonen.

Manchmal findet dieser Krieg in einer Art Himmel statt, manchmal auf der Erde oder in einer Unterwelt. Aber um was für einen Krieg handelt es sich dabei? Und wo findet er in Wirklichkeit statt? Dieser Krieg ereignet sich tatsächlich in unserem Bewusstsein.

Für uns ist Bewusstsein ein Spektrum. Am einen Ende dieses Spektrums haben wir das Ich-Bewusstsein und am anderen Ende das bewusste Einssein.

Im Ich-Bewusstsein sind wir, wenn unser Denken obsessiv um uns selbst kreist. Wir sind ganz auf *ich, ich, ich* fixiert ... auf unsere selbstbezogenen Sorgen, Ängste, Freuden und Wünsche. Dieses Ende des Bewusstseinsspektrums ist eine Brutstätte für destruktive Zustände, zu denen Unzufriedenheit, Wut, Hass, Furcht, Schmerz und der Wunsch gehören, andere zu kontrollieren und zu beherrschen. Das Ich-Bewusstsein ist der dynamischste aller Leidenszustände. Unser Selbstbild ist extrem verengt. Unsere Familien, Kinder, Freunde kommen darin gar nicht vor. In diesem Zustand sind die anderen uns egal. Es handelt sich um eine sehr reduzierte, beschränkte Existenz, die großen Schmerz erzeugt. Alles scheint zu schrumpfen. Unsere Kreativität vertrocknet, unsere Fähigkeiten sind sehr begrenzt, Reichtum schwindet dahin, und zwischenmenschliche Beziehungen werden fragil. Wir haben das Gefühl, das Universum sei gegen uns.

Wenn wir uns im Ich-Bewusstsein befinden, tun wir unbewusst und impulsiv Dinge, die für uns selbst und andere schmerzhaft sind und zu Verlusterfahrungen führen.

In unserem Leben geschieht eine völlige Transformation und in unserem Bewusstsein eine wahre Revolution, wenn wir den großen Sprung vom Ich-Bewusstsein zum bewussten Einssein wagen. Einfach ausgedrückt, handelt es sich beim bewussten Einssein um ein tiefes Gefühl der Verbundenheit zwischen uns und

Epilog

allen lebenden Wesen. Unser Selbstgefühl dehnt sich also über uns selbst hinaus auf andere Menschen, die Natur, die Erde und das gesamte Universum aus. In diesem Einssein expandiert unsere Selbstwahrnehmung so weit, bis es keine Grenzen mehr gibt. Wir werden grenzenlos, unendlich.

Das bewusste Einssein ist kein spezifischer Zustand; es ist ein ständig expandierender Seinszustand. In diesem inneren Zustand sind Sie in der Lage, um sich herum ein Energiefeld von großer Harmonie und Kraft zu erzeugen, das wunderbare Synchronizitäten und magische Momente in Ihr Leben zieht; Sie erzeugen damit eine Intelligenz, die erstaunliche Lösungen für Lebensprobleme findet; Sie erzeugen eine Liebe, die jede Art von Schmerz heilen kann; Sie erzeugen Reichtum, der es Ihnen ermöglicht, viel mehr Gutes zu bewirken, als Sie sich je erträumten. Diese Reise vom Ich-Bewusstsein zu den verschiedenen Ebenen des bewussten Einsseins ist das, was wir Erwachen oder Erleuchtung nennen.

Frage: Was ist Erwachen?
Antwort: Der Reise der Bewusstseins-Evolution wurden schon viele Namen gegeben: Erleuchtung, Zazen, Satori, Mukti, Erwachen, Selbsterkenntnis und dergleichen mehr. Sprechen wir, der Einfachheit halber, über den Begriff »Erwachen«.

Alle unsere Leidenszustände – seien es Niedergeschlagenheit, Angst, Wut oder Traurigkeit – sind Tag-Albträume, schreckliche Träume, die wir im Wachzustand erleben, in unserem Alltag.

Sicher wissen Sie, wie es ist, wenn man aus einem Albtraum aufwacht. Es dauert einen Moment, bis Sie erleichtert feststellen, dass der Traum nicht real war.

Die alten Weisen betrachteten sämtliche Leidenszustände als Tag-Albträume, die, obwohl wir scheinbar wach sind, in uns Illusionen des Getrenntseins erzeugen, aus denen wir aufwachen müssen. Wenn wir dann vollständig erwachen, erfüllt die Erkenntnis uns mit tiefer Freude, und wir lächeln. Wir erwachen zu drei aufeinander aufbauenden Ebenen des bewussten Einsseins: schöne Zustände, transzendentale Zustände und erleuchtete Zustände.

Erwachen bedeutet, dass wir aus dem Ich-Bewusstsein in das bewusste Einssein voranschreiten.

Frage: In diesem Buch ist nur von den schönen Zuständen die Rede. Was hat es mit den beiden anderen Ebenen auf sich, die Sie eben erwähnten? Gibt es denn nicht nur zwei Bewusstseinszustände: einen Leidenszustand und einen schönen Zustand?
Antwort: Es trifft zu, dass wir immer nur in zwei Zuständen leben: entweder im Zustand des Leidens oder im Zustand des Nicht-Leidens. Einen dritten Zustand gibt es nicht.

Wenn wir uns anschauen, was Leiden ist, sehen wir, dass es als ein unangenehmer Zustand beginnen kann: Langeweile, Gereiztheit, Gleichgültigkeit oder Anspannung. Es kann intensiver werden, sich zu Unzufriedenheit, Wut, Furcht, Unsicherheit, Sorge oder Einsamkeit steigern und lawinenartig zu Niedergeschlagenheit, Verzweiflung, Depression oder Hass eskalieren.

Auch bei den nicht leidvollen Zuständen gibt es ein Spektrum. Wir ordnen sie drei Erfahrungsebenen zu: schöne Zustände, transzendentale Zustände und erleuchtete Zustände. Auf jeder dieser Bewusstseinsebenen machen Sie unterschiedliche Erfahrungen. Das Bewusstsein ist ein Ozean mit endlosen Küsten. In diesem

Epilog

Buch sprechen wir über eine dieser Küsten: den schönen Zustand. Befassen wir uns nun kurz mit den drei Ebenen.

Schöne Bewusstseinszustände sind keine hoch emotionalen Zustände. Vielmehr ist für sie die Abwesenheit konflikthaften inneren Gedankenlärms charakteristisch.

In schönen Zuständen erleben Sie ein stärkeres Gefühl der Verbundenheit mit sich selbst, mit anderen Menschen, mit der Welt. Sie nehmen wach und präsent am Leben teil. Ruhe, Verbundenheit, Liebe, Mitgefühl, Freude, heitere Gelassenheit, Zuneigung, Dankbarkeit und Mut sind schöne Zustände. Es ist für uns alle möglich, den größten Teil unseres Lebens in einem schönen Zustand zu verbringen. Nach der Transformation, die Gehirn, Körper und Bewusstsein durchlaufen, sind wir in der Lage, wenn doch einmal etwas Leidvolles auftaucht, dieses rasch aufzulösen und wieder in einen schönen Zustand zurückzukehren.

Begeisterung, Glückseligkeit, universelle Liebe, Frieden, Gelassenheit, Furchtlosigkeit – das sind transzendentale Zustände, die nicht über längere Zeit andauern. Wenn wir unser Bewusstsein in diese transzendentalen Zustände aufsteigen lassen, werden wir zu Zeugen der Bewegung des Lebens. Wir fließen mit dem Leben. Wir erkennen, dass Bäume, die Erde, Menschen und alle anderen Lebensformen in uns fließen, und wir in ihnen. Wir sind untrennbarer Teil der Gesamtheit des Lebens. Diese außergewöhnlichen Bewusstseinszustände werden für uns in tiefer Meditation und durch andere spirituelle Methoden erfahrbar. Wir erwachen in transzendentalen Zuständen für das Mystische. Manche Menschen erleben dabei Visionen oder Phänomene außersinnlicher Wahrnehmung. In der Akademie beobachten wir, dass sich bei Menschen, die diese intensiven Zustände erfahren, danach oft ihr ganzes Leben tiefgreifend verändert.

In einem erleuchteten Zustand erkennen Sie die Dualität von Materie und Bewusstsein, Heiligem und Unheiligem, Ihnen selbst und den anderen, Göttlichkeit und Menschsein, Leiden und Freude. Sie erwachen zum Einssein. Man weiß, dass erleuchtete Zustände das menschliche Bewusstsein dauerhaft verändern.

Ist es da nicht folgerichtig, dass sich anschließend unser Alltag radikal verändert? Solange wir im Ich-Bewusstsein leben, sind wir wie schwache, hinfällige Individuen, die mit bitterem Seufzen das Gemälde eines schönen Meeresstrandes betrachten, das im Wohnzimmer an der Wand hängt. Wenn wir das Ich-Bewusstsein transzendieren und die tieferen Ebenen des Einsseins erkunden, sind wir wie Abenteurer, die sich in die Tiefsee wagen und deren Schönheit erforschen. Befreit von der Tyrannei der Leidenszustände, sind wir wirklich lebendig. Das Leben wird spielerischer und gleichzeitig zutiefst heilig.

Das Gehirn jedes Menschen ist fähig, diese Ebenen des Bewusstseins zu erleben. Und an unserer Akademie widmen wir uns leidenschaftlich der Aufgabe, die Menschheit aufzuwecken, damit sie aus dem Leiden in diese großartigen Zustände gelangt.

Frage: Was ist das Grenzenlose Feld? Es wird im Buch immer wieder erwähnt, wenn die Erfahrungen von Schülern der Akademie geschildert werden.
Antwort: Das Grenzenlose Feld ist ein Medium, in dem transzendentale und erleuchtete Bewusstseinszustände erlebt werden können.

Lassen Sie mich erklären, was ich damit meine. Zu den bekanntesten Zwickmühlen der Quantenphysik gehört die Frage, ob das Elektron ein Teilchen oder eine Welle ist.

Wenn wir das Elektron als Teilchen betrachten, lässt es sich an einem Ort lokalisieren.

Betrachten wir es als Welle, ist es nicht lokal und übt eine viel weiträumigere Wirkung aus.

Ganz ähnlich können wir Menschen uns als in einem Körper zentrierte Wesen sehen, mit einem bestimmten Satz von Erinnerungen und Lebenserfahrungen. Das ist in etwa so, als betrachteten wir uns als Teilchen.

Wir können uns aber auch als Wellen begreifen, die einen weiträumigen Einfluss auf andere Menschen ausüben.

Unser Bewusstsein erschafft um uns herum ein Energiefeld – wir alle haben schon Beweise dafür erlebt. Wir wissen, dass wir uns in der Umgebung mancher Menschen entspannter und froher fühlen. Und wir fühlen uns in Gesellschaft einer Person, in der Wut oder Hass brodeln, unwohl.

Jeder Mensch erzeugt um sich herum ein Feld, das seinem Bewusstseinszustand entspricht.

Wenn Sie sich in einem schönen Zustand befinden, einem Zustand von Liebe, Mitgefühl, Freude oder heiterer Gelassenheit, sind Sie von dem entsprechenden Feld umgeben. Dieses Feld wirkt sich auf die Menschen in Ihrer Umgebung aus, bereits ohne dass Sie etwas sagen oder tun. Das liegt daran, dass Sie kein ausschließlich auf den Körper beschränktes Erleben sind; Sie sind Bewusstsein.

Krishnaji und ich sind jetzt schon sehr lange mit dieser Gabe gesegnet: der Gabe, uns durch Willenskraft in die höchsten erleuchteten, nicht dualen Zustände versetzen zu können. In diesem höchsten Zustand, den die alten Weisen »Ekam« nannten und in dem es keinerlei Trennung gibt, wird ein gewaltiges Bewusstseinsfeld erzeugt. Wenn Sie zusammen mit uns in das Grenzenlose Feld eintreten, gelangen Sie in ein enorm energiestarkes Feld, das über große Distanzen wirksam ist.

Wenn Suchende in das Grenzenlose Feld eintreten, verändert das ihre neuralen Strukturen und ihre neurale Chemie, und sie erwachen zu machtvollen Bewusstseinszuständen.

Das Grenzenlose Feld ist ein Raum, in dem Mühelosigkeit herrscht; es ist ein Bereich des mühelosen Geschehens und Erschaffens.

Frage: Im Buch erzählen Sie vom Bau Ekams – eines großartigen Gebäudes, dessen Zweck darin besteht, Menschen beim Prozess des Erwachens zu helfen. Können Sie uns etwas über Ekam und seine Architektur erzählen?
Antwort: Das Wort »Ekam« bezeichnet den höchsten nicht dualen Bewusstseinszustand, den wir im menschlichen Körper erleben können.

Ekam ist ein mystisches Kraftwerk, das für drei heilige Zwecke gebaut wurde:

1. Es können dort Menschen aus allen Religionen und Kulturen Verbindung zur universellen Intelligenz aufnehmen. Dadurch wird ihre Intuition gestärkt, und es fällt ihnen leichter, wichtige Lebensentscheidungen zu treffen. Ekam ist eine Stätte, in der sich göttliche Macht manifestiert.

2. Ekam steht an einem ganz außergewöhnlichen Ort. Hier zu meditieren übt eine starke Wirkung auf die psychischen Energiezentren in uns aus und ermöglicht, dass kosmische Energien das menschliche Bewusstsein durchfluten. Die von uns entwickelten Techniken und Trainings führen Sie in erleuchtete Bewusstseinszustände. In Ekam erleben die Menschen Transzendenz in ihrer höchsten Form.

3. Mit Hilfe uralter architektonischer Prinzipien wurde Ekam so angelegt, dass es als Verstärker wirkt. Wenn sich hier Tausende zu gemeinsamer Meditation versammeln, kann das eine tiefgreifende Verschiebung des menschlichen Bewusstseins bewirken, die zu mehr Frieden in der Welt beiträgt.

Ekam ist eines der bemerkenswertesten Beispiele für zeitgenössische sakrale Architektur. Jede Tür, jedes Fenster, jedes Bodendekor hat eine esoterische Bedeutung – sie alle stehen in Resonanz mit den heiligen Energien der Erde und des Universums und verstärken diese Energien.

Schon das Gebäude an sich ist ein spirituelles Phänomen – es kann Ihr Bewusstsein enorm inspirieren und transzendentale Erfahrungen auslösen.

Wenn Sie hier meditieren und an unseren Veranstaltungen teilnehmen, betreten Sie ein machtvolles Feld, das Sie ins Einssein führt. Ekam und die Methoden, die wir dort unterrichten, wurden dafür geschaffen, Meditierende in ein erwachtes Bewusstsein zu führen, sodass sie einen größeren Einfluss auf das menschliche Kollektiv ausüben können.

In Ekam finden drei große jährliche Feste statt – das Ekam

Abundance Festival, das Ekam World Peace Festival und das Ekam Enlightenment Festival.

Sprechen wir über das Ekam Abundance Festival. Es beruht auf einem zentralen Prinzip. Zu den Grundirrtümern, denen wir unbewusst unterliegen, gehört die Idee, das Leben basiere auf einer linearen Abfolge von Ursache und Wirkung.

Wir nehmen an, dass, wenn wir erst unseren Seelenpartner gefunden haben, die Liebe in unserem Leben zu fließen beginnt. Wenn wir Erfolg haben, werden wir uns erfüllt fühlen. Wenn wir die richtige Ernährung für uns gefunden haben, werden wir uns entspannen. Doch unser Leben funktioniert eher wie die subatomare Welt, wo die Wirkung der Ursache vorausgeht.

Entdecken Sie die Liebe, dann wird Ihr Seelengefährte zu Ihnen finden. Fühlen Sie sich erfüllt, dann werden Sie erfolgreich sein. Lernen Sie, sich zu entspannen, dann wird Ihr Körper so viel ab- oder zunehmen, wie es gut für ihn ist.

Das Universum, in dem wir leben, beruht auf vielen heiligen Gesetzen, und die Menschheit ist sich der meisten von ihnen noch nicht bewusst.

Frage: Was ist das Ekam World Peace Festival? Wie können Menschen aus der ganzen Welt daran teilnehmen?
Antwort: Überlegen wir einen Moment gemeinsam, was Frieden für uns bedeutet.

Beim Thema Frieden denken wohl die meisten von uns an Männer in grauen Anzügen, die sich die Hände schütteln und nukleare Abrüstungsverträge abschließen oder gemeinsame Maßnahmen gegen den internationalen Terrorismus vereinbaren.

Epilog

Und sicherlich ist das eine Form, Frieden zu schaffen. Aber durch dieses Bild wird die Illusion genährt, dass die große Mehrheit der Menschen bloße Zuschauer sind, was den Weltfrieden angeht – keine aktiven Schöpfer.

Aber trifft das zu? Schauen wir genauer hin. Können Sie die folgenden Fragen authentisch beantworten?

- Wurden Sie in Ihrem Leben schon einmal Opfer von emotionaler oder physischer Gewalt?

- Gab es in Ihrem Leben leidvolle Trennungserfahrungen?

- Waren Sie schon von Konflikten betroffen, die von anderen hervorgerufen wurden?

Jeder Mensch, der in der Kindheit Misshandlungen durch die Eltern ausgesetzt war, weiß um den Wert des Friedens. Jeder von uns, der schon eine schmerzhafte Trennung oder Scheidung durchmachte, weiß um den Wert des Friedens. Jeder von uns, der im Beruf, privat oder in der Schule Opfer von Diskriminierung wurde, weiß um den Wert des Friedens.

Also sollten wir dieses Thema nicht allein den Regierungen und Politikexperten überlassen.

Denken wir immer daran, dass wir durch das Bewusstsein alle miteinander verbunden sind. Das, was im Bewusstsein des einzelnen Menschen geschieht, wird im kollektiven Bewusstsein verstärkt und gespiegelt, was dann, bei entsprechender Ausrichtung, zu Gewalt oder Krieg führen kann. Darin, dass Sie zum Frieden erwachen und in Ihrer Meditation Frieden für alle lebenden Wesen kontemplieren, liegt der Schlüssel dafür, dass die Welt insgesamt friedlicher wird.

Frieden ist keine Tugend, die kultiviert werden muss; er ist ein Seinszustand – ein schöner innerer Zustand.

Wie können wir also unsere konflikthaften inneren Zustände beenden und eine friedliche Außenwelt manifestieren? Wie können wir eine echte Transformation herbeiführen, bei uns selbst, bei unseren Familien und in der Gesellschaft insgesamt?

Denken wir zunächst über die am häufigsten verwendeten Vorgehensweisen nach. Wie erfolgreich ist der Versuch, eine harmonische Gesellschaft durch moralische Erziehung hervorzubringen (also ein auf der Vermittlung von Werten basierender Ansatz), durch religiöse Erziehung (auf Glauben basierend) oder durch den Appell an die menschliche Vernunft (indem mit den jeweiligen Vor- und Nachteilen argumentiert wird)?

Lassen sich Konflikte allein durch Erziehung überwinden?

Kann Transformation allein durch das Kultivieren von Tugenden erreicht werden?

Selbst wenn sich durch auf Tugend und Vernunft basierendes Handeln vorübergehende Fortschritte erzielen lassen, kann eine dauerhafte Transformation nur erreicht werden, wenn die eigentliche Ursache von Krieg und Gewalt angegangen wird. Und in den meisten Fällen erweist sich diese eigentliche Ursache als ein Leidenszustand, der die Betroffenen dazu treibt, destruktiv zu sprechen und zu agieren.

Der sicherste Weg zu dauerhaftem Frieden besteht darin, dass wir unseren Seinszustand transformieren.

Deshalb geht es beim Ekam World Peace Festival, das jedes Jahr im August stattfindet, nicht um Friedensaktivismus. Das Fest ist eine Bewegung des Bewusstseins zum Frieden hin. Zusätzlich zu den Tausenden von Teilnehmern, die dafür nach Ekam anreisen, schalten sich Friedensstifter überall auf der Welt jeden Abend online zu, um an einer kollektiven Meditation teilzunehmen, die sich mit verschiedenen Aspekten des Friedens beschäftigt – religiöser Toleranz, mitfühlendem Umgang mit Tieren, tiefem Respekt gegenüber Frauen und Kindern, Beendigung ökonomischer Ausbeutung, Harmonie zwischen den Ethnien. Am elften Tag werden wir mit über einer Million Menschen, die sich aus aller Welt zuschalten, für den Weltfrieden meditieren. Ekam ist der ideale Ort für dieses Fest, weil es als Verstärker wirkt und großen Einfluss auf das menschliche Bewusstsein hat.

Frage: Was ist das Ekam Enlightenment Festival? Wie kann ich daran teilnehmen?
Antwort: Lassen Sie mich zunächst eine andere Frage stellen: *Wie viele Formen von Erleuchtung gibt es?*

Im menschlichen Gehirn gibt es fast hundert Milliarden Neuronen und eine Billiarde Nervenverbindungen. Rein physikalisch betrachtet, könnten wir also eine Billiarde verschiedene Erleuchtungszustände erleben!

Doch wenn Sie sich anschauen, wie im Laufe der Menschheitsgeschichte in den verschiedenen Kulturen veränderte Bewusstseinszustände beschrieben werden, lässt sich diese potenziell unendliche Zahl möglicher Erfahrungen fünf klassischen Erleuchtungszuständen zuordnen.

Preethaji und ich haben das Ekam Enlightenment Festival so konzipiert, dass alle Teilnehmer Gelegenheit erhalten, diese fünf Zustände zu erleben. Dieses siebentägige Fest findet im Dezember statt, und leidenschaftliche Suchende aus über sechzig Ländern kommen dafür nach Ekam.

Doch das Fest ist nicht nur ein unvergessliches Abenteuer – die inneren Zustände, die Sie dabei erleben, werden Ihre Gehirnchemie verändern und neue neurologische Schaltkreise hervorbringen, was Sie zukünftig in die Lage versetzen wird, diese glückseligen Erleuchtungserfahrungen wieder und wieder zu erleben, in Ihren Träumen ebenso wie im Wachzustand.

Die Erfahrungen, durch die wir Sie hindurchführen, werden bewirken, dass Sie auf authentische, leidenschaftliche Weise in Ihrem Alltag bewusst immer wieder den erleuchteten Seinszustand anstreben. Und in Augenblicken der Verwirrung oder des Konflikts werden Sie in sich die Gewissheit spüren, dass es in Ihrem Bewusstsein einen sicheren Raum gibt, dem die äußeren Turbulenzen nichts anhaben können. Wenn Sie, nachdem Sie aus Ekam wieder in die Welt zurückgekehrt sind, das Gefühl haben, von einem Leidenszustand überwältigt zu werden, kennen Sie die Glückseligkeit und wissen, dass es diesen Bewusstheitszustand gibt und Sie ihn jederzeit aufsuchen können. Wenn Sie im Alltag Trennungsschmerz verspüren, wissen Sie durch Ihre Erfahrung in Ekam, dass es im Bewusstsein einen transzendenten Raum gibt, wo Sie und geliebte Menschen untrennbar vereint sind.

Und wenn Sie sich einsam fühlen sollten oder mit der Angst vor dem Tod konfrontiert sind, wissen Sie, dass es im Bewusstsein einen transzendenten Raum gibt, wo alles eins ist und wo Sie diese/r Eine sind.

Frage: Wo kann ich die in diesem Buch beschriebenen Meditationen näher kennenlernen?

Epilog

Antwort: Sie können täglich mit uns gemeinsam üben. Besuchen Sie www.breathingroom.com und laden Sie sich dort unsere App herunter. So erhalten Sie Zugang zu den Meditationen aus *Die Vier Heiligen Geheimnisse für Liebe und Erfüllung* und weiteren Angeboten.

Danksagung

Dankbarkeit ist größere Bewusstheit; wir werden uns der Heiligkeit des Lebens bewusst. Wenn wir über unser Leben nachdenken, erkennen wir in jedem einzelnen Erlebnis die Liebe und Hingabe, die uns von so vielen Menschen geschenkt wird.

Daher wäre es unmöglich, die Namen aller zu nennen, die dieses Buch möglich machten.

Wir möchten aber Sarah Rainone dafür danken, dass sie uns half, die richtigen Worte zu finden, und Michelle Herrera Mulligan, unserer Lektorin bei Atria Books, die mit ihrer Arbeit sehr dazu beitrug, dass dieses Buch Gestalt annahm. Und zu guter Letzt geht ein besonderer Dank an die Menschen, von deren Erfahrungen wir auf diesen Seiten berichten.

Anmerkungen

24 Jennifer Read Hawthorne: »Change Your Thoughts, Change Your World.« 2014, https://jenniferhawthorne.com/articles/change_your_thoughts.html.

27 ... *verbessert die Durchblutung* ... : Dr. Andrew Newberg und Mark Robert Waldman: *How God Changes Your Brain* (New York: Ballantine, 2009), S. 20. Dt.: *Der Fingerabdruck Gottes: Wie religiöse und spirituelle Erfahrungen unser Gehirn verändern.* München, 2010.

29 *Diese Art des Atmens aktiviert* ... : Seth Porges: »The Science of Breathing.« *Forbes*, 28. November 2016,
https://www.forbes.com/sites/sethporges/2016/11/28/the-science-of-breathing-how-slowing-it-down-makes-us-calm-and-productive/#-42096f5a4034.

29 Dr. Andrew Newberg und Mark Robert Waldman: *How God Changes Your Brain* (New York: Ballantine, 2009), S. 33. Dt.: *Der Fingerabdruck Gottes: Wie religiöse und spirituelle Erfahrungen unser Gehirn verändern.* München, 2010.

29 Prathima Parthim Bose: »Humming Bee; Normal Breathing.« *The Hindu*, 7. Januar 2015,
https://www.thehindu.com/features/metroplus/fitness/wellness-humming-bee-normal-breathing/article6764389.ece.

38 Sri Ramakrishna: *Tales and Parables of Sri Ramakrishna.* (Chennai: Sri Ramakrishna Math, 2007).
39 Rick Hanson: »How to Grow the Good in Your Brain.« *Greater Good Magazine,* 24. September 2013, https://greatergood.berkeley.edu/article/item/how_to_grow_the_good_in_your_brain.

Über die Autoren

Preethaji und Krishnaji gehören weltweit zu den führenden Lehrern auf dem Gebiet der Bewusstseins-Transformation. Sie sind Mitbegründer der O&O Academy, einer Schule für Meditation und spirituelle Philosophie. Im Herzen dieser Akademie steht Ekam, mystisches Gebäude und Kraftquelle für Suchende, die dort Erwachen und Transzendenz erfahren.

Preethaji, Krishnaji und ihre Tochter Lokaa haben zwei Wohltätigkeitsorganisationen gegründet – World Youth Change Makers widmet sich der Ausbildung transformierter junger Führungskräfte, und One Humanity Care dient dem Ziel, die Lebensbedingungen der Menschen in Tausenden indischen Dörfern im Umland der Akademie zu verbessern.

Krishnaji, ein Philosoph und Weiser, in dessen Meditationen ein Vortex aus transzendentaler Energie erzeugt wird, ist Mentor zahlreicher globaler Führungspersönlichkeiten und Organisationen.

Preethaji ist Mystikerin und Schöpferin vieler anerkannter Meditationsformen, die heute in aller Welt praktiziert werden. Ihre TEDx Talks fanden über zwei Millionen Zuschauer. Sie führt jährlich in vielen Großstädten weltweit *Field of Abundance*-Seminare

Die Vier Heiligen Geheimnisse für Liebe und Erfüllung

mit Tausenden Teilnehmern durch. Außerdem leitet sie die Online-Events *Source & Synchronicities* und *Being Limitless*. In ihrer Lehre verbindet Preethaji zwei Welten miteinander – die Wissenschaft und das Transzendente, Intellekt und Herz.

WUT GIBT UNS KRAFT FÜR VERÄNDERUNG

Starke Gefühle stecken voller Energie und Leidenschaft, wie sie jeder von uns kennt. Wie man diese Kräfte für eine positive Veränderung in unserer Gesellschaft einsetzen kann, ist die Botschaft des Dalai Lama. Ein Buch von berührender Klugheit und einer außergewöhnlichen Erkenntnis: Empörung schafft Aufmerksamkeit, und aus Wut entsteht Kraft.

Dalai Lama
Be Angry!
Die Kraft der Wut kreativ nutzen

Spiritualität, Wissen & Werte, Gesellschaft
Aus dem Amerikanischen von Jochen Winter
Hardcover
Auch als E-Book erhältlich
www.ullstein.de